金陵全書

丙編·檔案類

南京近代教育檔案

教育規程

南京市檔案館 編

南京出版社
南京出版傳媒集團

圖書在版編目（CIP）數據

南京近代教育檔案. 教育規程 / 南京市檔案館編
. -- 南京 : 南京出版社, 2019.12
（金陵全書）

ISBN 978-7-5533-2710-5

Ⅰ. ①南… Ⅱ. ①南… Ⅲ. ①地方教育—教育史—史料—南京—近代 Ⅳ. ①G527.531

中國版本圖書館CIP數據核字(2019)第264069號

書　　名　**【金陵全書】（丙編・檔案類）**
南京近代教育檔案・教育規程
編　　者　南京市檔案館
出版發行　南京出版傳媒集團
南 京 出 版 社

社址：南京市太平門街53號　郵編：210016
網址：http://www.njcbs.cn　電子信箱：njcbs1988@163.com
聯系電話：025-83283893、83283864（營銷）　025-83112257（編務）

出 版 人　項曉寧
出 品 人　盧海鳴
責任編輯　孫海彦
裝幀設計　王　俊
責任印製　楊福彬

製　　版　上海雅昌藝術印刷有限公司
印　　刷　上海雅昌藝術印刷有限公司
開　　本　889毫米 × 1194毫米　1/16
印　　張　30.25
版　　次　2019年12月第1版
印　　次　2019年12月第1次印刷
書　　號　ISBN 978-7-5533-2710-5
定　　價　1000.00 元

南京出版社
圖書專營店

目録

壹　部頒規程

貳　市頒規程

壹 部頒規程

私立私立學校規程摘要

教育部第一〇六九三號部令公佈（二二、一〇、一九）

第一章

第一條　私人或團體設立之學校為私立學校，外國人設立之學校亦屬之。

第二條　私立學校之開辦、變更及停辦，須經主管教育行政機關之核准。私立專科以上學校以教育部為主管機關；私立中等學校（私立專科以上之附屬中學校同）以省市（行政院直轄市）教育行政機關為主管機關；私立小學及其同等學校（私立中等以上學校附設之小學及其同等學校同）以市（行政院直轄市不在內）縣教育行政機關為主管機關。

第三條　私立學校須經主管教育行政機關之立案，受主管教育行政機關之監督及指導，其組織、課程及其他一切事項均須遵照現行教育法令辦理。

第四條　私立學校不得設分校。

第七條　私立學校校長均應專任，不得兼任其他職務。
外國人設立之私立中等以上學校須以中國人充任校長或院長。

第九條　私立學校辦理不善或違背法令時，主管教育行政機關得撤銷其立案或令其停辦。其停辦之學校尚未立案者，主管教育行政機關得令其停辦並撤銷其校董會之立案。

國民政府教育部公布《私立學校規程摘要》（一九三三年十月十九日）

檔號：1003-7-5

第十條　私立學校之名稱，應明確標示私立學校之種類，不得以省市縣等地名為校名，並須冠以私立二字。

第十一條　私立學校以校董會為其設立者之代表，由設立者聘請相當人員組織之。設立者為當然校董，設立者人數過多時，得互推一人至三人為當然校董。

第十二條　校董會校董名額不得過十五人，應互推一人為校董事長。

第十三條　校董會之組織及職權、校董之任期及改選方法，應於校董會章程中規定之。

第十四條　校董會至少須有四分之一校董以曾經研究教育或辦理教育者充任。現任主管教育行政機關及其直接上級教育行政機關人員不得兼任校董。有特別情形者，得以外國人充任校董，但名額至多不得過三分之一，其董事長須由中國人充任。

第十五條　校董會設立後，須開具左列各事項，呈請主管教育行政機關立案：
一、名稱　二、目的　三、事務所所在地　四、校董會章程
五、資產資金或其他收入詳細項目及其確實證明　六、校董姓名、年齡、籍貫、職業及住址
立案後，如第三、第五、第六各項有變更時，須於一個月內分別呈報主管教育行政機關。

第十六條　校董會呈請立案時，私立專科以上學校校董會應呈由該省市行政院

直辖市）教育行政机关转呈教育部核办；在私立中等学校，校董会应呈由该管县市教育行政机关转呈教育厅或迳呈该管省市（行政院直辖市）教育行政机关核办；在私立小学及其同等学校，校董会应呈由该管县市（行政院直辖市亦在内）教育行政机关核办。前项呈请时，对于前条所列各事项均须切实陈述（开具意见），以备审核。

第十七条 已核准立案之私立中等学校校董会，应由该管省市（行政院直辖市）教育行政机关转呈教育部备案；已核准立案之私立小学及其同等学校校董会，应由该管县市教育行政机关转呈教育厅备案。

第十八条 私立专科以上或设立中等学校及私立中等以上学校增设小学或其同等学校，应另设校董会，其立案手续及备案手续悉按普通私立中等学校及小学或其同等学校同。

第十九条 校董会之职权如左列各项，但因特别情形经主管教育行政机关核准者不在此限。

一、关于学校财务，校董会应负之责任如左：

(1)经费之筹划 (2)预算及决算之审核 (3)财务之保管

(4)财务之监察 (5)其他财务事项

二、关于学校行政，由校董会选任校长或院长完全负责，校董会不得直接参预。所选之校长或院长应得主管教育行政机关之认可，如校长或院长失職，校董會得隨時改選之。主管教育行政機關於認校董會所選任之校長或院長為不稱職時，亦得令校董會另選，另選仍不稱職，得由主管教育行政機關暫行選任。校董會若發生糾紛，以致停頓時，得由主管教育行政機關令其限期改組，逾期不改組時，得逕由主管教育行政機關改組之。

私立專科以上學校之附屬中學小學及私立中學以上學校增設之小學，除其同一學校，其校長由該校校董會選任之。

第六十條　校董會須於每學年終結後一個月內詳開左列事項，連同財產之項目分別造報，或移報主管教育行政機關備案：

一、學校校務狀況　　二、前學年度所做重要事項

三、前學年度收支金額及項目　　四、校長教職員一覽表

第六十一條　主管教育行政機關每學年派員視察校董會之財務及事務狀況一次，於必要時得隨時查核之。

第六十二條　私立學校因事停辦時，校董會應於三十日內呈請主管教育行政機關派員會同清理其財產，清理完竣時，由清理人呈報主管教育行政機關備案。

第六十三條　私立學校及其財產不得收歸公有，但學校停辦時，校董會失其存在時，其財產得由主管教育行政機關處置之。

第二十四條　關於私立學校校董會侵越校務之事項，其與監督機關抵觸時，應歸法院處理。

第二十五條　校董會自身之解散，須經由主管教育行政機關之許可。

第四章　私立中等學校及小學校

第二十六條　私立中等學校及小學校開辦時，由校董會呈請設立，應遵照部頒規程辦理。

呈報開辦應於校董會立案後行之，非經主管教育行政機關核准開辦者，不得遽行招生。呈報時須開具左列各事項，連同全校平面圖及說明書送主管教育行政機關：

(1)學校名稱（如有外國文名稱者亦應列入）；(2)學校所在地；

(3)校地校舍情形；(4)經費來源及經常開辦各費預算表；

(5)組織編制及課程；(6)教科書及參考用書目錄；

(7)圖書儀器標本模型及關於運動衛生之器械設備等項；(8)校長及教職員履歷表。

呈請立案應於開辦一年後行之，呈請時須開具左列各項送達主管機關核定：

(1)開辦後經過情形；(2)前條第一款至第八款各事項；(3)各項章程規則；

(4)學生一覽表；(5)教育實施情形。

第二十八條　私立中等學校呈報開辦及呈請立案時，應由該校校董會備具呈文及附屬材料，由該管縣市教育行政機關核轉省教育行政機關；其有應由省教育行政機關或縣市教育行政機關核辦者，務將前項所列各事項詳切查考，加具意見，以備審

第三十八條

校在私立小學及其同等學校，應由該校校董會備具呈文及增加款數呈請

該管市縣（行政院直轄市除外）教育行政機關核辦；

私立中等學校及小學暨其同等學校須另有左列各項，方得呈報開辦：

一、中學及高級職業學校，高級中學、初級中學及高級職業學校至少須有左表規

定之開辦費及經常費，惟第一年之經常費至少須各有該款數目三分之二；其左

表各校以開設三級為限，按三級分兩期為準，其每級建設、設備各經常費得減六分之一；

二、其餘中等學校合辦者，開辦費得經主管教育行政機關核准，照左表

酌減。

校別		經常費
高級中學	建築費、設備費	
初級中學	建築費、設備費	
高級農業職業學校	建築費、設備費、農場設置費	
高級工業職業學校	建築費、其他設備費、工廠及其設備費	
高級商業職業學校	建築費、設備費	
家事學校	建築費、設備費	

（附註）開辦費及第一年經常費均須以現款照數存儲銀行

六、初級職業學校

經費　有確定之資産或資金其租息足以維持其每年經常費者或另有其他確定收入足以維持其每年經常費者

設備　有自置或租用之校舍相當之校地運動場理科實驗室實習場所標本儀器圖書校具各項者

六、小學及其同等學校

經費　有確定收入足以維持其每年經常費者

設備　有相當之校地校舍運動場校具教具圖書各項者

第六十三條　私立中學校之立案須具有左列各項

一、呈報事項之確實者

二、對於政府教育法令切實遵守並嚴厲執行學校章則者

三、教職員之名額資格及任務均合於中學規程及職業學校規程所規定者

四、學生入學資格合格在校學生成績良好者

五、設備足敷應用者

六、資産或資金之租息連同其他確定收入（學費收入除外）足以維持其每年經常費者

第六十四條　未依照本規程呈請立案或立案未准之私立學校其肄業生及畢業生不得與已經呈准立案之私立學校學生受同等待遇

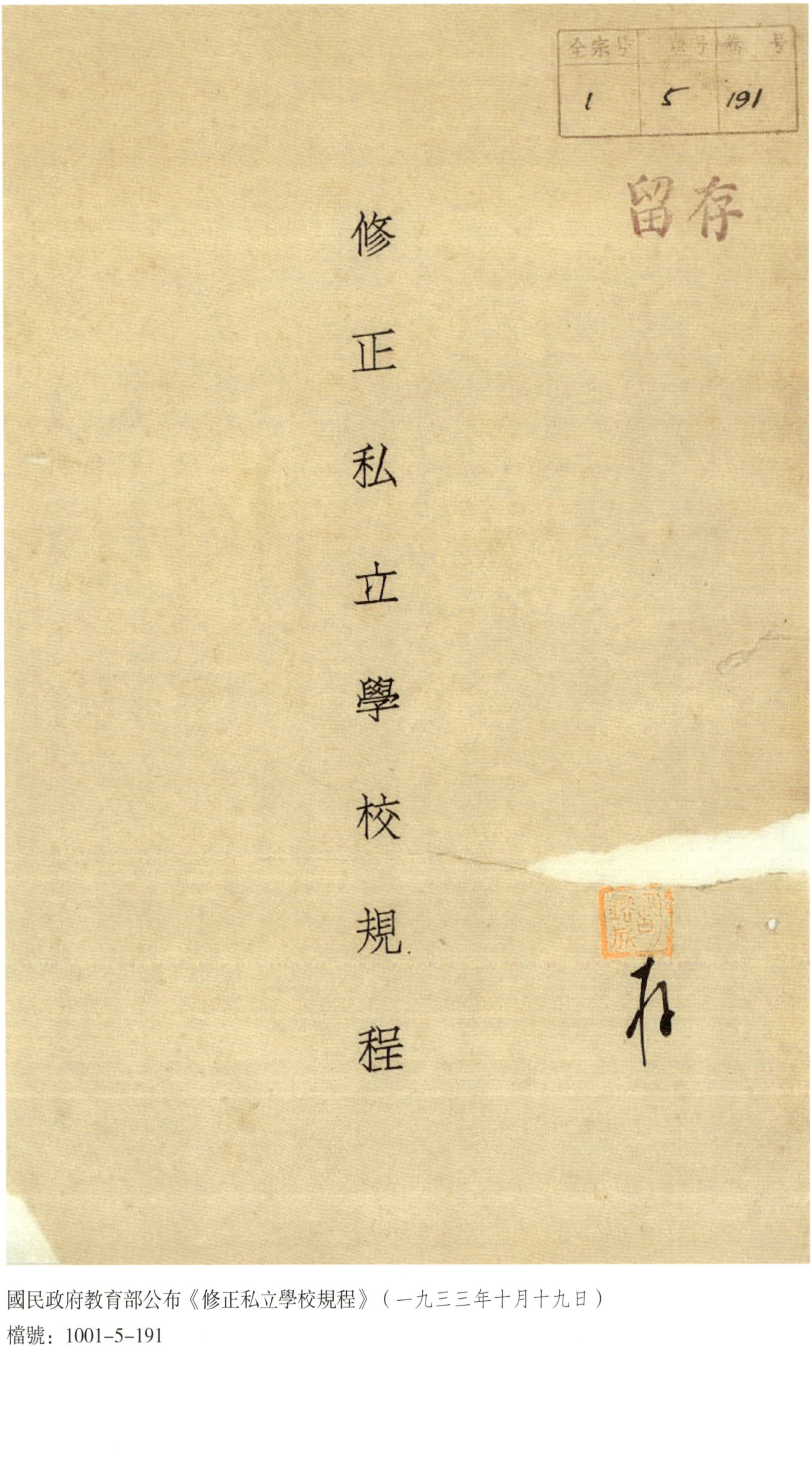

全宗号	目錄号	卷号
1	5	191

留存

修正私立學校規程

國民政府教育部公布《修正私立學校規程》（一九三三年十月十九日）
檔號：1001-5-191

修正私立學校規程

中華民國二十二年十月十九日教育部修正公布

第一章 總綱

第一條 私人或團體設立之學校，為私立學校，外國人設立之學校亦屬之。

第二條 私立學校之開辦變更及停辦，須經主管教育行政機關之核准。

私立專科以上學校，以教育部為主管機關；私立中等學校，（私立專科以上學校之附屬中等學校同）以省市（行政院直轄市）教育行政機關為主管機關；私立小學及其同等學校（私立中等以上學校附設之小學及其同等學校同）以市（行政院直轄市亦在內）縣教育行政機關為主管機關。

第三條 私立學校須經主管教育行政機關立案，受主管教育行政機關之監督及指導。其組織課程及其他一切事項，均須遵照現行教育法令辦理。

第四條 私立學校不得設分校。

第五條 私立專科以上學校，非遇必要時，不得設附屬中等學校或附設小學。

第六條 外國人不得在中國境內設立教育中國兒童之小學。

第七條 私立學校校長均應專任不得兼任其他職務。

外國人設立之私立中等以上學校，須以中國人充任校長或院長。

第八條 私立學校，不得以宗教科目為必修科，及在課內作宗教宣傳。宗教團體設立之學校內如有宗教儀式，不得強迫或勸誘學生參加；在小學及其同等學校並不得舉行宗教儀式。

第九條　私立學校辦理不善或違背法令時，主管教育行政機關得撤銷其立案或令其停辦。其開辦三年尚未立案者，主管教育行政機關得令其停辦并撤銷其校董會之立案。

第十條　私立學校之名稱應明確標示學校之種類，不得以省市縣等地名爲校名，並須冠以私立二字。

第二章　校董會

第十一條　私立學校以校董會爲其設立者之代表，第一任校董由設立者聘請相當人員組織之。設立者爲當然校董。設立者人數過多時，得互推一人至三人爲當然校董。

第十二條　校董會校董名額不得過十五人，應互推一人爲董事長。

第十三條　校董會之組織及職權暨校董之任期及改選辦法應於校董會章程中規定之。

第十四條　校董會至少須有四分之一之校董，以曾研究教育或辦理教育者充任；現任主管教育行政機關及其直接上級教育行政機關人員，不得兼任校董。有特別情形者得以外國人充任校董，但名額至多不得過三分之一，其董事長須由中國人充任。

第十五條　校董會設立後，須開具左列各事項，呈請主管教育行政機關立案：

一、名稱；

二、目的；

三、事務所所在地；

四、校董會章程；

五、資產資金或其他收入詳細項目及其確實證明；

六、校董姓名年齡籍貫職業及住址。

立案後如第三第五第六各項有變更時，須於一個月內分別呈報主管教育行政機關備案。

第十六條　校董會呈請立案時，在私立專科以上學校校董會應呈由該管省市（行政院直轄市）教育行政機關轉呈教育部核辦，在私立中等學校校董會應呈由該管縣市教育行政機關轉呈教育廳，或逕呈該管市（行政院直轄市）教育行政機關核辦；在私立小學及其同等學校校董會應呈請該管市（行政院直轄市亦在內）縣教育行政機關核辦；轉呈時對於前條所列各事項均須切實調查，開具意見，以備審核。

第十七條　已核准立案之私立中等學校校董會應由該管省市（行政院直轄市）教育行政機關轉呈教育部備案，已核准立案之私立小學及其同等學校校董會應由該管縣市教育行政機關轉呈教育廳備案。

第十八條　私立專科以上學校之附屬中等學校及私立中等以上學校附設之小學暨其同等學校應另設校董會，其呈請立案及備案手續，與普通私立中等學校及小學暨其同等學校同。

第十九條　校董會之職權以左列各項爲原則，但因特別情形經主管教育行政機關核准者，不在此限。

一、關於學校財務，校董會應負之責任如左：

一　經費之籌劃；

二　預算及決算之審核；
三　財務之保管；
四　財務之監察；
五　其他財務事項。

二、關於學校行政，由校董會選任校長或院長完全負責，校董會不得直接參預。所選校長或院長應得主管教育行政機關之認可，如校長或院長失職，校董會得隨時改選之。

主管教育行政機關如認校董會所選任之校長或院長爲不稱職時，亦得令校校會另選之，另選仍不稱職，得由主管教育行政機關暫行遴任，校董會發生糾紛以致停頓時，得由主管教育行政機關令其限期改組。遇必要時，得逕由主管教育行政機關改組之。私立專科以上學校之附屬中等學校及私立中等以上學校附設之小學暨其同等學校，其校長由另設之校董會選任之。

第二十條　校董會須於每學年終結後一個月內，詳開左列事項，連同財產項目分別逕報或轉報主管教育行政機關備案。
一、學校校務狀況；
二、前年度所辦重要事項；
三、前年度收支金額及項目；
四、校長教職員學生一覽表。

第二十一條　主管教育行政機關每學年須查核校董會之財務及事務狀況一次，於必要時，得隨時查核之。

第二十二條　私立學校因事停辦時，校董會應於十日內呈請主管教育行政機關派員會同清理其財產。清理了結時，由清理人呈報主管教育行政機關備案。

第二十三條　私立學校及其財產不得收歸公有。但學校停辦，校董會失其存在時，其財產，得由主管教育行政機關處置之。

第二十四條　關於校董會債權債務諸事項發生糾葛時，應歸法院處理。

第二十五條　校董會自身之解散，須經主管教育行政機關之許可。

第三， 私立專科以上學校

第二十六條　私立專科以上學校之設立，應遵照左列規定程序辦理：

一、呈報開辦　應於校董會立案後行之。凡非經主管教育行政機關核准開辦者，不得遽行招生，呈報時須開具左列各事項，連同全校平面圖及說明書，送呈查核；

一　學校名稱（如有外國文名稱者亦應列入）及其種類；

二　學校所在地；

三　校地及校舍情形；

四　經費來源及經常開辦各費預算表；

五　組織編制及課程；

六　參考書或教科書目錄；

七　圖書館全部圖書目錄，及實驗室全部儀器，標本目錄及其價值。

八　校長或院長及教職員履歷表。

二、呈請立案　應於開辦一年後行之。呈請時須開具左列各事項，送呈查核：

一　開辦後經過情形；

二　前項第四款至第八款各事項；

三　各項章程規則；

四　學生一覽表；

五　訓育實施情形。

第二十七條　私立專科以上學校，呈報開辦及呈請立案時，應由該校校董會備具呈文及附屬書類，呈由該管省市（行政院直轄市）教育行政機關轉呈教育部核辦。轉呈時，對於前條所列各事項均須切實調查，開具意見，以備審核。

第二十八條　私立專科以上學校須具有左列各項，方得呈報開辦：

一、大學或獨立學院，按所設學院或科之數目及種類，至少須有大學規程第十條所規定之開辦費及每年經常費。

二、專科學校，按所設專科之數目及種類，至少須有修正專科學校規程第十條所規定之開辦費及每年經常費。

（附註）開辦費及第一年經常費，均須以現款照數存儲銀行。

第二十九條　私立專科以上學校之立案，須具有左列各項：

一、呈報事項查明確實者；

二、對於現行教育法令切實遵守，並嚴厲執行學校章則者；

三、教職員合格勝任，專任教員占全數三分之二以上者；

四、學生入學資格合格，在校學生成績良好者；

五、設備足數應用者；

六、資產或資金之租息連同其他確定收入（學費收入除外）足以維持其每年經常費者。

第四章 私立中等學校及小學暨其同等學校

第三十條 私立中等學校及小學暨其同等學校之設立，應遵照左列規定程序辦理：

一、呈報開辦 應於校董會立案後行之，凡非經主管教育行政機關核准開辦者，不得遽行招生，呈報時須開具左列各事項，連同全校平面圖及說明書，送呈查核。

一 學校名稱（如有外國文名稱者，亦應列入）及其種類；

二 學校所在地；

三 學校及校舍情形；

四 經費來源及經常開辦各費預算表；

五 組織編制及課程；

六 教科書及參考書目錄；

七 圖書儀器標本校具及關於運動衛生各種設備，及其價值；

八 校長及教職員履歷表。

二、呈請立案 應於開辦一年後行之。呈請時須開具左列各事項送呈查核。

一 開辦後經過情形；

二 前項第四款至第八款各事項；

修正私立學校規程

三　各項章程規則；

四　學生一覽表；

五　訓育實施情形。

第三十一條　私立中等學校呈報開辦，及呈請立案時，應由該校校董會備具呈文及附屬書類，呈由該管縣市教育行政機關轉呈教育廳或逕呈該管市（行政院直轄市）教育行政機關核辦。轉呈時對於前條所列各事項，均須切實調查，開具意見，以備審核。在私立小學及其同等學校，應由該校校董會備具呈文及附屬書類呈請該管縣市（行政院直轄市亦在內）教育行政機關核辦。

第三十二條　私立中等學校及小學暨其同等學校須具有左列各項，方得呈報開辦：

一、中學及高級職業學校　高級中學初級中學及高級職業學校，至少須有左表規定之開辦費及經常費。惟第一年之經常費，至少須各有額定數目三分之二。又左表每校以開設三級，每級分兩班爲準。其每級僅設一班者，經常費得減三分之一。其高中與初中合辦者，開辦費得經主管教育行政機關核准，照左表酌減。

校別	開辦費		經常費
高級中學	建築費	三萬元	三萬元
	設備費	二萬元	
初級中學	建築費	二萬元	二萬元
	設備費	一萬五千元	
高級農業職業學校	建築費	二萬元	三萬元
	農場及其設備費	二萬元	
	其他設備費	一萬元	

高級工業職業學校	建築費	三[illegible]	四萬元
	工廠及其設備費	三[illegible]	
	其他設備費	二[illegible]	
高級商業職業學校	建築費	三[illegible]元	二萬元
	設備費	一[illegible]元	
家事學校	建築費	三萬元	二萬元
	設備費	一萬五千元	

（附註）開辦費及第一年經常費均須以現款照數存儲銀行。

二、初級職業學校

經費　有確定之資產或資金，其租息足以維持其每年經常費者；或另有其他確定收入，足以維持其每年經常費者。

設備　有自置或撥用之校舍，相當之校地，運動場，理科實驗室，實習場所，標本，儀器，圖書，校具各項者。

三、小學及其同等學校

經費　有確定收入，足以維持其每年經常費者。

設備　有相當之校地，校舍，運動場，校具，教具，圖書各項者。

第三十三條　私立中等學校之立案，須具有左列各項：

一、呈報事項査明確實者；

二、對於現行教育法令切實遵守，並嚴厲執行學校章則者；

三、教職員之名額，資格及任務，均合於中學規程及職業學校規程所規定者；

四、學生入學資格合格，在校學生成績良好者；

五、設備足敷應用者；

修正私立學校規程　九

九

其他確定收入（學費收入除外），足以維持其每年經常費者。

第三十四條　私立小學及其同等學校之立案，須具有左列各項：

一、呈報事項，查明確實者；

二、教職員之名額資格及任務，均合於小學規程所規定者；

三、設備足敷應用者。

第三十五條　已核准立案之私立中等學校，應由省市（行政院直轄市）教育行政機關轉呈教育部備案；已核准立案之私立小學及其同等學校，應由縣市教育行政機關轉呈教育廳備案；核准備案後，其立案手續方爲完成。

第三十六條　私立專科以上學校之附屬中等學校，及私立中等以上學校附設之小學，暨其同等學校之呈報開辦，呈請立案及備案手續，與普通私立中等學校及小學同。

第五章　附　則

第三十七條　未依照本規程完成立案手續之私立學校，其肄業生及畢業生，不得與已完成立案手續之私立學校學生受同等待遇。

第三十八條　本規程自公布日施行。

一〇

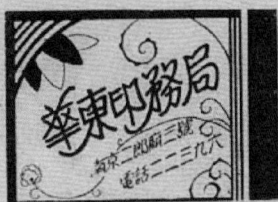

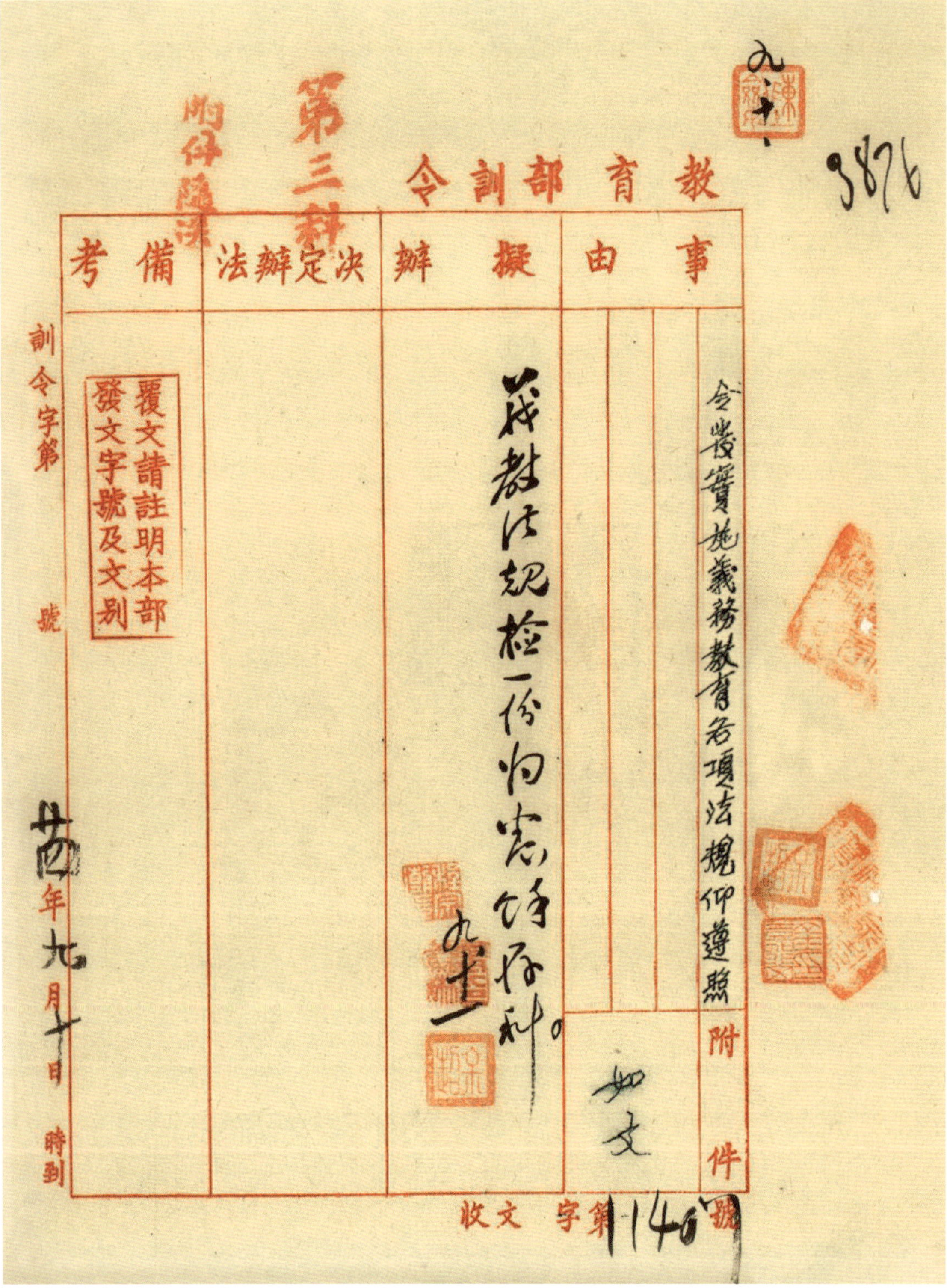
教育部訓令

事由	附件	擬辦	決定辦法	備考
令發實施義務教育各項法規仰遵照	如文	發教法規檢一份附卷餘存科。		覆文請註明本部發文字號及文別

訓令字第　號

廿四年九月十日　時到

收文　字第1140號

第三科

附件隨決

3876

國民政府教育部頒發《實施義務教育各項法規》（一九三五年九月五日）

檔號：1001-5-4

教育部訓令

復文請註明左列字號

義壹 第12182號

令南京市社會局

案查實施義務教育各項法規，前經本部先後令頒，共計七種，茲為便利檢查起見，編印成冊，隨令檢發，省市署各十冊，每縣各一冊，仰即遵照。此令。

附發實施義務教育各項法規十冊

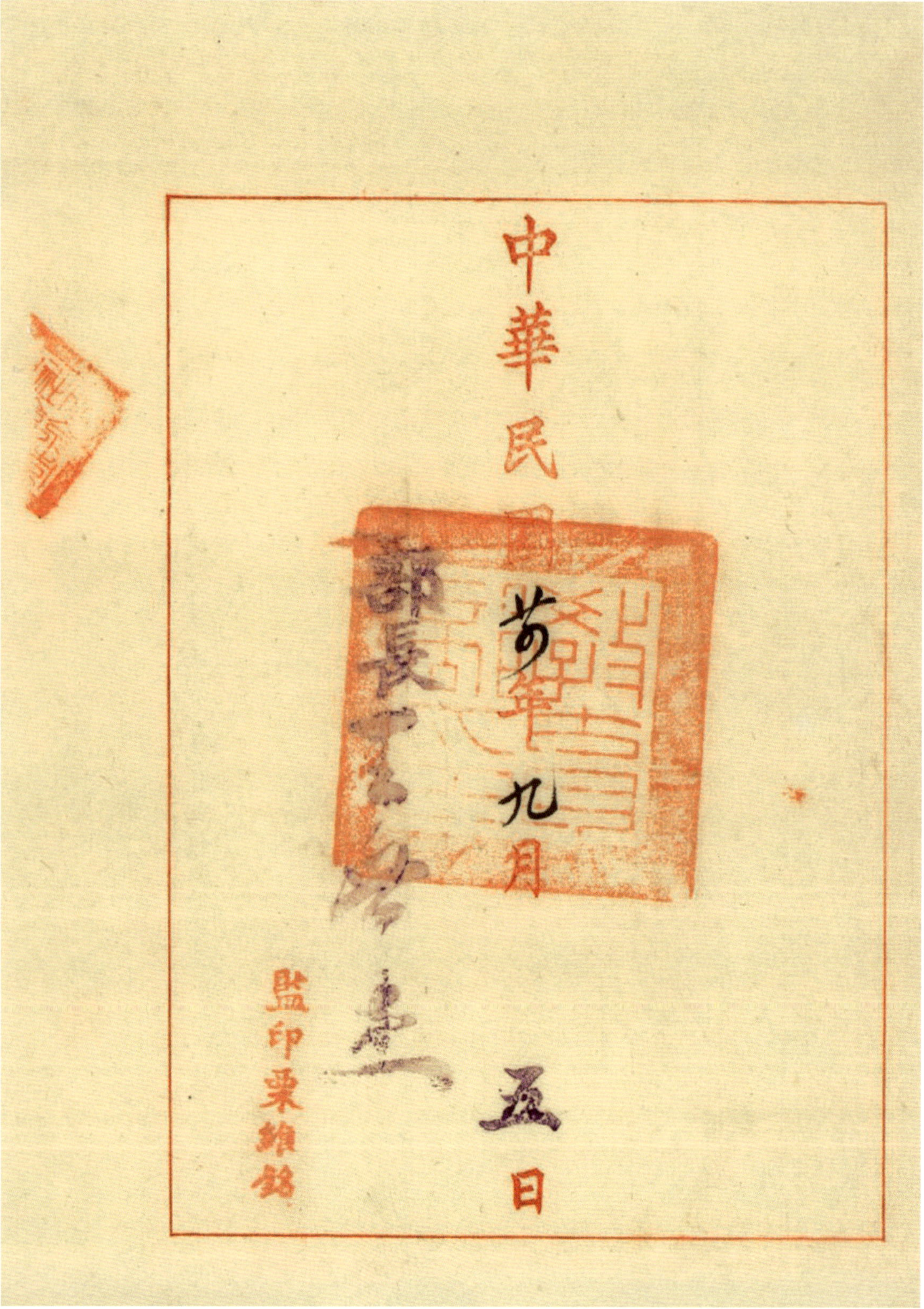

中華民國廿一年九月五日

部長朱家驊

監印栗維銘

中華民國二十四年八月

實施義務教育各項法規

教育部普通教育司編印

實施義務教育暫行辦法大綱

二十四年五月二十八日行政院第二一四次會議修止通過

第一條　茲遵照第四屆中央執行委員會第五次全體會議議決實施義務教育標本兼治等案，製定本暫行辦法大綱，其目的在使全國學齡兒童（指六歲至十二歲之兒童而言）于十年期限內逐漸由受一年制二年制達於四年制之義務教育。

第二條　義務教育之實施，應注重實際生活之教育，分三期進行。

（一）自民國二十四年八月起至二十九年七月止爲第一期，在此期內，一切年長失學兒童及未入學之兒童，至少應受一年義務教育，各省市應注重辦理一年制之短期小學。

（二）自民國二十九年八月起至三十三年七月止爲第二期，在此期內，一切學齡兒童，至少應受兩年義務教育，各省市應注重辦理二年制之短期小學。

(三)自民國三十三年八月起爲第三期，義務教育之期間定爲四年。

第三條　前條規定期限，遇經費充裕時，得減縮之。

第四條　全國各省市應劃分爲若干小學區，準備實施義務教育。

第五條　義務教育之施行，除辦理短期小學外，並應施行左列各事項。

(一)推廣初級小學。

(二)充實原有學級之學額。

(三)厲行二部制。

(四)改良私塾。

(五)試行巡迴教育。

第六條　義務教育經費，以地方負擔爲原則，但對於邊遠貧瘠省分，及其他有特殊情形之省市，得由中央酌量補助之。

第七條　關於義務教育之實施，中央及地方主管教育行政機關，均應特設義務

教育委員會協助推行

第八條 在學校數量已足收容當地學齡兒童之地方，凡身體健全之學齡兒童，均應入學，違者政府得採取必要之行政處分，强迫入學，在第一期內，對於年長失學之兒童亦同。

第九條 教育部於本暫行辦法大綱施行屆一年後，應根據各地實施情況，擬定義務教育法草案，呈由行政院核轉立法院審議公布。

第十條 本暫行辦法大綱施行細則，由教育部根據本大綱訂定施行。

第十一條 本暫行辦法大綱由行政院核准施行，並呈報國民政府備案。

實施義務教育暫行辦法大綱

四

民國二十四年度中央義務教育經費支配辦法大綱

二十四年五月二十八日行政院第二一四次會議修正通過

一、中央義務教育經費，以國庫支出義務教育經費，邊疆教育經費及庚款機關撥充義務教育之經費充之。

二、中央義務教育經費之支配，對於邊遠貧瘠省份，及其他有特殊情形之省市，應予以特別考慮。

三、中央支配於各省市之義務教育經費，及各省市應自行負擔之經費，由教育部詳審各省市實際情形，分別確定額數，呈請行政院備案。自行籌足，

四、各省市有不能依照教育部規定之額數，或設詞虛報者，中央經費得暫不撥付，並得將是項經費，移作下年度各該省市辦理義務教育之用。

五、本辦法施行細則，由教育部定之。

六、本辦法由行政院核准施行，並呈報　國民政府備案。

實施義務教育暫行辦法大綱施行細則

第一章 總則

第一條 本施行細則，根據實施義務教育暫行辦法大綱第十條訂定之。

第二條 全國學齡兒童除入普通小學者外，在實施義務教育第一期內（卽民國二十四年八月至民國二十九年七月）應依本細則受一年短期小學教育；在第二期內（卽民國二十九年八月至民國三十三年七月）應依本細則受二年短期小學教育。

第三條 義務教育應遵照中華民國教育宗旨及其實施方針切合實際生活之需要並應注重民族意識與國家觀念之養成。

短期小學課程爲國語、常識、算術及公民訓練，在第二期內程度應略提高，並得酌增其他科目。

第四條 短期小學不收學費。

第五條　短期小學學生課本，由學校免費供給。

第二章　强迫入學及緩學免學

第六條　在普通小學及短期小學已足收容當地學齡兒童之地方，凡身體健全之學齡兒童，，應由所在地辦理義務教育之機關，依其年齡及家庭狀況，督令入普通小學或短期小學。

凡應入學而不入學者，應對其家長或保護人，予以一定期限，必須就學之書面勸告。其不受勸告者，得將其姓名榜示示警。其仍不遵行者，得由縣市教育行政機關請由縣市政府處以一元以上五元以下之罰鍰。並仍限期責令入學。

前項罰鍰，仍作辦理義務教育之用。

第七條　學齡兒童之有疾病或其他一時不能入學原因者，得由其家長或保護人具結請求緩學；其有痼疾不堪受教育者，得由其家長或保護人具結請求免學。

第八條　在實施義務教育第一期內，學齡兒童除依本細則第十條受一年短期小學教育者，應認爲已完成其義務教育外，其曾入普通小學肄業二年者，以曾受義務教育論。

在實施義務教育第二期內，學齡兒童除依十一條受二年短期小學教育者，應認爲已完成其義務教育外，其曾入普通小學肄業三年者，以曾受義務教育論。

在實施義務教育第一第二兩期內，學齡兒童之已在私塾或家庭受有與義務教育程度相當之教育者，經當地普通小學或短期小學考查及格，予以證明書，以曾受義務教育論。

第三章　施行程序

第九條　各省應於民國二十四年度，令飭所屬縣市，依原有鄉村城鎮之人口。劃定小學區以爲施行義務教育開辦短期小學之單位。每一小學區，平均以約有人口一千人爲準。行政院直轄市亦同。

每五小學區至十小學區內，須逐漸設置普通小學一所。

十　條　各省市在實施義務教育第一期內，爲供給兒童受一年之義務教育起見，應舉辦下列各事：

（一）廣設短期小學　限令各小學區就預定設校地點，設置一年制之短期小學，招收九足歲至十二足歲之失學兒童，此項小學以採用二部編制爲原則，每日上下午各教學半日，或全日間時教學，至少各授課三小時或四小時，修業年限一年。

鄉村短期小學。得放農忙假，但應縮短其他假期，以補足修業時數。普通小學及其他學校與公共機關內，並得附設前項短期小學班。

（二）改良私塾　限令各地將原有私塾，整理改良，一律依照短期小學或普通小學課程辦理，改稱改良私塾；其較優者，得逕改為短期小學或普通小學。

（三）試行巡迴教學　得令各地方設置巡迴教員，以時輪往窮鄉僻壤交通不便利處，教授失學兒童。其程度與短期小學同。

各省市為推行義務教育之便利，除上列各項辦法外，並得採用其他適宜之方法。

第十一條　各省市在義務教育實施第二期內，應將各學區內所有一年制之短期小學，逐漸悉改為二年制短期小學，招收八足歲至十二足歲之失學兒童，仍以採用二部編制為原則，修業年限二年。

前條（二）（三）等款所規定之辦法均應繼續辦理。

第十二條　各省市于屆義務教育實施第三期（民國三十三年八月起）時，應將各地之二年制短期小學，逐漸改爲四年制之普通小學。

第十條(二)(三)等款所規定之辦法仍繼續辦理。

第十三條　在義務教育實施之第一、第二各期內，各省市除辦理第十、第十一兩條之短期小學外，並應同時辦理左列各事，以推廣普通小學教育：

(1)酌量增設普通小學；

(2)限令普通小學酌採二部制；

(3)充實原有普通小學之學額；

但原有普通小學不得改爲短期小學

第十四條　各省市應依照第十條至第十一條之規定，施行義務教育；務使在義務教育實施第一期之末年，曾受一年短期小學教育或相當教育之兒童，至少達到學齡兒童總數百分之八十。在第二期之末年，曾受二年短期小學教育或相當教育之兒童，至少亦達到學齡兒童總數百分之八十。

第四章　師資

第十五條　各省市應自實施義務教育第一期開始以後，在省市立或縣立初高級中學及師範學校內，廣設短期小學師資訓練班，招收相當於初級中學畢業程度之學生，予以短期之師範訓練，其課程以研究小學教材及教學方法爲中心。訓練期滿，考試及格，予以證明書，准其充任短期小學教員。

第十六條　各省市在第一期內，得招考文清理通、常識豐富，有志爲短期小學教員人員，考試及格，予以證明書，准其充任一年制短期小學教員。

各省市並得斟酌情形，令各公務人員爲短期小學服務。

第十七條　各省市應各按本省市小學師資之需要，推廣師範學校、簡易師範學校，簡易師範科等，以培養小學師資；同時應設法給予短期小學教員及不合格之小學教員以進修之機會，並逐漸遵照小學教員檢定規程檢定之，俾依照檢定取得資格。

第十八條　各縣市應在縣市立初級中學或縣市立師範學校或規模較大之縣市立小學內，設置塾私訓練班，招收師塾教師，予以短時期之訓練，專授短期小學課程之教材及教學方法，訓練期滿，考查及格，給以證明書，准其充當改良私塾之教師。

第五章　校舍設備

第十九條　各小學區新設之短期小學，得充分利用當地原有公所、祠廟等房屋，並得借用或租用民房。其無可利用或租借者，得暫建極簡單之棚舍應用。

第二十條　各學區應在十年內，擇定相當地點，籌備另建普通小學正式校舍。

不能自籌建築費者，得由縣市政府協助之。

第二十一條　短期小學設備參照普通小學設備辦理。其桌椅等均得較小學爲減等。

第二十二條　各小學區應在十年內籌足設備經費，以備改短期小學爲普通小學時一切設備之用。

第六章　經費

第二十三條　義務教育經費，其在市區者，由政府統籌。其在省區之各縣市，以省縣酌量分擔爲原則。中央並得酌量省市情形補助之。

對於邊遠省份及貧瘠省份之義務教育經費，中央得予以特別補助。

第二十四條　省市義務教育經費，應按照地方情形，或在省市教育經費項下及在省市總收入項下提出若干成，或指定專款充之。

第二十五條　縣市義務教育經費，應按照各地方情形，或指定學產，或指定特種捐稅收入充之；并得勸導人民盡力捐助。

第七章　機關

第二十六條　義務教育之實施：中央由教育部主辦之，各省市由省市主管教育行政機關主辦之，各縣市由主管教育行政之科局主辦之。

第二十七條　各級主辦義務教育機關，均應組織義務教育委員會，襄助辦理義務教育。

教育部應設置全國義務教育委員會，其規程以部令定之。各省市應設置省市義務教育委員會，以省市主管教育行政機關長官爲委員長，並由省市政府約聘教育界富有資望之人士若干人爲委員。其組織規程，由省市主管教育行政機關定之，並呈報教育部備案。

各縣市應各設縣市義務教育委員會，其組織規程由各省教育廳呈准省政府定之。

第二十八條　各級義務教育委員會之主要任務如左：

一、全國義務教育委員會——

甲、建議及審議推行義務教育之計劃；

乙、審議關於義務教育之一切章則辦法；

丙、考核各省市辦理義務教育之成績。

二、省市義務教育委員會——

甲、擬具全省市義務教育推行計劃；

乙、監督省市義務教育經費及中央給予該省市義務教育補助費之保管與用途；

丙、擬具分年訓練師資辦法；

丁、考核各縣市辦理義務教育成績。

三、市縣義務教育委員會——

甲、擬具全縣市義務教育推行計劃；

乙、監督各縣市義務教育經費及上級政府給予各該縣市義務教育補助費之保管與用途；

丙、審核所屬義務教育經費之預算及決算；

丁、考核所屬辦理義務教育成績。

第二十九條 關於市縣各小學區義務教育事務，由縣市教育行政機關就每五小學區至十小學區指派學董一人主辦之。其任務如左：

一、宣傳義務教育工作之重要；

二、擬具本學區義務教育實施計劃；

三、籌劃經費；

四、編製預算；

五、調查學齡兒童；

六、籌設學校；

七、强迫學齡兒童入學；

八、督促私塾改良。

縣市教育行政機關認爲有必要時，得酌置指導或助理人員，指導或襄助學董，辦理事務。

第八章 懲獎

第三十條 義務教育辦理之狀況，于地方行政人員考績時，應視爲特別注重事項。

二十一條 人民捐助辦理義務教育經費者，得照捐資興學獎勵辦法從優獎勵之

第三十二條 關於推行義務教育之懲獎辦法，由教育部另定之。

第九章 附則

第三十三條　本細則由教育部公佈並呈請　行政院備案施行。

第三十四條　本細則公佈後，教育部前所頒布之第一期實施義務教育辦法大綱暨短期義務教育實施辦法大綱，均即廢止。

全國義務教育委員會組織規程

第一條　依照實施義務教育暫行辦法大綱施行細則第二十七條之規定，由教育部組織全國義務教育委員會（以下簡稱本委員會）協助辦理全國義務教育。

第二條　本委員會之主要任務如左：

甲、建議及審議推行義務教育之計劃：

乙、審議關於義務教育之一切章則辦法：

丙、考核各省市辦理義務教育之成績。

第三條　本委員會委員分左列二種：

甲、當然委員

一、教育部部長

二、教育部次長

三、教育部參事一人

四、教育部普通教育司司長及第二科科長

五、教育部督學一人

乙、聘任委員三人至七人，由教育部長聘任之。

第四條　本委員會推定常務委員三人，處理日常事務。

第五條　本委員會全體委員會議，每三個月開會一次，以教育部部長爲主席，遇必要時，得召集臨時會議。常務會議集會時期由常務委員定之。

第六條　本委員會遇必要時，得召集各省市義務教育委員會代表，討論全國推行義務教育事宜。

第七條　本委員會關於義務教育之建議，經教育部核定施行。

第八條　本委員會得酌設辦事人員，由教育部長派部員兼充之。

第九條　本委員會委員，概爲名譽職，但聘任委員因到會辦公，得酌支川旅費

第十條　本規程由教育部公佈施行。

全國義務教育委員會組織規程

一八

一年制短期小學暫行規程

第一條　本規程依照實施義務教育暫行辦法大綱第二條之規定訂定之。

第二條　在第一期實施義務教育期間，各省市縣均應注重辦理一年制短期小學（以下簡稱短期小學）。

第三條　各縣市鄉缺乏學校之小學區，應儘先盡量設置短期小學，以期教育易於普及。

第四條　短期小學獨立設置，並得附設於普通小學及其他學校或公共機關內。

第五條　每五小學區至十小學區內之短期小學，應利用一普通小學爲中心小學；各短期小學，均應受其指導。

第六條　短期小學招收年滿九足歲至十二足歲之兒童。

第七條　短期小學不收學費，所有書籍用品，概由學校供給。

第八條　每一短期小學，以同時招收學生二班爲原則。每班學生以五十人爲限，其編制採用半日二部制，分上下午教學；教室敷用者，或採用全日二部制，間時教學。

第九條　短期小學每班每日授課三小時至四小時，每小時以四十五分鐘計算。課程爲國語，算術，公民訓練及體育四種，每日授課時間如左表，其標準另定之。

國語——每日至少二小時

算術——每日約半小時

公民訓練——每日約十分鐘

體育——每日五分鐘至十五分鐘

第十條　短期小學之教員以每兩班設置一人爲原則。

第十一條　附設於普通小學之短期小學，應儘量利用原校之教員。

第十二條　本規程自公佈日施行。

一年制短期小學暫行課程標準

一、說明

（1）本課程以國語（內容包括常識，而作業爲讀書，作文，寫字）算術（包括心算珠算及筆算）爲基礎，并輔以公民訓練及課間操（包括唱遊）。

（2）本課程專供教育九足歲至十二足歲兒童一年間之用。

（3）本課程實施時應注重利用當地的事實或材料，以助兒童的理解。

二、目標

（1）講示公民道德，養成其國民必需的道德習慣。

（2）講授衛生常識，養成其人生必需的衛生習慣。

（3）授以本國歷史，地理和公民常識，使其認識個人與社會國家的關係，并養成其健全的民族意識。

（4）授以自然界的常識。使知自然界與人類日常生活的關係。

(5)使認識約一千四百個字，并能閱讀淺易的語體文。

(6)使能寫作信件日記等日常實用的語體文。

(7)使能運用注音符號，閱讀淺易的語體文，并在可能範圍內能聽國語，說國語，以期達到語言趨向統一的目的。

三、時間支配

科目	每週教學節數	每節教學分鐘數	每週共計教學分鐘數
國語	12	45	540
作文	2	30	60
寫字	4	30	120
算術	6	30	180
公民訓練	6	15	90
課間操	6	15	90
			1080

（說明）

（一）半日二部制，分兒童爲上下午兩班，其教學節數與時間，上下午同。

（二）全日間時二部制，分兒童爲兩班，全日在校，兩班相互間時教學，其節數與時間，與上表同。惟一班授課時，一班應同時支配自習或課外作業。

（三）全日半日班混合二部制，分兒童爲二班，一班全日在校，一班半日在校，（上午或下午）全日在校一班之教學時間，須與半日班上下午相配，惟半日班授課時，全日班應同時支配自習或課外作業。

四、國語課程內容

（1）關於編制方面

1。將歷史地理、公民、自然、衛生等重要材料，勻配排列，不用童話，物語、神語。

2. 日常實用文——便條、書信、柬帖、佈告、日記、——的閱讀。

3. 簡易說明，記敍等文的閱讀。

4. 檢查字典的練習。

5. 普通標點符號的認識。

6. 注音符號的認識和應用。

7. 國語的聽和說的練習。

(2)關於材料方面

甲、歷史

1. 名人的嘉言懿行和歷代的偉大事功，注重振起民族的自信與自重。

2. 現代的國勢與改革，注重民族意識與造成近代國家的條件。

3. 中山先生與國民革命，注重中山先生致力國民革命的事蹟。

乙、地理

1. 我國地勢，山脈、河流、氣候、物產、交通、行政區域等大概，注重我國獨得的天惠，和總理建設計劃概要，以引起愛護國家與物質建設的思想。

2. 我國首都和重要都市，注重都市與農村的關係使知農村建設的重要。

3. 各割讓地、租界、治外法權，外國船內河航行，以及鐵路礦產的讓與，說明國家權利的損失，使知自強雪恥的意義。

4. 地球形狀、大洋、大洲、我國和世界重要各國位置的認識，注重列強與我國之關係，使知我國在國際間所處的地位，以及國防的重要。

丙、自然

1. 四時氣候的變遷和其與生物的關係。
2. 雲、雨、霜、露、冰、雪、霰、風向、溫度、濕度等。
3. 雷、電的作用和避電方法。
4. 日蝕、月蝕、虹、日月暈、流星、彗星、地震、火山等原因，及迷信的破除。
5. 蚊蟲等害處和驅除的方法。
6. 益蟲害蟲和農作物的關係。
7. 日常必需衣、食、住、行的說明。
8. 墾植的提倡，注重造林。
9. 主要農產的說明。
10 水災、旱災，火災的防止。

丁、衞生

1.人體外形的構造功能及保健。
2.人體內部的構造功能及保健。
3.煙酒等嗜好品的害處。
4.傳染病的預防和急救法。
5.公衆衛生。

五、作文課程內容

(1)語句構造的練習。
(2)便條書信等實用文的練習。
(3)普通標點符號的應用。

六、寫字課程內容

(1)已識各字的書寫練習。
(2)實用文的書寫練習。

（3）日常最通用的行書的認識。

七、算術課程內容（筆算珠算混合教學）

（1）數的認識和數字的寫法。

（2）加減法

（3）九九歌訣，歸除歌訣。

（4）法數一位至三位的乘法。

（5）法數一二位的除法。

（6）四則的應用、

（7）小數四則。

（8）我國度量衡與貨幣的換算。

（9）記帳和算帳的方式。

（10）心算和珠算的練習，

）心算的練，

各省市義務教育經費經管辦法大綱

一、所有中央每月撥給義務教育補助費，及各省市自籌之義務教育經費，應按照「實施義務教育暫行辦法大綱施行細則第二十八條第二款乙項規定」，由各省市主管教育行政機關，會同該省市義務教育委員會指定殷實銀行（或其他適當儲款機關）專款存儲。

二、上項經費之用途，絕對限於義務教育事業。動用時應嚴照業經依法核定之計劃，由各省市主管教育行政機關會同義務教育委員會辦理，不得移作他用。

三、各省市義務教育委員會每月應將收到中央撥給義務教育補助費及該省市撥到之自籌義務教育經費數額，呈部備核。

各省市主管教育行政機關每月初應將上月支出義務教育經費之數額及其用途，詳細造册呈部，以憑審核。

前項造報應由各該省市義務教育委員會過半數委員之會簽。

四、以上規定辦法，如不切實遵行，中央補助費得暫停撥付，並採取其他必要之處置。

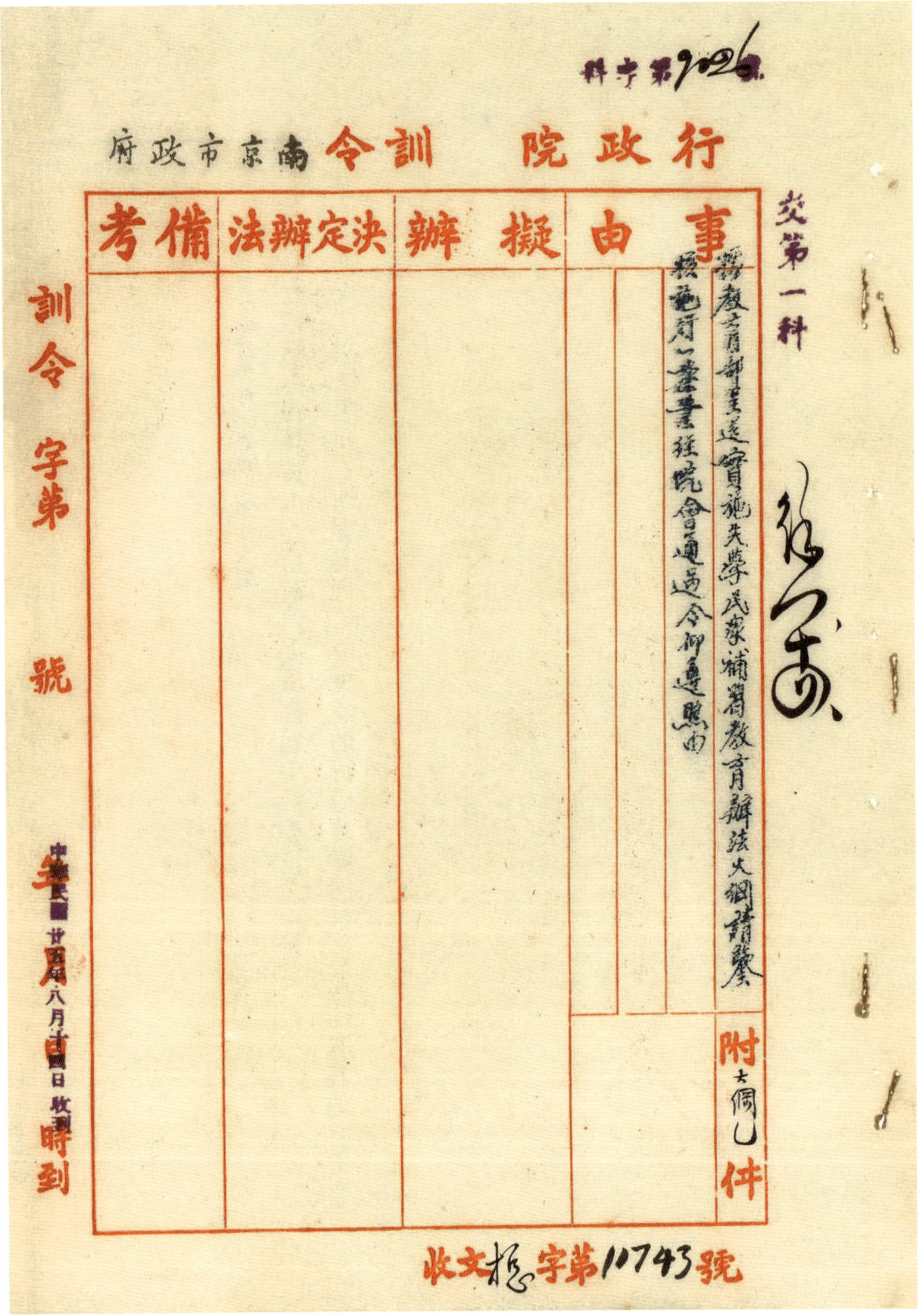

科字第9026號

行政院訓令 南京市政府

交第一科

事由：為教育部呈送實施失學民眾補習教育辦法大綱請鑒核施行一案業經院會通過令仰遵照由

附大綱一件

擬辦

決定辦法

備考

訓令 字第 號

中華民國廿五年八月十四日收到

收文總字第10743號

國民政府行政院頒布《實施失學民眾補習教育辦法大綱》（一九三六年八月十三日）

檔號：1001-1-805

行政院訓令

字第04845號

令南京市政府

案查前據教育部廿五年七月二十四日秘字第一一八五號呈稱：「呈為呈請事竊查我國失學民眾雖尚無精密調查但年在十六歲至五十歲之失學人數估計約佔全國人口總數之半又查我國失學學齡兒童數共約三千餘萬年長失學民眾殆五倍之比年以來因政府厲行小學義務教育一切學齡兒童三四年後可望悉受一種小學教育對於人數更多之年長失學民眾自亦亟須設法使之補受教育庶幾民族意識與夫現代生活常識能逐漸普及於一般民眾無形中將為建國圖存之工作增加莫大之助力近年來各

省市對於青長失學民衆之教育已漸努力推進據最近統計全國民衆學校共三萬七千餘校學生共一百三十餘萬人全年經費共一百九十餘萬元且如江蘇陝西福建安徽上海等省市已酌量在全省市或省會施行強迫識字教育且有二三省市舉辦公民訓練亦寓民衆教育之意義惟各省市教育目標訓練方法極多紛歧且受教人數占失學人數比率甚小即在舉辦民衆教育之地方匪惟制度朝更夕變其工作亦往往時作時輟欲求宏效凡斯種種允宜及時改善本部體察現時各省市實際情形深覺今後民衆教育之推行在訓練目標方面應有相當之統一在實施方法方面各省市尤應各有一定計劃逐年提經核定施行中央之輔助督導亦須確定範圍倘能如是各省市民衆教育之實施當可革除過去雜亂空疏

之弊，而成爲有系統之工作。基於以上之考慮，茲擬具實施失學民衆補習教育辦法大綱，理合備文呈請鈞院鑒核，並懇核定後通飭各省市政府遵照，切實實施。本部自當秉承鈞院，隨時督促輔助，以利進行」等情。據此，經提出本院第二七二次會議決議：「交實業、内政、教育三部審查」。茲據報告審查結果，僉以原擬辦法大綱，大致尚屬可行，其稍欠妥適之處，亦經酌加修正，謹檢同修正條文，請鑒核等情前來，復經提出本院第二七三次會議決議：「通過」。除令知實業、内政、教育三部暨分行外，合行抄發辦法大綱，令仰遵照，切實實施。此令。

計抄發實施失學民衆補習教育辦法大綱一份。

院長蔣中正
教育部部長王世杰
中華民國二十二年八月十二十日
監印畢
校對高明澄

實施失學民衆補習教育辦法大綱（二十五年八月四日行政院第二七三次會議通過）

第一條　教育部為使全國超過義務教育年齡之失學民衆於短期間內逐漸受到補習教育起見，制定本辦法大綱。

第二條　失學民衆應受之補習教育如左：

一、公民教育（注重民族意識與現代生活常識）

二、識字教育。

除前兩項外，有便利時得施行自衛訓練。

第三條　實施失學民衆補習教育之場所為民衆學校。

第四條　失學民衆補習教育，各省市應自二十五年度起儘六年內普及之，（各省市有特別情形者得呈准將限期縮短或延長之）每年每縣市內應添設民衆學校二十校至四十校，每校每年至少辦兩期，每期約為三個月至六個月（在鄉村地方應避免農忙時期），每期以舉辦兩班為原則。

前項民衆學校得附設於各小學與其他學校及各公共機關內。但仍應以半數單獨設立為原則。

第五條 失學民衆補習教育，應先自十六歲至三十歲之男女實施，繼續推及年齡較長之民衆。

第六條 實施失學民衆補習教育時，得強迫入學。

第七條 實施失學民衆補習教育，各縣市應自二十五年度起，就縣市教育經費內，酌提若干成，充民衆學校經費，必要時並應由省補助之。

第八條 民衆學校之教本，由教育部編印，並得斟酌各地方情形，免費發給之。民衆學校施教之附屬設備，如播音、電影等，亦得由教育部斟酌各地方情形予以補助，其辦法另定之。

第九條 實施失學民衆補習教育，各省市應依照本大綱之規定辦理，其有必須變通者，應經教育部核准。

各省市主管教育行政機關，應逐年將實施失學民衆補習教育計劃，於每年七月十五日以前，呈報教育部備核。
二十五年度上項計劃呈遞，應於九月十五日前呈部備核。
第十條　本大綱施行細則由教育部体察各地實際情形規定之。
第十一條　本大綱自呈奉行政院核准日施行。

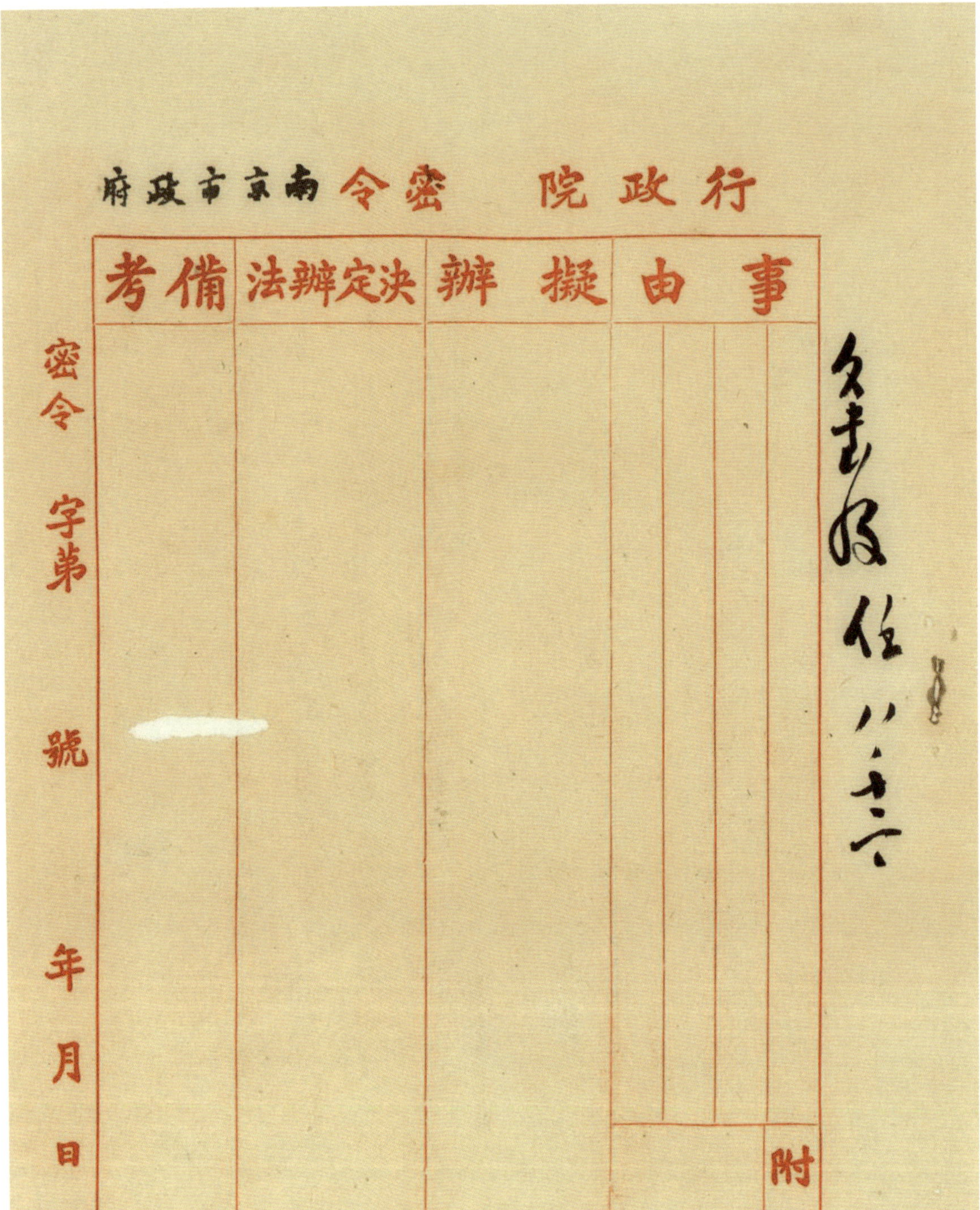
行政院 密令 南京市政府

事由	擬辦	決定辦法	備考
附件			

密令 字第 號 年 月 日 時到

收文 字第 號

國民政府行政院頒布《總動員時督導教育工作辦法綱領》（一九三七年八月十一日）

檔號：1001-1-931

行政院密令

字第貳1 04965號

令南京市政府

案據教育部二十六年八月三日密呈稱：

「謹密呈者，外敵入寇，發生戰事之範圍甚廣，處此情勢之下，教育工作，應依據若何方針，方可減少戰事對於教育文化工作之打擊，屬部自當縝密規劃，以資鈞注。近來屬部同人一再研討，僉以為全國易受敵人轟炸襲擊之地域既甚遼闊，則各教育行政機關，對於一般被襲擊地域之學校，惟有責其各持鎮靜，盡力維持課務，倘任意停閉或空言遷徙，教育工作必遭受不可思議之紛擾與困難，猶憶歐戰方酣之際，巴黎倫敦日受敵人飛機或遠距離炮之轟擊者垂一二年，各級學校初未嘗一日輟課，故除戰爭最激烈之地域外，其他區域之學校，斷不宜一被敵人襲擊，即自相驚擾，矧此次抗戰政府意在持久，則力謀學校工作之穩定，尤有必要，惟欲求學校工作之持續與教育界人心之安定，教育經費斷不宜令其短欠，而主管教育行政機關於其主管經費，尤不能不有變更預算用途之權，以應付種種事變，查教育經費，在中央及地方預算中所占比率均甚小，故即在戰時，中央及地方當局不難照預算按期實發，至預算用途之變更，為一種財政緊急處分，在戰爭時期，原為法律之所許，茲謹擬具總動員時督導教育工作辦法綱領六條，呈請鑒核施行。

等情。據此，應准照辦。除指令暨令飭財政部遵照並分行外，合行抄
發總動員時督導教育工作辦法綱領一份，令仰遵照。此令。
計附抄發總動員時督導教育工作辦法綱領一份。

中華民國廿六年八月十一日

院長蔣中正

教育部部長王世杰

財政部部長孔祥熙

政務次長鄒琳代

監印舉懷沅

總動員時督導教育工作辦法綱領

一、戰爭發生時，全國各地各級學校暨其他文化機關，務力持鎮靜，以就地維持課務為原則，

二、比較安全區域內之學校，儘可能範圍內，設法擴充容量，收容戰區學生，

三、各級學校之訓練，應力求切合國防需要，但課程之變更，仍須遵照部定範圍，

四、各級學校之教職員暨中等以上學校之學生，得就其本地成立戰時後方服務團體，但須嚴格遵照部定辦法，不得以任何名義妨害學校之秩序；

五、為安定全國教育工作起見，中央及各省市教育經費在戰時仍應照常發給，倘至極為不得已有量予緊縮之必要時，在中央應由財教兩部協商呈准行政院核定後辦理，在地方應由主管財教廳局會商呈准省市政府核定後辦理，

六、中央及各地方主管教育行政機關，對於戰區內學校之經費得為財政緊急處分，酌量變更其用途，必要時並得對於其全部主管教育經費為

權宜之處置，以適應實際需要。

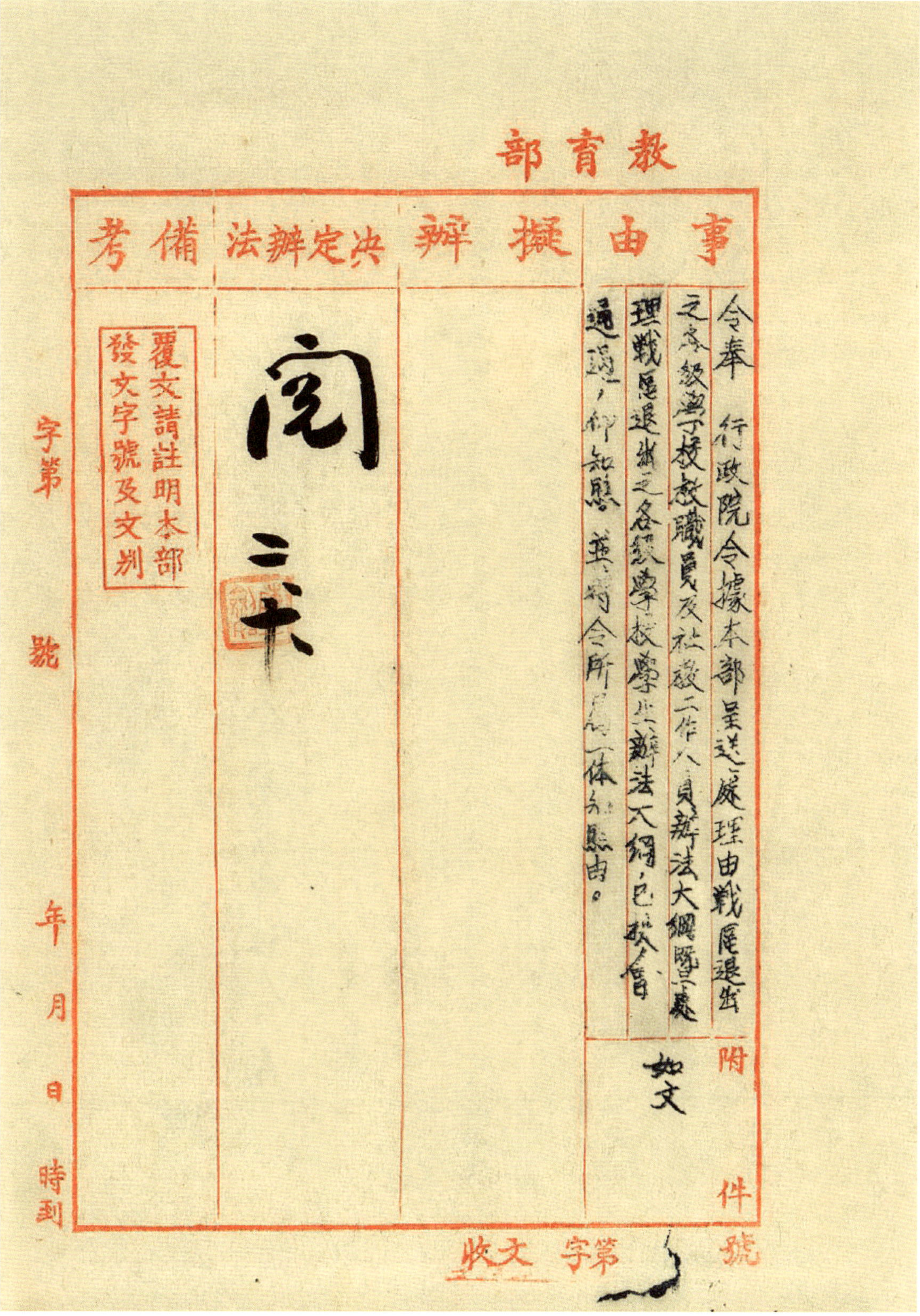
教育部

事由	擬辦	決定辦法	備考
令奉行政院令據本部呈送處理由戰區退出之各級學校教職員及社教工作人員辦法大綱暨處理戰區退出之各級學校學生辦法大綱，已提會通過，仰知照，並轉令所屬一体知照由。		閱 二十	覆文請註明本部發文字號及文別
附件：如文			

字第　號　年　月　日　時到

收文　字第　號

國民政府教育部頒布《處理由戰區退出之各級學校學生辦法大綱》《處理由戰區退出之各級學校教職員及社會教育機關工作人員辦法大綱》（一九三八年二月十日）

檔號：1001-5-4

教育部訓令

令南京市社會局

復文請註明左列字號
廿七年發漢教字第660號

案奉

行政院二十七年二月十七日漢字第九三七號指令：「據本部呈送處理由戰區退出之各級學校教職員及社會教育機關工作人員辦法大綱及處理由戰區退出之各級學校學生辦法大綱，請示遵由，內開：

『呈件均悉。經提出本院第三五〇次會議決議「通過」。

仰即知照。此令。』」

等因；奉此，合行檢同該二項辦法大綱各一份，令仰該局知照。

並轉令所屬各機關及各級學校一體遵知照。此令。

計發處理由戰區退出之各級學校教職員及社會教育機關工作人員辦法大綱暨處理由戰區退出之各級學校學生辦法大綱各一份。

中華民國廿七年二月 日

部長 陳立夫

教育部處理由戰區退出之各級學校學生辦法大綱

甲.專科以上學生

一.戰區專科以上學校,不能在原地繼續開學且未遷移他地,或指令借讀學校者,其原有學生可向各省市教育廳局登記·由教育廳局彙報本部。

二.上項登記學生志願繼續讀書者,可轉學或借讀於各繼續、開辦之公私立大學,經濟困難者,得向各校請求免費及貸金(貸金辦法另訂之)。

三.上項登記學生志願參加戰時工作者,可由本部轉送軍事委員會政治部經檢驗身体甄別考試合格後,施以訓練。

四.上項登記學生志願加入戰事有關之技術訓練班或其他訓練班者,可由本部或各教育廳局分別介紹。

乙.中學學生

一.戰區中等學校不能在原地繼續開學,且未遷移他地,或指定借讀學校者，其原有學生可向各教育廳局登記，由教育廳局彙報本部。

二、上項登記學生志願繼續讀書者，可由本部指定入各國立中學肄業。

三、上項登記學生志願轉學或借讀他校者，可由各教育廳局代為介紹。經濟困難者，得向各校請求免費。

四、上項登記學生得由家長聲明在家自請教師自修補習，以後參加考試。惟各科之實驗或實習部分，以後應另設法補足之（自修辦法另訂之）。

五、上項登記學生志願參加戰時工作者，可由本部轉送軍事委員會政治部，經檢驗身體甄別考試合格後，施以訓練。

六、上項登記學生志願加入戰事有關之技術訓練班或其他訓練班者，可由本部或各教育廳局分別介紹。

丙、小學及幼稚園兒童

一、戰區之小學或幼稚園兒童，得隨時向其所遷移地點相當之小學或幼稚園請求轉學肄業。

二、戰區內之兒童，其家長無力遷移至安全地點者，得將兒童送交附近之戰區兒童收容所，轉送入戰區兒童教養團（戰區兒童教養團辦法另訂之）。

三、戰區遷到後方各地之家庭，其兒童無力入相當之小學或幼稚園者，得送入附近之兒童教養團。

四、原在小學各年級肄業之兒童，無法送入學校或兒童教養團者，得在家庭自請教師補習或自修。至學期開始時，如欲轉入相當學校者，受各該校入學試驗及格後，編入各該校相當之年級（自修辦法另定之）。

教育部處理由戰區退出之各級學校教職員及社會教育機關工作人員辦法大綱

甲、專科以上學校教師

一、戰區各專科以上學校之教師，因受戰事影響不能繼續服務者，得向本部或各省市教育廳局登記。

二、上項登記之教師，得由本部視其專長，分別指定下列工作：

(1) 担任臨時設立之學校或各種訓練班教師；

(2) 担任指定之各項專門研究工作；

(3) 担任指定之各項編譯工作；

(4) 担任指定之各種特殊工作；

工作期間之生活費用，由本部担負之。

三、上項登記之教師得依照志願及專長，由本部分別介紹於其他服務機關。

乙、專科以上學校職員

一、戰區各專科以上學校之職員，得由各學校指定一小部分担任原校保管工作。

二、戰區各專科以上學校之職員不能繼續任職者，應由各校自訂疏散辦法。
三、上項疏散之職員，得填明學歷志願，由各校造册彙報本部登記，以便分别介紹於其他服務機關。

丙、中等學校教職員

一、戰區中等學校教職員，可向各省市教育廳局登記。
二、上項登記人員，得由本部調充各國立中學教職員，工作期間之生活費由本部發給。
三、上項登記人員，得由本部調充各地教師服務團團員，分别担任指定之義教社教等工作。工作期間之生活費由本部發給。
四、上項登記人員，得由本部指定研究或編譯工作。工作期間之生活費由本部發給。
五、上項登記人員，得依其志願由本部或各省市教育廳局介紹於其他服務機關。
六、上項登記人員有志戰時工作者，得由本部依照其學歷志願，介紹於軍事訓練機關。

丁、小學校教職員

一、戰區各小學教職員可向各省市教育廳局登記。

二、上項登記人員，得由本部調充各地教師服務團團員，分別担任指定之義教社教等工作。工作期間之生活費由本部發給。

三、上項登記人員，可由各省市教育廳局介紹至各地担任小學教師或兒童教養團服務員或其他適當工作。

四、上項登記人員，有志戰時工作者，得由本部依照其學歷志願，介紹於軍事訓練機關。

戊、社會教育機關工作人員

一、戰區各公立社教機關專任工作人員可向各省市教育廳局登記。

二、上項登記人員，得由本部調充各地教師服務團團員，分別担任指定之義教社教等工作。工作期間之生活費由本部發給。

三、上項登記人員，得由本部編組社會教育工作團，担任後方服務等工作。工作

期間之生活費由本部發給。（社教工作團辦法另訂之）

四、上項登記人員，得由本部或各省市教育廳局分别介紹于其他服務機關。

五、上項登記人員有志戰時工作者，得由本部依照其學歷志願，介紹於軍事機關。

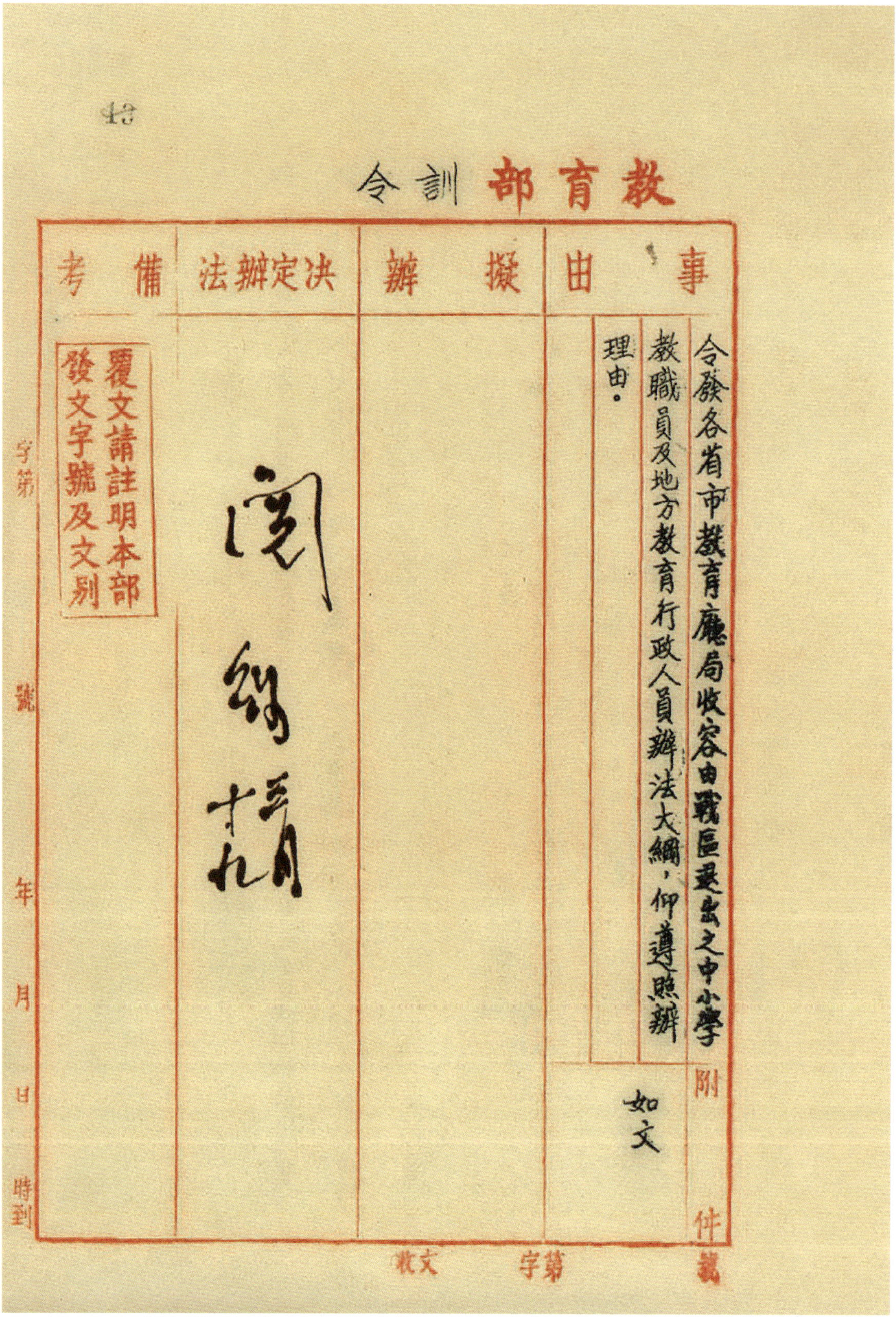

43

教育部訓令

事由	擬辦	決定辦法	備考
令發各省市教育廳局收容由戰區退出之中小學教職員及地方教育行政人員辦法大綱，仰遵照辦理。 附件：如文			覆文請註明本部發文字號及文別

字第　號　年　月　日　時到

第　字　號　文

國民政府教育部頒布《各省市教育廳局收容由戰區退出之中小學教職員及地方教育行政人員辦法大綱》（一九三八年三月八日）

檔號：1001-5-1

教育部訓令

復文請註明左列字號

廿七年發 漢教字 第九六九號

令南京市社會局

案查戰區退出之中小學教職員及地方教育行政人員，業經本部分別制訂處理辦法並令行在案。茲為普遍救濟及通轉人才起見，特制訂：「各省市教育廳局收容由戰區退出之中小學教職員及地方教育行政人員辦法大綱」，以便實施。除分行外，合行檢同該項大綱一份，令仰該局遵照辦理為要。此令。

計發各省市教育廳局收容由戰區退出之中小學教職員及地方教育行政人員辦法大綱一份。

中華民國廿七年三月八日

部長陳立夫

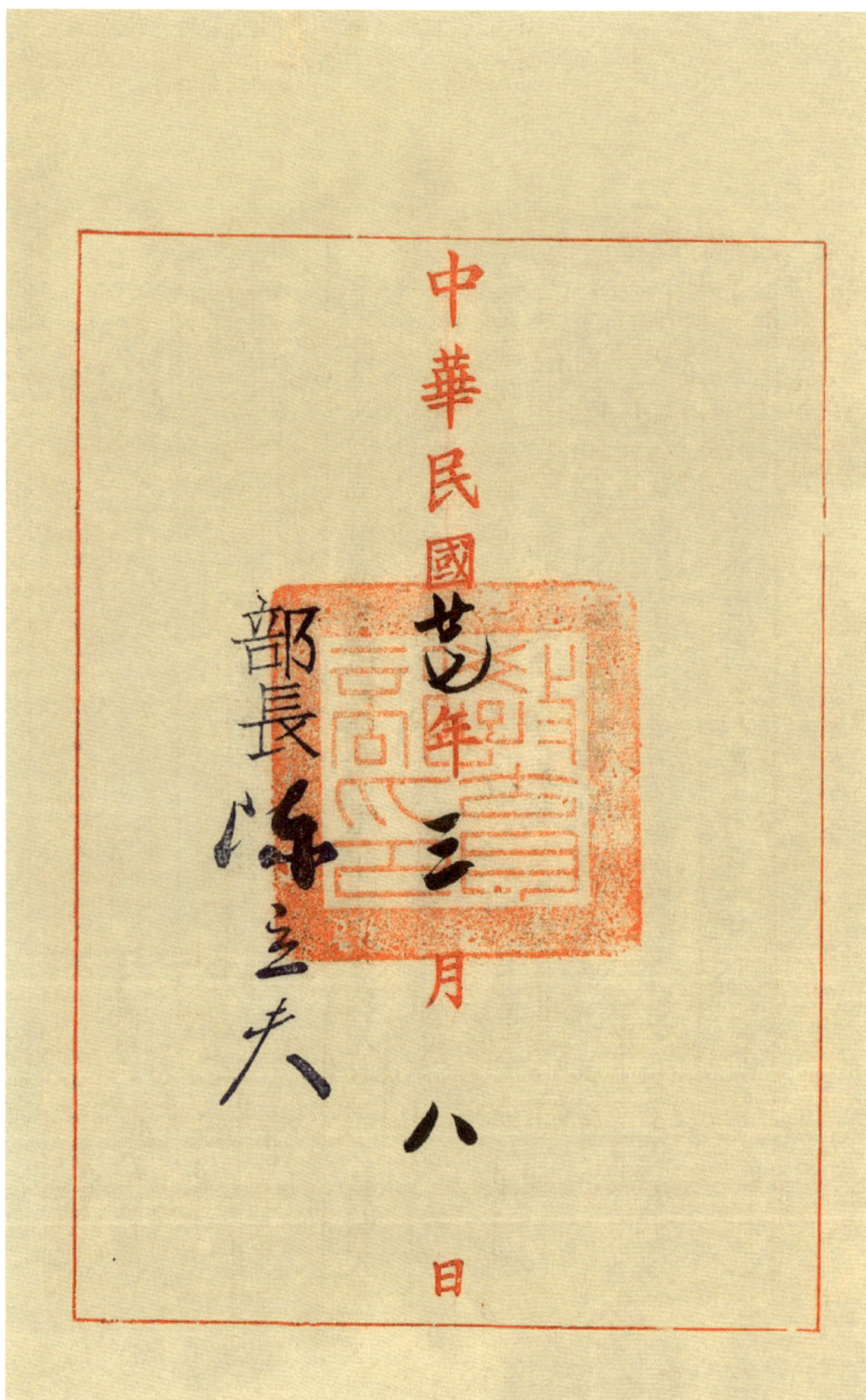

各省市教育廳局收容由戰區退出之中小學教職員及地方教育行政人員辦法大綱

一、凡由戰區退出之中小學教職員及地方教育行政人員，由教育部指定所在地教育廳局舉行登記，經審查合格後，除分配於各國立中學及中小學教師服務團外，并得就近分發於各該省市，分別支配其工作。

二、戰區退出之中小學教職員及地方教育行政人員，經教育部分發後，應即照規定時間，前往各教育廳局報到，聽候分配工作。

三、各教育廳局奉到教育部分發名冊後，應即指定主管人員辦理此項教職員及地方教育行政人員之報到手續，并須依其資歷經驗，加以詢問，確定其介紹及分配工作事宜。

四、各教育廳局對於分發戰區之中小學教職員及地方教育行政人員工作之分配與介紹，應依照以下各條之規定辦理。

五、戰區退出之中學教職員，分配工作之原則如左：

(1)派充為各中等學校因收容戰區學生增設班級所需要之教職員；

(2)補充各中等學校所缺少之各科教員；

(3)臨時代理各中等學校各科不合格之教員；（不合格之教員得仍支原薪集中受訓，其辦法另定之）

(4)介紹為中等學校學生在家庭自修之教師。

六、戰區退出之小學教職員，分配工作之原則如左：

(1)分配至各縣，每一完全小學或初級小學加派一人，開辦義務教育班；

(2)派充增辦短期小學之教師；

(3)派充辦理戰區兒童教養團之教師；

(4)介紹為小學生在家庭自修之教師。

七、戰區退出之地方教育行政人員，以分配工作之原則如左：

(1)派充辦理地方教育輔導事項；

(2)派充視察各縣推行義務教育事項；

(3)派充主持辦理戰區兒童教養團事宜。

八、分派各校工作之戰區中小學教職員及地方教育行政人員，應將工作情形，每月終向所在地教育廳局呈報一次，由各教育廳局加以考核。

九、各教育廳局應將戰區中小學教職員及地方教育行政人員工作分配及考核情形，隨時呈報教育部備核。

十、業經指派工作之戰區中小學教職員及地方教育行政人員，如另有他就，須呈經所在地教育廳局核准後，方得離職。

十一、各教育廳局對於分發之戰區中小學教職員及地方教育行政人員，在未分配工作之前，應指定相當公共場所為住宿之用。

十二、戰區中小學教職員及地方教育或行政人員，如因分配工作，地方遼遠，無力籌措旅費者，得呈請各教育廳局轉商當地交通機關，酌量減免其舟車票價。

十三、本辦法如有未盡事宜，由教育部隨時修改之。

十四、本辦法自教育部公布日施行。

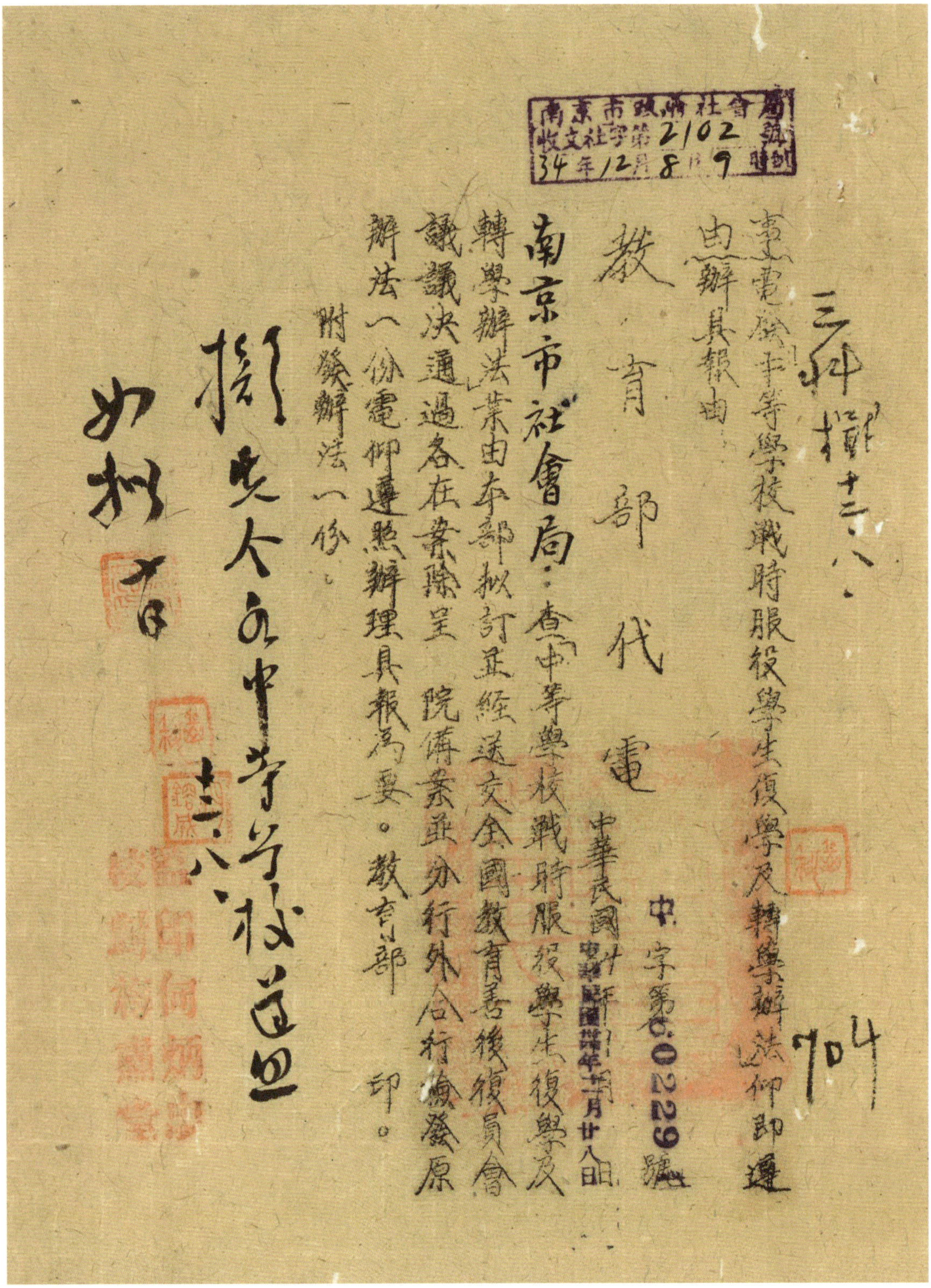
南京市政府社會局
收文社字第2102號
34年12月8日9時

三科 擬 十二、八

事由：電發中等學校戰時服役學生復學及轉學辦法仰即遵照辦具報由

教育部代電

中字第60229號
中華民國卅四年十一月廿八日

南京市社會局：查中等學校戰時服役學生復學及轉學辦法業由本部擬訂並經送交全國教育善後復員會議議決通過各在案除呈院備案並分行外合行檢發原辦法一份電仰遵照辦理具報爲要。教育部印。

附發辦法一份。

擬先令知中等學校遵照 十二、八

如擬

國民政府教育部頒發《中等學校戰時服役學生復學及轉學辦法》（一九四五年十一月二十八日）

檔號：1003-7-1

中等學校戰時服役學生復學及轉學辦法

第一條　中等學校學生在抗戰期間直接間接參加抗戰軍事工作（簡稱戰時服役學生）於退役退職時自願復學各原校應准其復學並不受休學年限之限制

第二條　中等學校戰時服役學生係指原在中等學校肄業在抗戰期間從事左列工作者

一、在軍隊服務者

二、在軍事技術機關服務者

三、參加政府認可之特種工作或挺進隊工作者

四、投效空軍者

五、應知識青年從軍者

六、應政府徵調担任軍事工程或醫務工作者

七、應政府徵調充任通譯人員者

八、從事軍中政治工作或担任其他與抗戰有關工作者

第三條　知識青年從軍及參加譯員工作者均仍照原規定辦法辦理其原規定辦法中未規定之優待辦法適用本辦法辦理

第四條　中等學校戰時服役學生於退役退職復學時以回原校肄業為原則其原校已停辦或因有特殊情形及正當理由不能返回原校復學而擬轉學他校者得呈請各省市教育廳局（國立中等學校學生呈請教育部）酌依志願予以分發相當學校

第五條　中等學校戰時服役學生於退役退職復學時得由學校舉行甄別考試其成績特優者得酌予升級（一學期或一學年）其成績較差者得附設補習班或由校設法予以補習

第六條　中等學校戰時服役學生復學或轉學後其原為公費生者仍給予公費原非公費生者經申請後得酌給予公費

第七條　中等學校戰時服役學生應屆畢業者於復學時即由原校辦理畢業手續發給畢業證書

第八條　曾在初中二年級肄業一學期以上之戰時服役學生於退役後擬繼續升學高級中學或職業學校者得以同等學力資格投考錄取時不受同等學力比

類之限制

第九條　中等學校戰時服役學生於申請復學轉學或升學時應呈繳服務証件及服役之主管机關核發之退役或退職証明書

第十條　本辦法自公布日施行

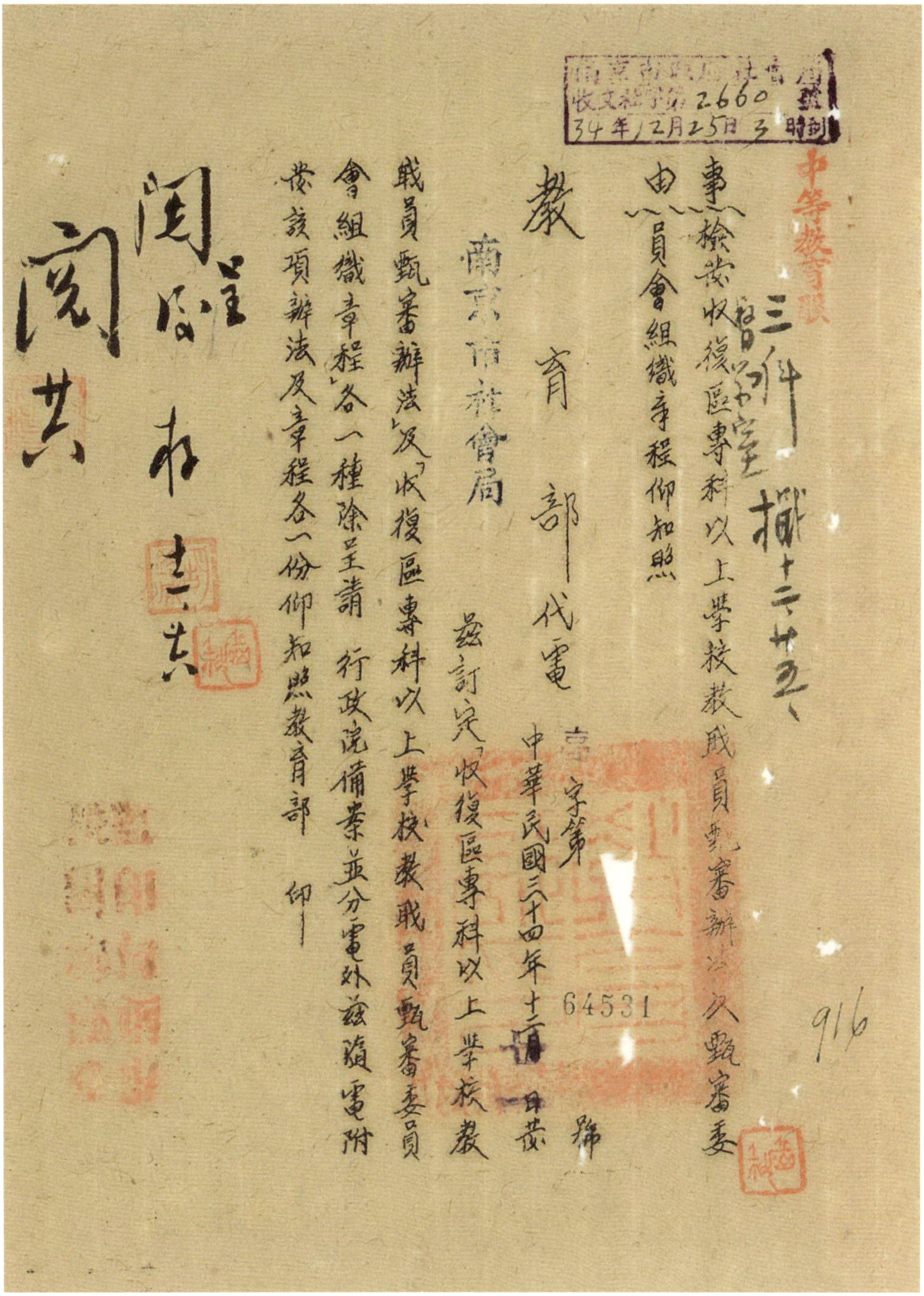

南京市政府社會局
收文社字第2660號
34年12月25日3時到

中等教育股

事由：檢發收復區專科以上學校教職員甄審辦法及甄審委員會組織章程仰知照

教育部代電

南京市社會局：茲訂定「收復區專科以上學校教職員甄審辦法」及「收復區專科以上學校教職員甄審委員會組織章程」各一種，除呈請行政院備案並分電外，茲隨電附發該項辦法及章程各一份，仰知照。教育部 印

高字第64531號
中華民國三十四年十二月十一日發

國民政府教育部頒發《收復區專科以上學校教職員甄審辦法》《收復區專科以上學校教職員甄審委員會組織章程》（一九四五年十二月十一日）

檔號：1003-7-1

收復區專科以上學校教職員甄審辦法

一、收復區專科以上學校教職員之調查與審核依照本辦法行之

二、收復區專科以上學校教職員由教育部組織收復區各地專科以上學校教職員甄審委員會作詳盡調查並加審核其組織章程另訂之

三、收復區專科以上學校教職員如有處理漢奸案件條例第二條第一項所列各款情事之一者應屬行檢舉

四、收復區專科以上學校教職員非經甄審委員會調查審核認為並無處理漢奸案件條例第二條第一項所列各款情事者一律不得再担任教育工作

五、收復區專科以上學校教職員如有左列事項之一者除得繼續担任教育工作外並得分别予以獎勵

甲、曾負我方特殊任務在原來機關有案足資證明者

乙、曾參加抗戰工作證據確鑿者但有處理漢奸案件條例第三條之情形者不在此限

前項獎勵規則另訂之

六、本辦法自呈請行政院核准之日起施行

收復區專科以上學校教職員甄審委員會組織章程

一、教育部為辦理收復區專科以上學校教職員之調查及審核事宜，特設立收復區各地專科以上學校教職員甄審委員會（以下簡稱本會）

二、本會之任務如左：

甲、調查登記並審核收復區敵偽專科以上學校及私立專科以上學校之教職員

乙、擬定並報告調查及審核結果呈部核定

丙、教育部交議有關調查及審核事項

三、本會設委員七人至十五人由教育部就左列人員聘派之

甲、本部特派員

乙、當地大學校長及臨時大學補習班主任

丙、當地教育廳長或局長

丁、教育界人士

戊、曾經參加當時特殊工作之重要人員

四、本會設主任委員一人，秘書一人，由部長指定之

五、本會得分設總務、調查、審核三組，各設主任一人，由主任委員聘任之

六、本會得酌設辦事人員六人至十五人，臨時任用之

七、本會委員均為無給職，職員得由會酌給津貼，雇員得支公薪津

八、本會任務於辦理調查審核事宜完畢後終止，並將辦理經過呈報教育部備案

九、本章程由教育部公布施行

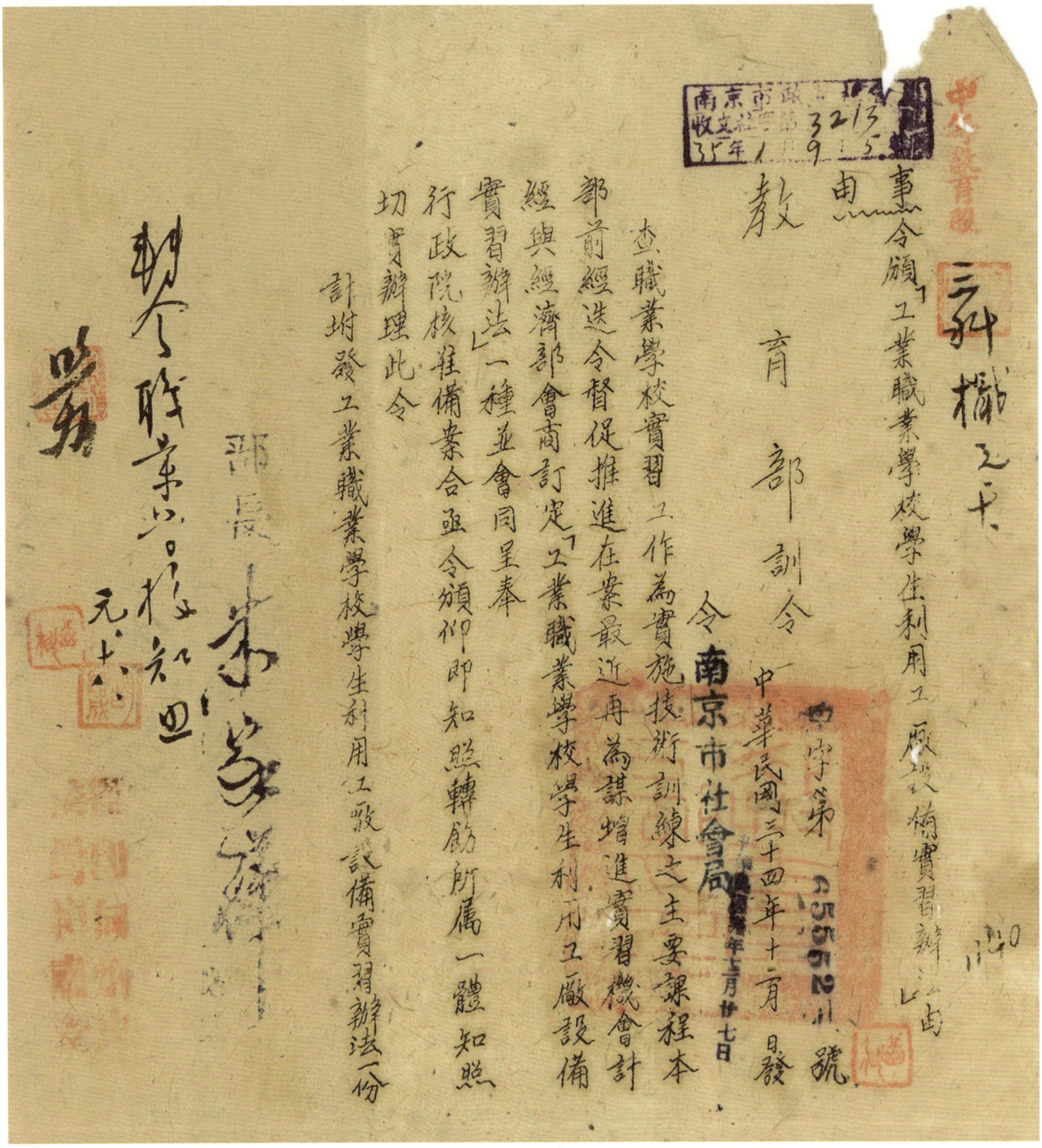

事由：令頒「工業職業學校學生利用工廠設備實習辦法」由

教育部訓令　中字第65562號　中華民國三十四年十二月　日發

令南京市社會局

查職業學校實習工作為實施技術訓練之主要課程本部前經迭令督促推進在案最近再為謀增進實習機會計經與經濟部會商訂定「工業職業學校學生利用工廠設備實習辦法」一種並會同呈奉行政院核准備案合亟令頒仰即知照轉飭所屬一體知照切實辦理此令

計附發工業職業學校學生利用工廠設備實習辦法一份

部長　朱家驊

國民政府教育部頒發《工業職業學校學生利用工廠設備實習辦法》（一九四五年十二月二十七日）

檔號：1003-7-2

工業職業學校學生利用工廠設備實習辦法

第一條　工業職業學校之未設工廠或已設工廠而設備不全者得請求利用所在地公私營同性質之工廠設備供給學生實習

第二條　工業職業學校請求利用所在地工廠設備供給學生實習者應將工廠主管機關及工廠負責人姓名經費數目職工人數設備及出品概況等查明列表連同實習科目時期人數等備文呈報主管教育行政機關轉請主管工廠行政機關核准

第三條　工業職業學校利用工廠設備實習經核准者得由學校與工廠就設備狀況商定實習進行方法並以不妨礙工廠之生產工作為範圍

第四條　工業職業學校學生至工廠實習時應受工廠負責人指揮與工人同様工作並嚴格遵守一切廠規

第五條　工業職業學校學生曾在工廠實習者畢業時該工廠得优先錄用

第六條　工業職業學校利用工廠設備實習時所需特殊材料其經費由學校負担之

第七條　本办法自公布日施行

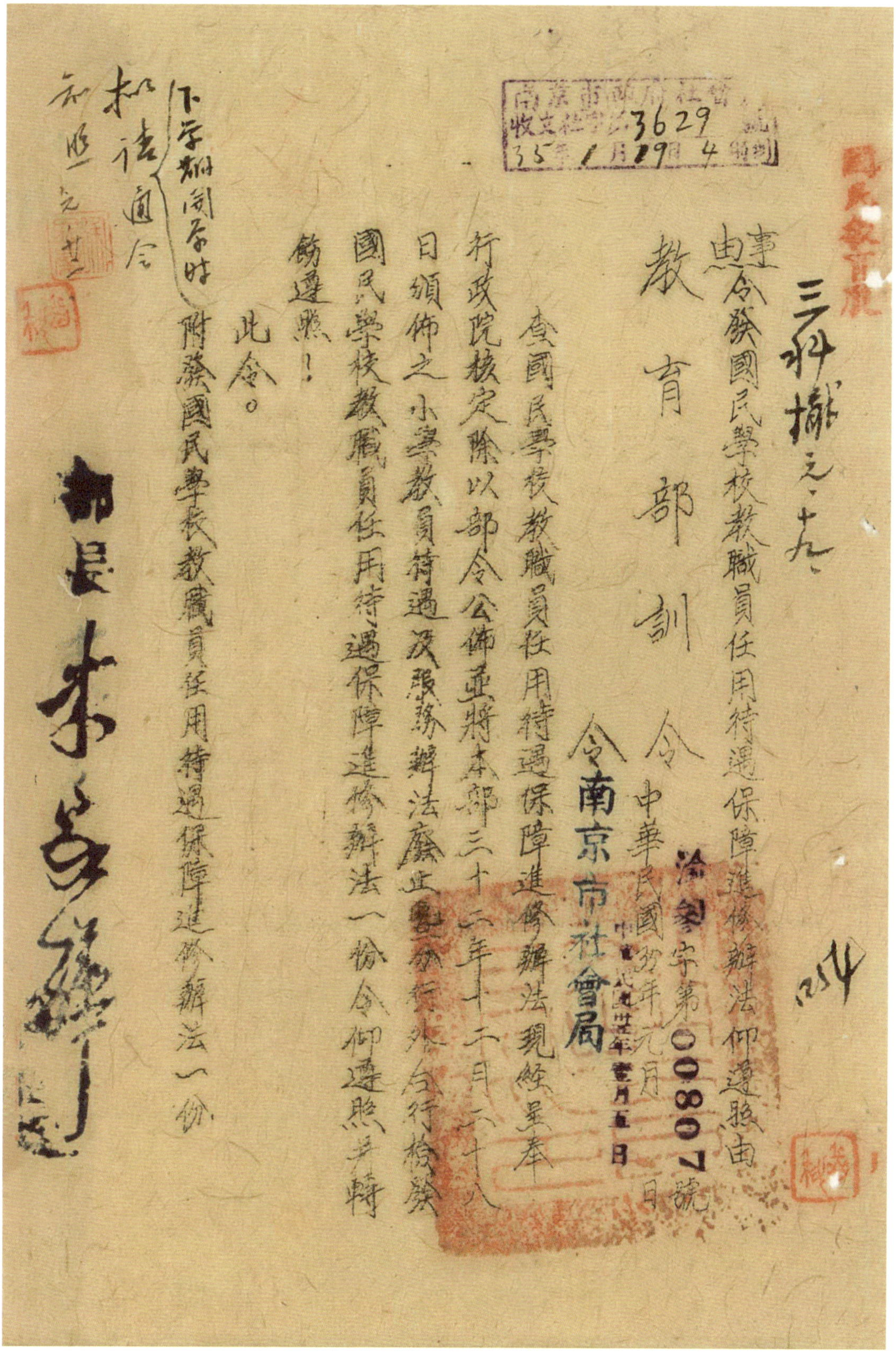
事由：令發國民學校教職員任用待遇保障進修辦法仰遵照由

教育部訓令

渝參字第00807號

中華民國卅五年元月 日

令南京市社會局

查國民學校教職員任用待遇保障進修辦法現經呈奉行政院核定除以部令公佈並將本部三十二年十二月二十八日頒佈之小學教員待遇及服務辦法廢止外合行檢發國民學校教職員任用待遇保障進修辦法一份令仰遵照並轉飭遵照！

此令。

附發國民學校教職員任用待遇保障進修辦法一份

部長 朱家驊

國民政府教育部頒發《國民學校教職員任用待遇保障進修辦法》（一九四六年一月五日）

檔號：1003-7-2

國民學校教職員任用待遇保障進修辦法

第一條 本辦法依國民學校法第二十三條之規定訂定之

第二條 縣市政府及院轄市主管教育行政機關每學期應
舉辦國民學校及中心國民學校教職員之登記并
於學年開始兩個月前公布其姓名學歷如遇人數
過多得分期公布之

第三條 凡具有國民學校及中心國民學校規則第十九條
所定資格及經檢定合格之教職員均得聲請登記

第四條 凡依本辦法登記公布之教職員均應儘先任用之

第五條 合格人員不敷時得遴委合格教導主任或服務未
滿二年之合格教員為代理校長遴聘服務未滿一
年之合格教員為代理教導主任具有得受國民學
校及中心國民學校教員試驗檢定之資格或曾受
短期師資訓練者為代用教員

第六條 國民學校教職員應由校長於學年或學期開始一
個月前聘任之初聘以一學期為原則以後續聘任
期為一學年聘定後應即呈報主管教育行政机關
備案教職員中途自請退職須商得校長同意如有

第七條

因故請假應由校長呈報主管教育行政機關備案
國民學校教職員之薪給應由各省市教育廳局依
照左列各款之規定斟酌地方情形另訂實施辦法
呈准教育部備案施行
一、薪給以每年十二個月計算按月十足發給不得
折扣
二、最低薪津應以當地個人食衣住三者所需生活
費之三倍為標準并得比照當地縣市級公務人
員薪給標準支給
三、最低薪額之外應按照教職員資歷高下服務久
暫職務繁簡分別增加其薪額
四、薪額以發給國幣為原則但得以米麥等主要食
糧代替其折算價格應依市價

第八條

國民學校教職員遇有左列事項請假時仍得享受
原有待遇其代課教員之薪津由校呈請教育行政
機關另行支給之
一、本人婚嫁得給假二星期
二、父母或配偶喪亡得給假一個月

三、女教職員生育得給假六星期
四、在一縣市區域內連續服務滿十年者得給休息假一年
五、在一縣市區域內連續服務滿十五年者每年得給休息假二星期

第九條

現任國民學校教職員家境清貧者其子女肄業各級學校得按其服務年限之久暫依照左列各款分別免繳各項費用

一、現任教職員之子女肄業於本縣市立之中等學校者免其學費
二、教職員服務滿五年其子女肄業於公立中等學校者免其學宿費
三、教職員服務滿十年其子女肄業於公立中等學校或公立專科以上學校者免其學宿費
四、教職員服務滿十五年其子女肄業於公立中等學校者免其學宿膳費
五、教職員服務滿二十年其子女肄業於公立中等學校或公立專科以上學校者免其學宿膳費
六、

第十條　前項聲請免費手續除專科以上學校之免費手續由
教育部另行規定外餘均由各省市教育廳局定之
國民學校教職員之服務成績特別優良者得就下
列各項分別予以獎勵其實施辦法由各省市教育
廳局定之
一、發給獎金或獎狀
二、升任簡易師範學校或簡易師範科及同等程度
之學校教員担任其所特長學科之教學
三、考升專科以上學校肄業時得補助或貸予半數
以上之升學費用

第十一條　省市主管教育行政机關應視國民學校及中心國
民學校教職員待遇情形及地方教育經濟狀況提
倡福利事業如辦理儲蓄合作社等其實施辦法由
各省市教育廳局定之

第十二條　國民學校教職員應依法保障不得隨校長或主管
教育行政人員之更迭而進退非有左列情形之一
者不得解職
一、違犯刑法証據確鑿者

二、行為不檢或有不良嗜好者

三、任意曠廢職務者

四、成績不良者

五、身体殘廢或身有痼疾不能任事者

第十三條 國民學校教職員非有前條各款情形之一而解職者得聲叙理由呈請主管教育行政機關或上級教育行政機關查明糾正

第十四條 國民學校教職員之進修應隨時注意其教導知識技術之增進道德之修養体魄之鍛鍊以及其他學術之研究并參加下列各種研究進修機關

一、主管教育行政機關開辦之假期訓練班

二、依照部令組織之各級國民教育研究會

三、師範學院或國立師範學校附設之進修班及函授學校

第十五條 幼稚園教職員之任用待遇保障進修適用本辦法之規定

第十六條 本辦法自公布日施行

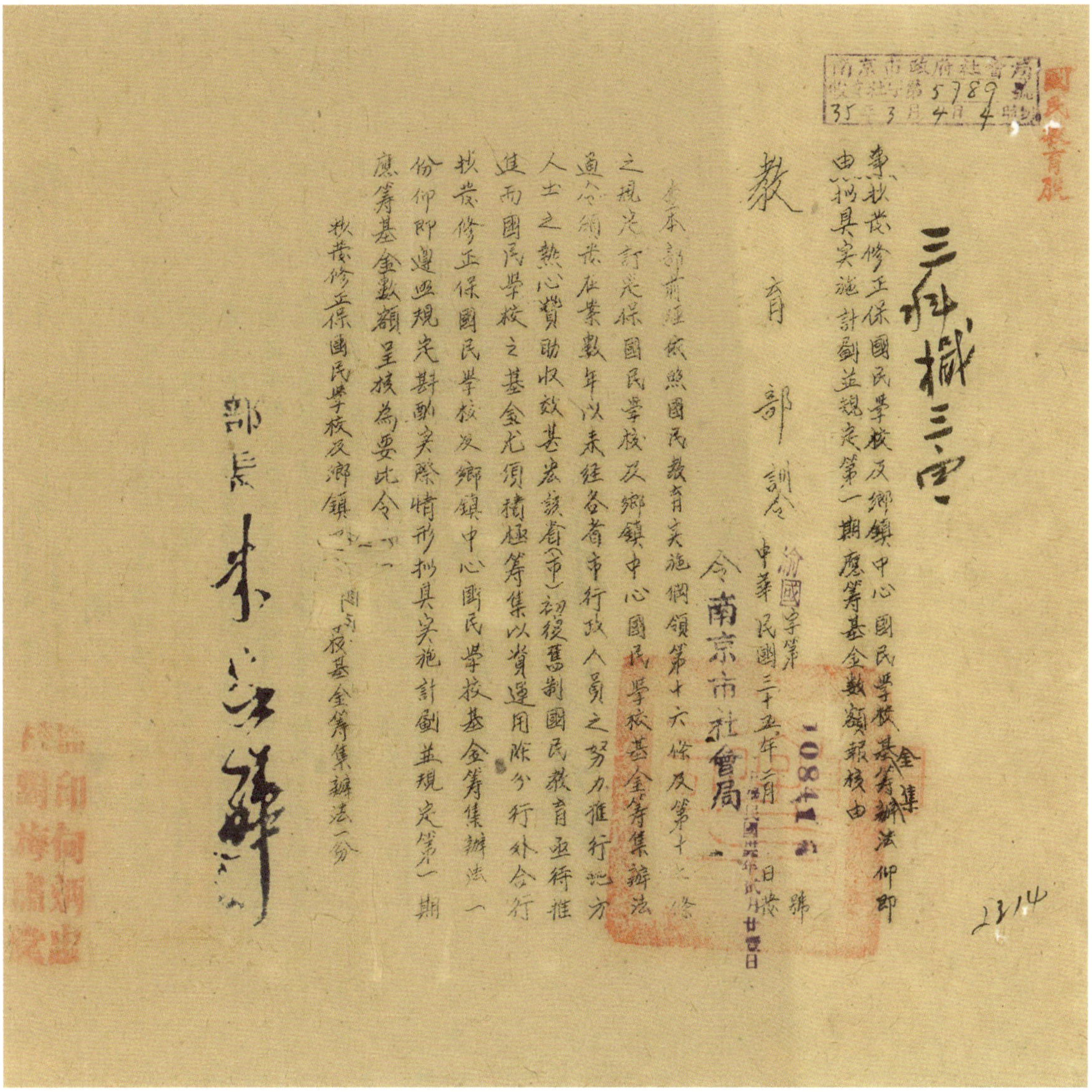

南京市政府社會局 收文社字第5789號 35年3月4日4時到

國民教育股

事由：抄發修正保國民學校及鄉鎮中心國民學校基金籌集辦法仰即擬具實施計劃並規定第一期應籌基金數額報核由

教育部訓令 渝國字第10841號 中華民國三十五年二月廿一日

令南京市社會局

本部前經依照國民教育實施綱領第十六條及第十七條之規定訂定保國民學校及鄉鎮中心國民學校基金籌集辦法通令頒發在案數年以來經各省市行政人員之努力推行地方人士之熱心贊助收效甚宏該省（市）初復舊制國民教育亟待推進而國民學校之基金尤須積極籌集以資運用除分行外合行抄發修正保國民學校及鄉鎮中心國民學校基金籌集辦法一份仰即遵照規定斟酌實際情形擬具實施計劃並規定第一期應籌基金數額呈核為要此令

附抄發修正保國民學校及鄉鎮中心國民學校基金籌集辦法一份

部長 朱家驊

國民政府教育部頒發修正《保國民學校及鄉（鎮）中心國民學校基金籌集辦法》

（一九四六年二月二十一日）

檔號：1003-7-1

保國民學校及鄉(鎮)中心國民學校基金籌集辦法

第酉一五九號部令修正公布(三六、五、一八)

第一條　本辦法依照國民教育實施綱領第十六條及第十七條之規定訂定之，保國民學校及中心國民學校基金之籌集概依照本辦法之規定。

第二條　國民學校經費、中心國民學校初級部分經費及中心國民學校高級部分爲公設備擴充經費等，除由原有縣市經費及由縣、市經費及由鄉鎮造產之收益、(至少百分之五十)撥充外，應以此項基金所生之利息爲主要來源。

第三條　國民學校之基金、由保籌集之，中心國民學校初級部分之基金、由學校、附近不另設國民學校之各保籌集之，中心國民學校高級部分之基金由鄉(鎮)籌集之。

第四條　國民學校及中心國民學校應籌基金之數額、以足收益足敷學校經常費二分之一爲最低額、由各省市依照地方情形酌定，並呈報教育部備案。

第五條　國民學校及中心國民學校基金全額，分三期籌集之，每期之籌集時間為三年，由鄉鎮保民大會決定後呈准縣（市）政府備案施行。

在規定期內籌足基金之保及鄉鎮，應按保國民學校及鄉（鎮）中心國民學校籌集基金獎勵辦法予以獎勵。

第六條　國民學校及中心國民學校基金之籌集，得適用左列各方法：

一、整理原有教育款產，
二、勸勉當地寺廟祠會捐撥財產，
三、公工生產，
四、採售天然物品，
五、徵集買賣雙方共同認捐之手續費，
六、由居民依其富力自認捐款，
七、勸募，
八、其他。

第七條 整理原有教育款產之辦法、應由各省市政府遵照各省縣市清理教育款產辦法（教育部呈奉行政院核准頒布）之規定斟酌當地實際情形切實辦理

第八條 勸勉當地寺廟祠會捐撥財產辦法通則應列之規定

一、應遵照監督寺廟條例第十條並參酌內政部所頒修正寺廟兴办公益事業實施辦法第三條及行政院二十四年十二月令寺廟產業之充公益者應着重於兴办教育事業等之規定勸勉撥捐當地學校基金

二、淫庵廢庵之財產應全部撥充當地學校基金

三、先賢先烈等公私祠產原有用於義塾等之教育經費應勸勉將原撥經費全數撥（捐）當地學校基金若未負担教育經費之祠產應由縣（市）政府斟酌當地情形訂定捐撥標準呈准省政府施行

四、文昌會城隍廟等団体之財產至少捐撥半數充當地學校基金

五、各省市政府應就各該省（市）寺庙祠會實際情形遵照上列各項之規定擬訂勸勉寺庙祠會捐撥財產充

作國民學校及中心國民學校基金辦法呈准　行
政府施行

第九條　分工生產辦法應按各地方情形酌量訂定如分工養雞分工育蠶等由學校擬具計劃呈准縣政府施行

第十條　採售天然物品辦法適用於左之規定

一、按地方情形酌量選擇左列之一種或數種擬具計劃呈准縣(市)政府核施行之

(1)各種野生藥材

(2)各種野生可充食品之動植物

(3)其他

二、在某種野生物品成熟時期由保辦公處或鄉鎮公所按人口規定採集數量令居民各自採集如數繳納

三、由學校雇工將徵集之物品整理調製發售充作基金

第十一條　由居民依其富力自認捐款辦法適用如左之規定

一、由保長或鄉(鎮)長將決定數按富力自認之基金數量提出於保民大會組織委員會辦理之

二、居民之富力以左列四者為準
(1)工商業收入
(2)房地租收入
(3)田畝收入
(4)薪給收入
三、認籌之基金應在各項財產收入時期收取之並得以貨物代替繳納

第十二條 勸募辦法適用如左之規定
一、向居户之富有者勸請自動捐助
二、向舉行慶弔之居户勸請移款捐助
三、向因款產糾紛爭訟之居户勸請雙方息爭捐助
四、其他

第十三條 國民學校及中心國民學校基金之籌集保管應用組織委員會辦理之
前項委員會以國民學校校長中心國民學校校長保長鄉鎮長暨其他有關機關代表及地方熱心教育人士組織之公推一人為主任委員

第十四條 前條委員會之組織章程由各省市主管教育行政機

第十五條　岡訂定呈報教育部備案並由教育部咨送內政部備查

國民學校及中心國民學校基金之運用應依照學校之環境就左列各種事業選擇一種或數種辦理之

一、城鎮學校運用之事業

(1)建築菜場及攤販商場出租、

(2)建築市房及住宅出租、

(3)購置房屋基地出租、

(4)購置田地出佃、

(5)投資公用事業、

(6)投資工商企業、

(7)購置公債、

(8)其他、

二、鄉村學校運用之事業、

㈠屬於平原區域鄉村并較為富庶者、

(1)建築攤販商場出租、

(2)購置田地出佃、

(3)購置改良農具出租、

③

(4) 經營倉庫事業
(5) 開闢魚池養魚
(6) 種桑育蠶
(7) 經營公耕田地
(8) 經營果園或蔬菜園
(9) 其他

屬於山岳及荒僻區域之鄉村者

(1) 造林
(2) 種果木
(3) 種茶
(4) 種竹
(5) 種白蠟
(6) 種油桐
(7) 種藥材
(8) 畜牧
(9) 養蜂
(10) 舉辦陶瓷磚瓦石灰等燒窰事業或出租
(11) 經營利用水力之磨坊碾坊或出租

(12) 投資開礦事業
(13) 建堰築渠引水灌溉增闢稻田
(14) 經營倉庫事業
(15) 經營游覽避暑等事業
(16) 其他

㊂ 屬於海濱湖沼區域之鄉村者
(1) 領照圍淤田出佃出售
(2) 置備漁船漁網出租
(3) 設置定期航船及渡船
(4) 建築鹽場鹽灶出租
(5) 建築攤販商場出租
(6) 購置田地出租
(7) 經營倉庫事業
(8) 經營公耕田地
(9) 經營果園及蔬菜園
(10) 經營利用風力之磨坊碾坊或出租
(11) 經營游泳海浴避暑等事項
(12) 其他

國民學校以中心國民學校辦理生產事業時如當地鄉鎮公所已實行公共造產國民學校及中心國民學校將辦之生產事業應與之避免重複並應報請縣政府核准

第十七條　國民學校之辦理生產事業必要時得商請中心國民學校合併辦理

第十八條　國民學校及中心國民學校辦理生產事業所需之人民力物力得向本保鄉鎮內居民征用之但須經保鄉鎮民代表大會之議決在保鄉鎮民代表大會未成立前應經縣政府之核准

第十九條　國民學校及中心國民學校基金所得純益之動用除每年至少應提百分之十積貯基金外其餘悉充學校經費但不得消耗基金在基金未籌足以前其所得之純益應并入基金不得動用

第二十條　國民學校及中心國民學校基金置備不動產後祇准動用其孳息不得變賣

第廿一條　基金之籌集運用其收據均應用蓋有縣(市)印之三聯單填用後並將第二聯呈報縣(市)政府備核

第二十二條　基金之籌集運用每學期應由保管委員會列冊經委員会保甲長或鄉鎮之全体保長簽名蓋章後提交保民或鄉(鎮)民大会審核簽証按級呈報查核並公佈通知

第二十三條　基金數額及運用情形應由縣督學及區教育指導員隨時認真抽查如發現挪用侵佔等情弊應即報告縣(市)政府除予以行政處分及責令賠償外並將負責人員送請法院依法從嚴懲處

第二十四條　本辦法呈奉　行政院核准後公布施行

擬存　廿、十五

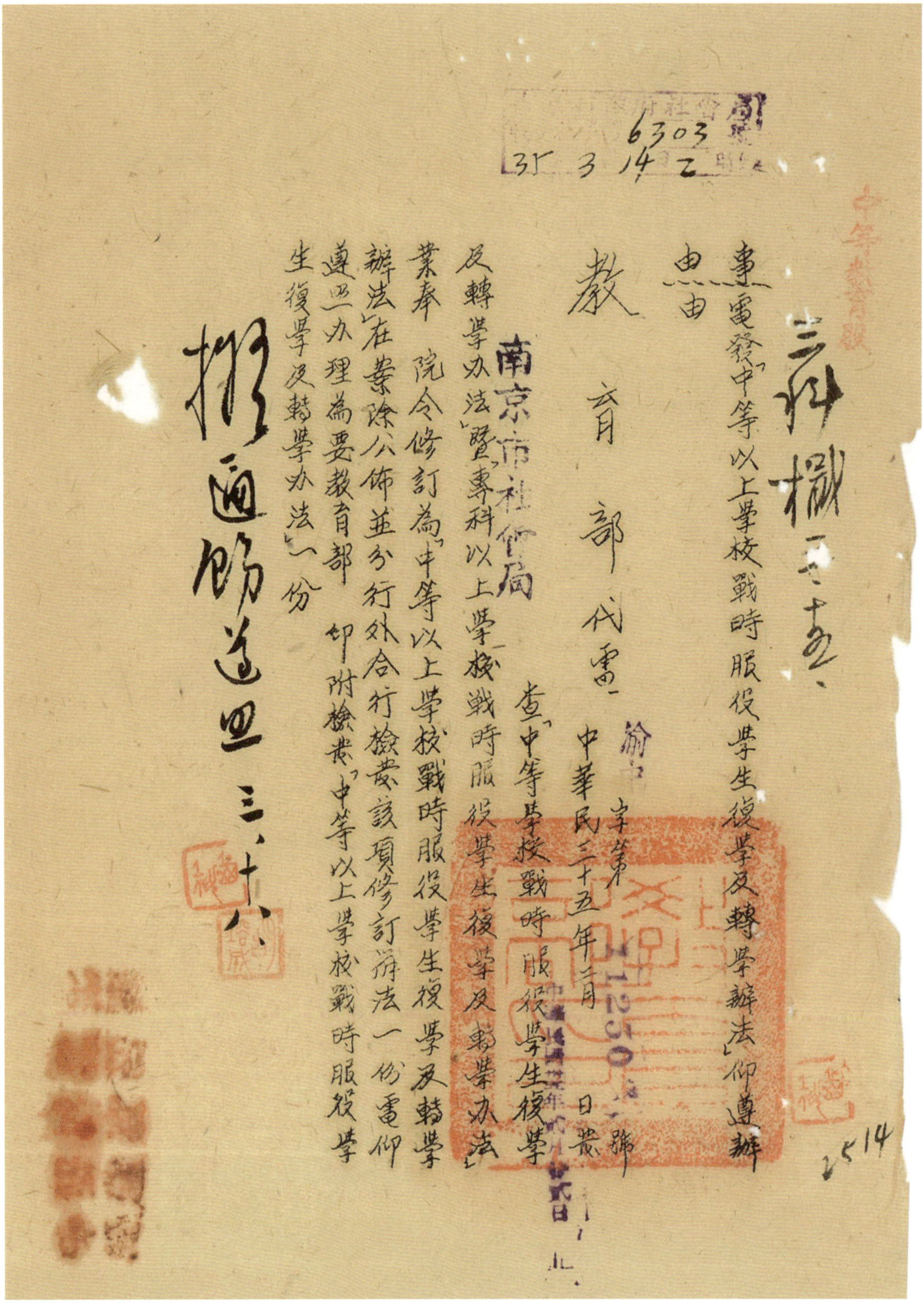
6303
35 3 14 2

三科 擬 一七十五、

事由 電發中等以上學校戰時服役學生復學及轉學辦法仰遵辦由

教育部代電

南京市社會局

查中等學校戰時服役學生復學及轉學辦法暨專科以上學校戰時服役學生復學及轉學辦法業奉 院令修訂為中等以上學校戰時服役學生復學及轉學辦法在案除公佈並分行外合行檢發該項修訂辦法一份電仰遵照辦理為要教育部 卯 附檢發中等以上學校戰時服役學生復學及轉學辦法一份

渝中字第 號
中華民三十五年二月 日發

擬通飭遵照 三、十八

2514

國民政府教育部頒布《中等以上學校戰時服役學生復學及轉學辦法》（一九四六年二月二十二日）

檔號：1003-7-1

油印一百份

中等以上學校戰時服役學生復學及轉學辦法

第一條 公立或已立案之私立中等以上學校戰時服役學生於退役退職復學時各原校應准其復學不受休學年限之限制

第二條 公立或已立案之私立中等以上學校戰時服役學生係指原在中等以上學校肄業在抗戰期間從事左列工作者

一、在軍隊服務者
二、在軍事技術機關服務者
三、參加政府認可之游擊隊或挺進隊工作者
四、投效空軍者
五、應知識青年從軍者
六、應政府徵調擔任軍事工程及医務工作者
七、應政府徵調充任通譯人員者
八、從軍事中政治工作或担任其他與抗戰有關工作者

第三條 中等以上學校戰時服役學生於退役退職復學時以回原校肄業為原則其原校已停办或因有特殊情形

及正當理由不能返回原校復學而擬轉學他校者得分別呈請各省市教育廳局或教育部酌依志願予以分發相當學校肄業

第四條、中等以上學校戰時服役學生學業優待辦法如下

一、中等學校

甲、戰時服役學生於退役退職復學時得由學校舉行甄別攷試其成績特優者得酌予升級一學期或一學年其成績較差者暫行隨原班肄業並由校設法予以補習

乙、應徵時原係初中三年級或高中三年級第一學期修業期滿或應屆畢業學生而服役成績確屬優良者退役時應由原校准予办理畢業手續後發給畢業證書仍作為原畢業年度畢業

二、專科以上學校

甲、第二條一二三六八各款學生退役退職復學時仍入原相銜接之年級肄業其成績較差者應由校另予補習其在服役期間能抽暇自修者得由校予以甄別試驗成績確屬優良者得認可其一

部份學科之成績

乙、第二條四款及丙款學生退役退職服役時依照志願徵集學生學業優待辦法辦理

丙、第二條乙款學生退役復學時其在軍中能自修之科目得由原校經考試及格後酌給學分並准許免習英文及體育

丁、應徵時原係大學四年級第一學期修業期滿或應屆畢業學生而服役成績優良者退役時應由原校准予辦理畢業手續後發給畢業證書並作為原畢業年度畢業

第五條　中等以上學校就學時應徵服役學生役滿後復學或轉學後其原為公費生者仍給予公費非公費者經申請後得給予公費

第六條　知識青年從軍學生其曾在免修或修業期滿或高中畢業者於退役後繼續升學時得由教育部予以登記免試分發專科以上學校

第七條　曾在初中一年或高中二年以上修業期滿之役時服役學生於退役後准予升入高一級或專科以上學校時

得以同等學力資格報考錄取時可不受同等學力比額之限制

第八條　知識青年從軍參加譯員工作者仍依照原規定優待辦法辦理其原辦法中未規定之優待亦適用本辦法辦理

第九條　中等以上學校與戰時服役學生以及第七條之戰時服役學生於申請復學轉學或升學時應呈繳服務證件及服役主管機關發給之退役或退職證明書

第十條　本辦法自公布日施行

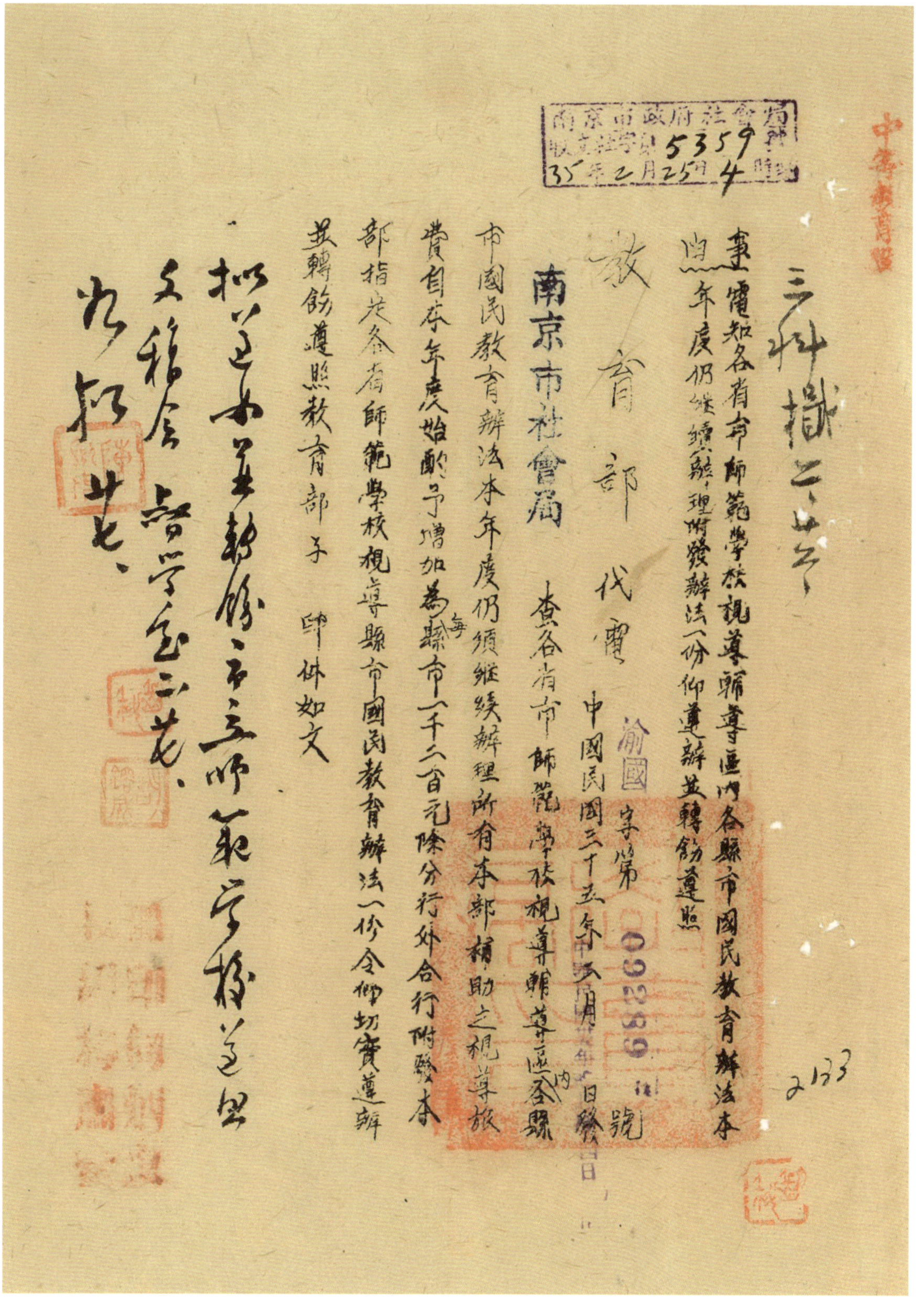

南京市政府社會局 收文 社字第5359號 35年2月25日

事由：電知各省市師範學校視導輔導區內各縣市國民教育辦法本年度仍繼續辦理附發辦法一份仰遵辦並轉飭遵照

教育部代電

渝國字第09289號

中國民國三十五年二月 日發

南京市社會局：查各省市師範學校視導輔導區內各縣市國民教育辦法本年度仍須繼續辦理，所有本部補助之視導旅費自本年度始酌予增加為每縣市一千二百元，除分行外，合行附發本部指定各省師範學校視導縣市國民教育辦法一份，令仰切實遵辦並轉飭遵照。教育部子 印 附件如文

擬以已由本局轉飭市立師範學校遵照

國民政府教育部指定《各省師範學校視導縣市國民教育辦法》（一九四六年二月二十四日）

檔號：1003-7-2

教育部指定各省師範學校視導縣市國民教育辦法

一、本部為督導各地方國民教育之推進並謀與各省師範學校輔導地方教育工作取得聯繫起見特規定本辦法

二、各省師範學校經本部指定執行視導工作後其應辦理之事項如次

(一)就其輔導區內各縣市擬具分年視導計劃呈由教育廳核轉本部備案

(二)視導工作範圍暫定(1)縣市國民教育行政(2)普通視導中心國民學校(3)抽查國民學校

(三)視導時應遵照本部規定之視導標準及表格分別詳細記載

(四)視導某一縣市完畢後應將視導表格填齊並附具視察意見及改進意見由學校逕寄本部並彙報教育廳

三、上項指定之視導工作由師範學校地方教育輔導委員會計劃交由

地方教育指導員執行

四、師範學校執行上項視導工作時其原有之地方教育輔導工作仍應同時依照規定辦理

五、師範學校由教育部指定執行視導工作時其旅費由本部酌予補助以平均每縣不超過一千二百元為度並由教育廳彙呈本部核發

六、各省師範學校輔導區內設有國立師範學校者應由教育廳分別洽定分担該區視導工作

七、各省教育廳應將本部指定執行視導工作之各師範學校校名地點及校長地方教育指導員之姓名資歷送部核備

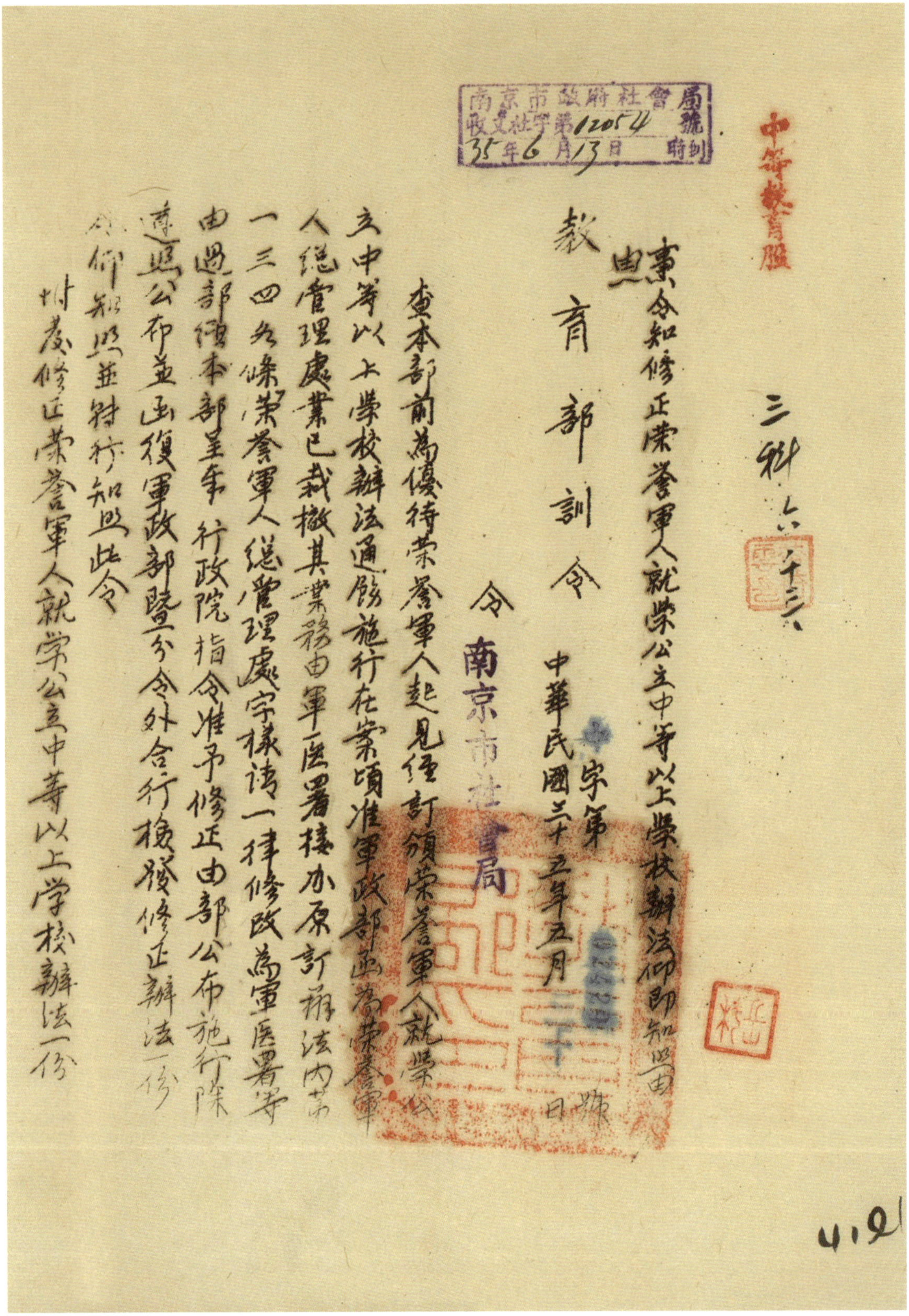

南京市政府社會局
收文社字第12054號
35年6月13日 時到

中等教育股

三科 六十三

事由：令知修正榮譽軍人就學公立中等以上學校辦法仰即知照由

教育部訓令

中華民國三十五年五月三十日 中字第 號

令南京市社會局

查本部前為優待榮譽軍人起見經訂頒榮譽軍人就學公立中等以上學校辦法通飭施行在案頃准軍政部函為榮譽軍人總管理處業已裁撤其業務由軍醫署接辦原訂辦法內第一三四各條榮譽軍人總管理處字樣請一律修改為軍醫署等由過部經本部呈奉 行政院指令准予修正由部公布施行除遵照公布並函復軍政部暨分令外合行檢發修正辦法一份令仰知照並轉行知照此令

附發修正榮譽軍人就學公立中等以上學校辦法一份

412

國民政府教育部修正《榮譽軍人就學公立中等以上學校辦法》（一九四六年五月三十日）

檔號：1003-7-1

部長朱[印]

擬特令市立各中學撥交各省

勛

[印] 監印何炳忠

[印] 校對虞壽棠

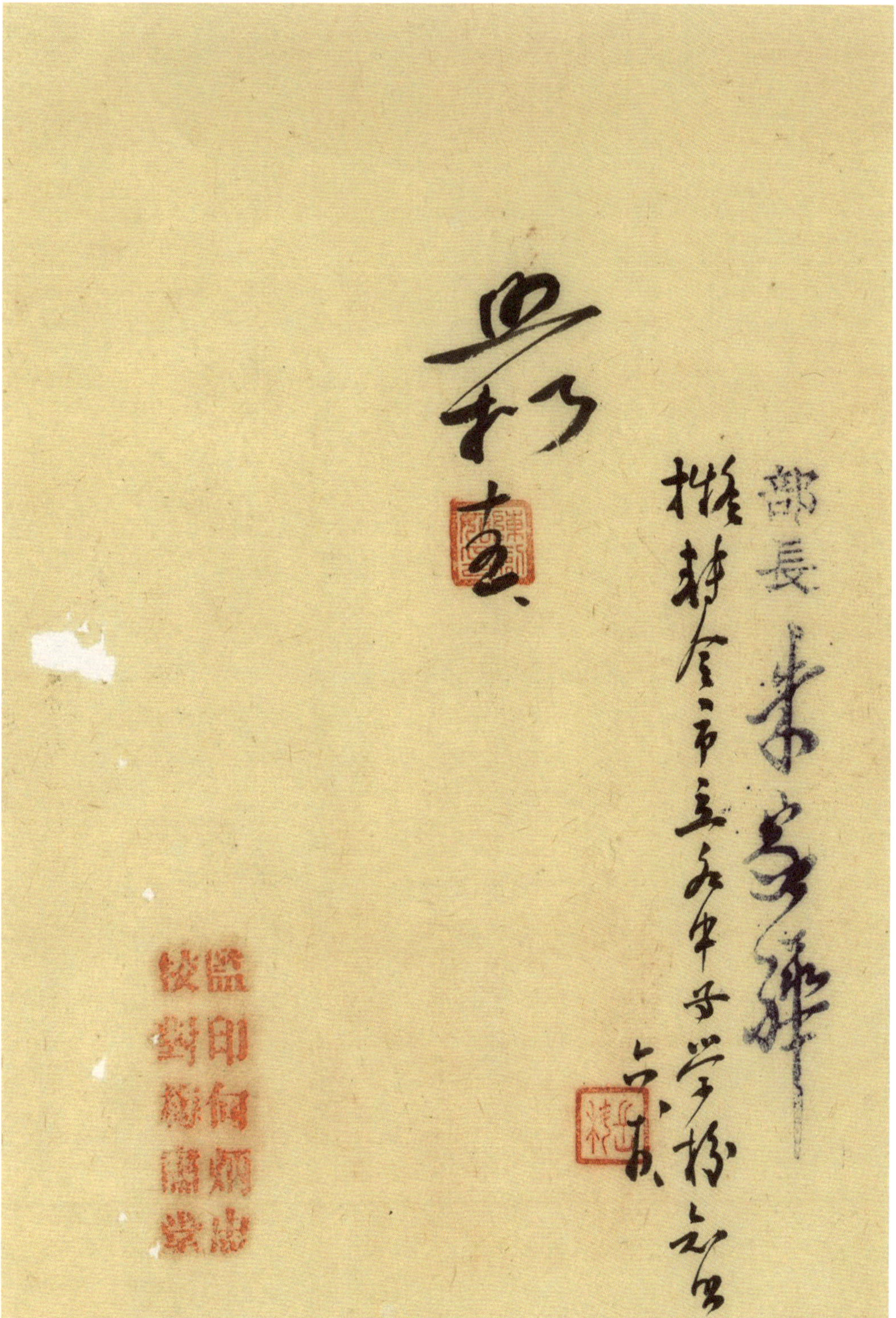

榮譽軍人就學公立中等以上學校辦法

第一條　榮譽軍人有志就學於公立中等以上學校者由軍政部軍醫署發給證明書得照左列規定入公立中等以上學校就學

一、曾在小學畢業或具有相當程度者准投考初級中學初級職業學校簡易師範學校或國民教育短期師資訓練班

二、曾在初級中學畢業或具有相當程度者准投考高級中學高級職業學校師範學校簡易師範科或各種短期職業訓練班

三、曾在中等學校肄業並能提出證件者准入同性質之中等學校相當年級旁聽或試讀

只具有高中畢業資格並能提出證件者准入大學先
修習旁聽或試讀
五、曾在專科以上學校肄業並能提出證件者准入大學或專科學校旁聽或試讀

第二條　各校收受榮譽軍人入學旁聽或試讀以各校所有缺額為限

第三條　各校收受榮譽軍人無論為正式生或旁聽試讀生均應由各該校分別逕報或轉報教育部備案並通知軍政部軍醫署備查

第四條　各校旁聽或試讀之榮譽軍人經一學期或學年試驗成績及格者准改為正式生不及格者准留原年級旁聽或試讀如再經一學期或學年試驗成績仍不合格作為

旁听试读期满发给证明书令其退学

前项改为正式生或留级或退学之荣誉军人均应由各该校通知军政部军医署备查

第五条　荣誉军人入各校就学无论为正式生或旁听试读生一律免收学膳宿杂等一切费用

第六条　本办法呈经　行政院核准公布施行

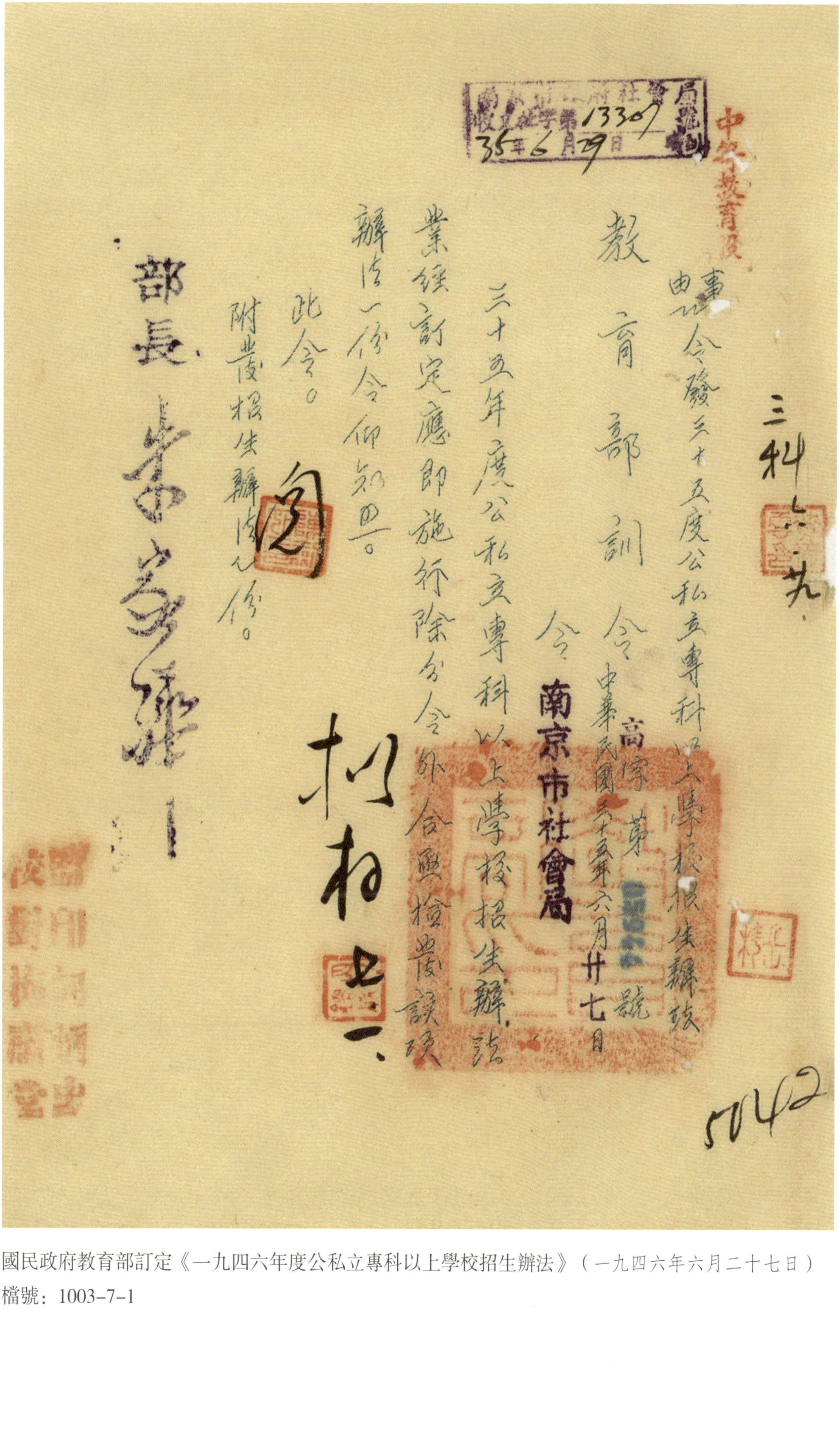

南京市社會局收文 社字第13307號 35年6月29日

中等教育股

教育部訓令 高字第 號 中華民國三十五年六月廿七日

事由：令發三十五年度公私立專科以上學校招生辦法

令南京市社會局

三十五年度公私立專科以上學校招生辦法，業經訂定，應即施行，除分令外，合亟檢發該項辦法一份，令仰知照。此令。

附發招生辦法一份。

部長 朱家驊

三科 六.卅

5042

國民政府教育部訂定《一九四六年度公私立專科以上學校招生辦法》（一九四六年六月二十七日）

檔號：1003-7-1

三十五年度公私立專科以上學校招生辦法

（一）三十五年度公私立專科以上學校招生應依照本辦法之規定辦理。

（二）專科以上學校招生應儘量顧全學校及學生之便利採用下列各項招生方式：

1，聯合招生　各校得斟酌當地實情採用聯合招生方式並得視事實需要於若干重要地區增設招生分處。

2，單獨招生　應於可能範圍內多設招生分處。

3，委託招生　各校得委託其他專科以上學校代為招生。

4，成績審查　以遠地辦理成績優良高級中學畢業成績優秀學生由原校開送歷年學科成績表保送者為限經審查合格後令其參加複試及格者予以錄取成績較次者得暫作試讀生或派入學校附設之先修班肄業成績過劣者不予錄取。

（三）舉行聯合招生各校得共同組織招生委員會（主持各項招生事宜並自行推定召集學校召集學校校長應為招生委員會召集人至委員會之組織由各聯合招生區自行訂定報部備案。

（四）聯合招生報名命題閱卷等事宜由各區自行辦理。

（五）聯合招生各院校除聯合招生考試外得兼採成績審查（方式並得委託其他招生區及其他專科以上學校代為招生。

（六）參加聯合招生或單獨招生各院校委託其他專科以上學校代招學生錄取名額由校自行逕行商定之

（七）專科以上學校新生入學試驗科目規定如左：

（1）筆試科目

甲組（理工師範學院理組）國　文　英　文　數　學（高等代數解析幾何三角）公　民　物　理　化　學　史　地

乙組（文法商師範學院文組及地理系）國　文　英　文

數　學（高等代數平面幾何三角）公　民　中外歷史

中外地理　理　化（投考統計系各生應考中級數學）

丙組（醫農學院及博物生物等系）國　文　英　文

數　學（高等代數平面幾何三角）公　民　史　地

理　化　生　物

藝術音樂體育系科應考照乙組所定筆試科目外應加試

專門科目或術科。

2，體格檢查　錄取新生入學時應繳驗體格檢查合格証件。

（各招考學校於考試時已舉行體格檢查者可免繳）

3，口試　各校認為必要時得舉行口試。

4，招收初中畢業生之專科學校或專修科新生入學試驗科目

由校擬定報部備查。

(八)專科以上學校招收名額應參酌各校師資設備及下列各項規定辦理之。

1.文理法商師範農工等院各系科以每系科招收三十名至四十名為原則。

2.醫學院或醫藥專科學校以每院校招收八十名，增設之專修科以每科招收四十名為原則。

3.由部指定加班各系科應照規定名額招收。

(九)前條招生名額各校如因特殊情形須加變更時應先呈報教育部核准，如錄取不足額時得呈報教育部舉行續招，由部指定加班各系科員應招收足額。

(十)專科以上學校各年級（學科最高年級除外）如有缺額時應招收轉學生，其名額由校報部核定，轉學試驗科目由校參照部頒科目表訂定。

依照規定辦法遴選鄉轉學學生或專科以上學校復員後不能

隨校遷移之內地學生轉學不受年級限制各校並應儘量設法收

(十)各校新生入學試驗各科試題應嚴格依照高中課程標準(招收初中畢業生之專科學校或專修科應照初中課程標準)命題。

(十一)採用聯合招生各校院一律定於七月二十二日至二十四日報名七月二十六二十七二十八日考試其他單獨招生各校院亦應互相商定招考日期(至遲不得逾八月十五日)以便利學生應考為原則。複員各校如因特殊情形不能依照規定期限招生時應自行擬定招生日期先行報部備核。

(十二)公私立專科以上學校招收同等學力學生應依照左列之規定:

1.公私立專科學校招收同等學力學生至多不得超過錄取新生總額百分之二十但招收初中畢業生之專科或專修科除藝術音樂戲劇等科外不得招收同等學力學生

2，公私立大學暨獨立學院得招收同等學力學生百分之十。

3，曾經修滿高中二年級課程之從軍退伍學生，如以同等學力報考各校錄取時不受此額之限制。

4.以同等學力報考公私立專科以上學校，應具有左列資格之一：

甲，因戰事關係失學二年以上並於失學前修滿高中二年級課程繳驗原肄業學校成績單經審查合格者。

乙，收復區內青年因不願入偽校就學在家自修經家長及授課教師證明其自修各科之成績具有高中畢業程度者。

5.曾在職業學校及師範學校肄業或現在中等學校肄業學生不得以同等學力資格報考。

（丙）公私立專科以上學校新生入學試驗錄取標準除採用聯合招生各校由聯合招生委員會擬定外由各校自行擬定對於

蒙藏生及海外僑生均應酌予從寬錄取。

（十五）各校招生簡章應先報部備案並應於考試揭曉後將各科系報考男女生人數及錄取人數列表（同等學力學生報考及錄取人數應另加列）（表）報部備查。

（十六）各校一部分科系新生須分請各省市教育廳局保送學生應考者應由校參照本辦法有關項目擬定辦法呈部備案並將該項辦法先行送達有關各省市教育廳局。

（十七）本年各大學先修班結業期滿成績優秀免試升學學生及其他免試升學學生仍由教育部依照規定辦法分發公私立專科以上學校肄業。

（十八）專科以上學校徵收新生報名費至多以國幣一千元為限聯合招生繳費由有關院校互相參照報名或錄取人數為比例分攤之。

（九）各校辦理招生試務關防務須嚴密考生膳宿事宜應儘可能酌予照料。

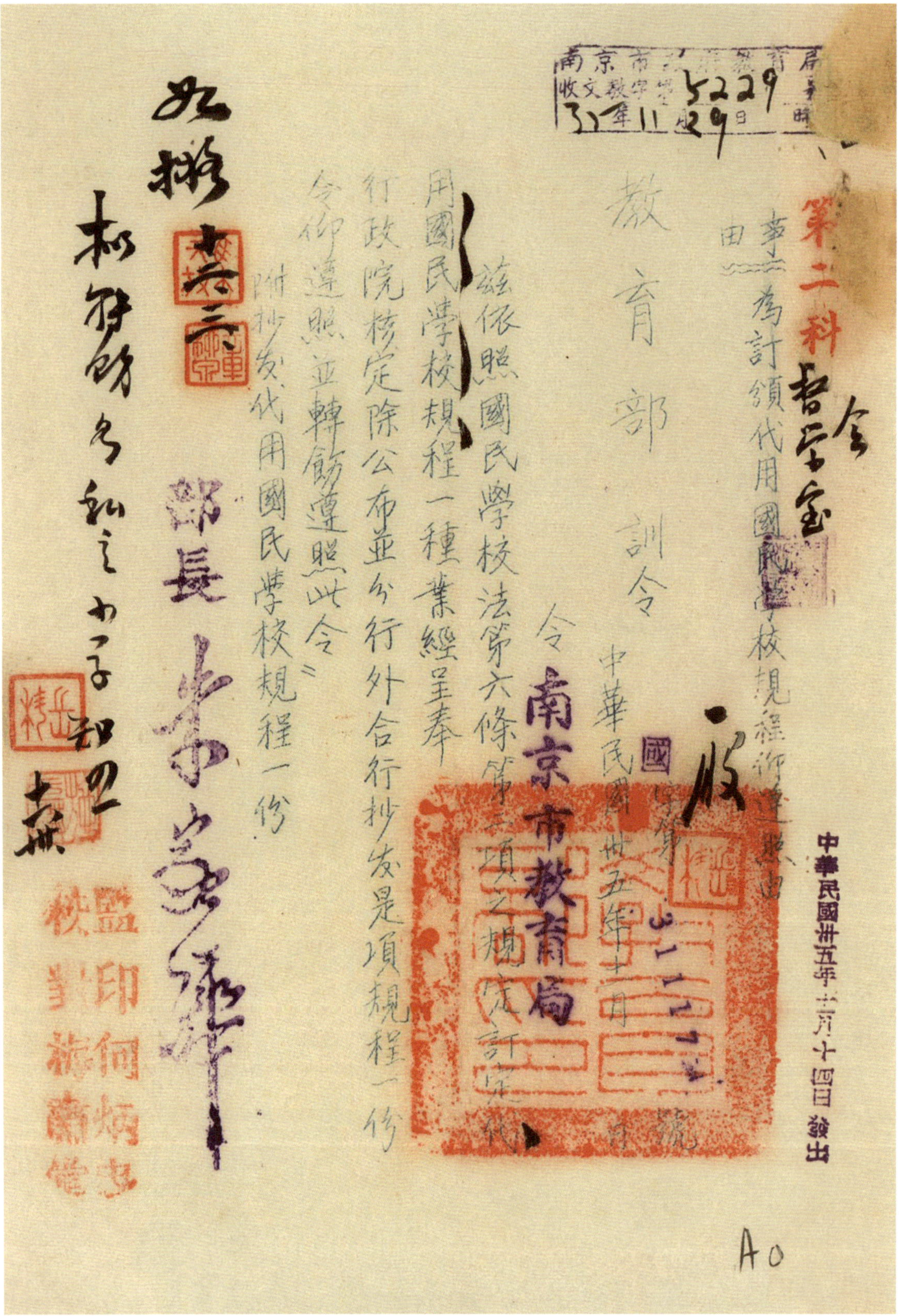

事由：為訂頒代用國民學校規程仰遵照由

教育部訓令

中華民國卅五年十一月 國字第 號

令南京市教育局

茲依照國民學校法第六條第三項之規定訂定代用國民學校規程一種業經呈奉行政院核定除公布並分行外合行抄發是項規程一份令仰遵照並轉飭遵照此令

附抄發代用國民學校規程一份

部長 朱家驊

中華民國卅五年十一月十四日發出

國民政府教育部頒布《代用國民學校規程》（一九四六年十一月十四日）

檔號：1003-7-10

代用國民學校規程

第一條 本規程依照國民學校法第六條第二項之規定訂定之

第二條 在國民學校尚未普遍設置之縣市私立小學办理成績優良經縣市視導人員查明屬實並經商得私立小學校董會之同意則指定為代用國民學校稱某某縣(市)某鄉鎮某某保代用國民學校

第三條 代用國民學校隸屬於縣(市)政府或院轄市主管教育行政機關直接屬主管機關之管理監督及指導但原校董會仍得提供意見請由主管機關採擇施行

第四條 私立小學改為代用國民學校後，其經費由縣（市）政府或院轄市主管教育行政机関担負，但私立小學原有之財產，仍由私立小學校董会管理，作充實學校設備等之用，不得收歸公有。

第五條 私立小學改為代用國民學校後，其校長應由校董會推選合格人員，由縣（市）政府加委，教員仍由校長聘任，原有校長教員，非資歷不合，或有関國民學校教職員任用待遇進修保障办法第十二條各款情形之一者，不得解職。

第六條 代用國民學校應分設兒童教育失學民众補習教育兩部，兒童教育以办理一年至四年（四個學級為原則，必要時亦得設置高級（五年級及六年級）失學民众補習教育以办理初級成人班及婦女班為原則，必要時亦得設置高級成人班及婦女班。

第七條　代用國民學校之課程、教材、設備、教職員及其他一切設施，均應依照國民學校及中心國民學校規則办理。

第八條　私立小學改為代用國民學校後，如主管教育行政机关拟取銷其代用名義，或私立小學校董会請求回復其私立性質，經雙方同意後得回復其私立。

第九條　私立小學改為代用國民學校後，如原有私立小學校董会不願継續办理，並願將學校所有

財產捐贈公家得取銷其代用性質改爲國民學校

第十條　本規程自公布之日施行

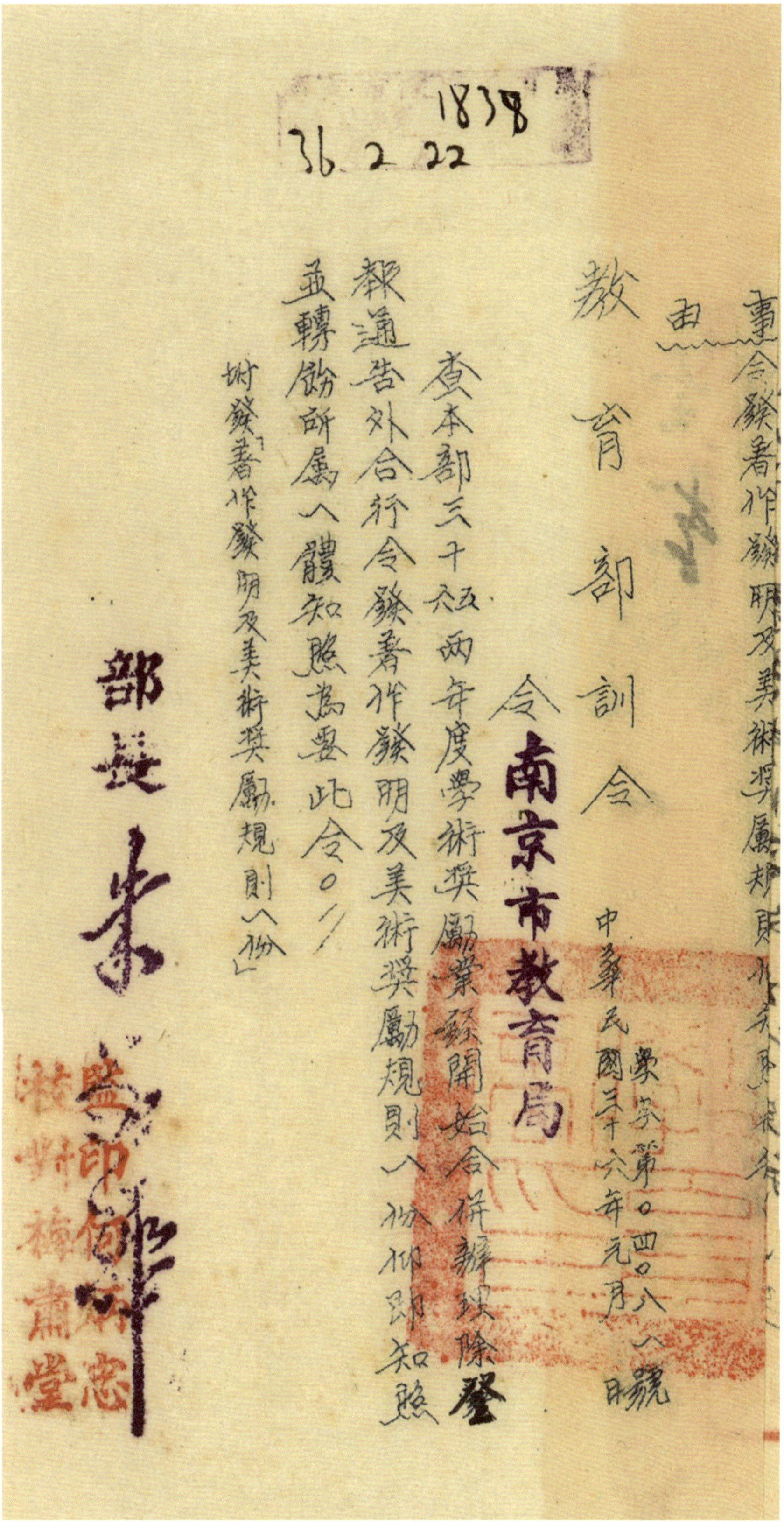

1838
36.2.22

事由 令發著作發明及美術獎勵規則

教育部訓令

中華民國三十六年元月 日
發字第○四○八八號

令南京市教育局

查本部三十五、六兩年度學術獎勵業經開始合併辦理，除登
報通告外，合行令發著作發明及美術獎勵規則八份，仰即知照
並轉飭所屬一體知照為要。此令。

附發著作發明及美術獎勵規則八份

部長 朱家驊

國民政府教育部頒發《著作發明及美術獎勵規則》（一九四七年一月）

檔號：1003-7-9

教育部著作發明及美術獎勵規則

（行政院三十八年五月五日義陸字第八〇八七六號指令核准教育部卅八年七月七日參字第三三九八二號公布）

第一條：教育部對於專門著作科學技術發明與美術作品之獎勵依本規則辦理之

第二條：獎勵之範圍如左

著作

（一）文學（包括文學論文小說劇本詞曲及詩歌）

（二）哲學

（三）社會科學

（四）古代經籍研究

發明

（一）自然科學

（二）應用科學

（三）工藝製造

美術

（一）繪畫（包括中畫西畫及圖案等）

（二）雕塑

（三）音樂（包括樂曲及樂理等）

（四）文藝美術

前項獎勵以本國學者於最近三年內完成者為限

第三條：著作及發明有下列情形之一者不得請求獎勵

（一）中小學教科書

（二）通俗讀物

（三）紀錄表冊或報告說明

（四）三人以上合編之著作

（五）繙譯外國人之著作

（六）編輯各家之著作而無特殊之見解者

（七）字典及辭書

（八）演講集

（九）無充確學理根據及說明之發明

（十）發明之程序不明或發明事項未完成者

（十一）他人已經發見之事項

（十二）無法試驗或證實之發明事項

第四條：每年獎勵種類及名額由教育部就第二條所列範圍內酌定之

第五條：著作發明及美術作品參加獎勵之候選者由教育部逕行提出或由學術審議委員會推薦原著作人發明

者或美術製作者亦得自申請但每人於每類中以參加一種作品為限

第六條：前項推薦及自行申請之作品均須於每年六月一日起至九月底止呈送教育部

申請獎勵之著作暨科學發明之論文以用中文叙述並已出版者為原則原稿如係用外國文字撰述者須將全文譯成中文隨繳

其因印刷困難尚未出版之著作以繕正本申請獎勵者字數須在五萬字以上但詩歌詞曲及科學發明論文不在此限

第七條：申請獎勵之發明必須詳細叙明發明或發現經過必要時並須呈繳圖樣及原發明品

第八條：申請獎勵之工業發明品以讓得專利證書者為限

第九條：參加獎勵之候選者均須附具左列各件

（一）用中文叙述之說明書六份（式樣附後）

（二）原著作發明或美術製作（已出版之著作及發明中自然科學應用科學二類論文須繳送三份其尚未出版者須繳送原稿一份）

(三)介紹書須詳載推薦人或介紹人對於該著作發明或美術作品之意見

(四)屬於工業發明者之專利證書說明書及介紹書概不發還除已出版之著作及科學發明論文留存八份備查外其餘各件於審查竣事後發還

第十條：自行申請者之介紹書以具有左列資格之專家二人填具之

(一)曾任或現任專科以上學校之長院長或教授擔任有關該項著作或發明之科學者

(二)曾任或現任研究所之研究員或任研究該項科學者

(三)對於該項科學確有研究已有重要著作者

第十八條：參加獎勵候選作品由學術審議委員會專門委員或另行聘請之專家負初審之責初審合格者提出學術審議委員會大會決定其應否給獎及評定其等第

第十六條：審查合格評定等第獲獎勵名額以內之各種著作發明及美術作品每種均由教育部給予十五萬元以上之獎金其得一等獎者授予學術獎狀或藝術獎狀其

餘發給得獎證明書

第十三條：申請獎勵之著作發明及美術作品第八次未獲獎金者得將原作品詳加修正再報第二次之申請惟續請以八次為限並須將作品附繳

第十四條：本規則自公布日施行

附註：

(一)三十五年度三十六年度兩屆學術獎勵合併舉行接受獎勵日期自本年十二月八日起至三十六年六月底為止截止日期以申請獎勵之作品寄達教育部之日為準逾期即不接受申請

(二)申請獎勵說明書及作品等件於申請期內掛號郵寄南京教育部學術審議委員會收

(三)申請人地址如有變更務須隨時通知

科學技術發明申請獎勵說明書 中華民國三十 年 月 日

申請人 姓名	
年齡	
性別	
籍貫	省 縣
住址	
通訊處	
學歷	
經歷	
名稱	
類別	
完成時間	中華民國 年 月 日
發明程序	
原理根據	
本發明在科學上或技術上之貢獻	
曾否獲得何種獎勵或專利權	
已否曾向本會申請獎勵	
介紹人對於本發明品之評語	
審議	

本欄由介紹人填寫

申請人 簽名蓋章

簽名蓋章

簽名蓋章

美術作品申請獎勵說明書 中華民國三十 年 月 日

申請人						美術作品								
姓名	年齡	性別	籍貫 省 縣	住址	通訊處	學歷	經歷	名稱	類別	完成期間	製作經過	內容要点	作品中有無特殊發明	曾否獲得何種獎勵	已獲獎勵曾否再向本會申請獎勵	介紹人對於本作品之評語	備註
										中華民國 年 月 日							

本欄由介紹人填寫

申請人 簽名蓋章

介紹人 簽名蓋章 簽名蓋章

專門著作申請獎勵說明書

中華民國三十　年　月　日

申請人	姓名		年齡	性別	籍貫	省　縣
	住址		通訊處	
	學歷	
	經歷	
專門著作	名稱	
	類別	
	出版年月或發明時間	中華民國　年　月　日
	著作經過	
	內容要点	
	本著作在學術上之特殊貢獻	
	曾否獲得何種獎勵	
	已經曾否向本會申請獎勵	
介紹人對於本著作品之評語	
備註	

本欄由介紹人填寫

申請人　　簽名蓋章

介紹人　　簽名蓋章

　　　　　簽名蓋章

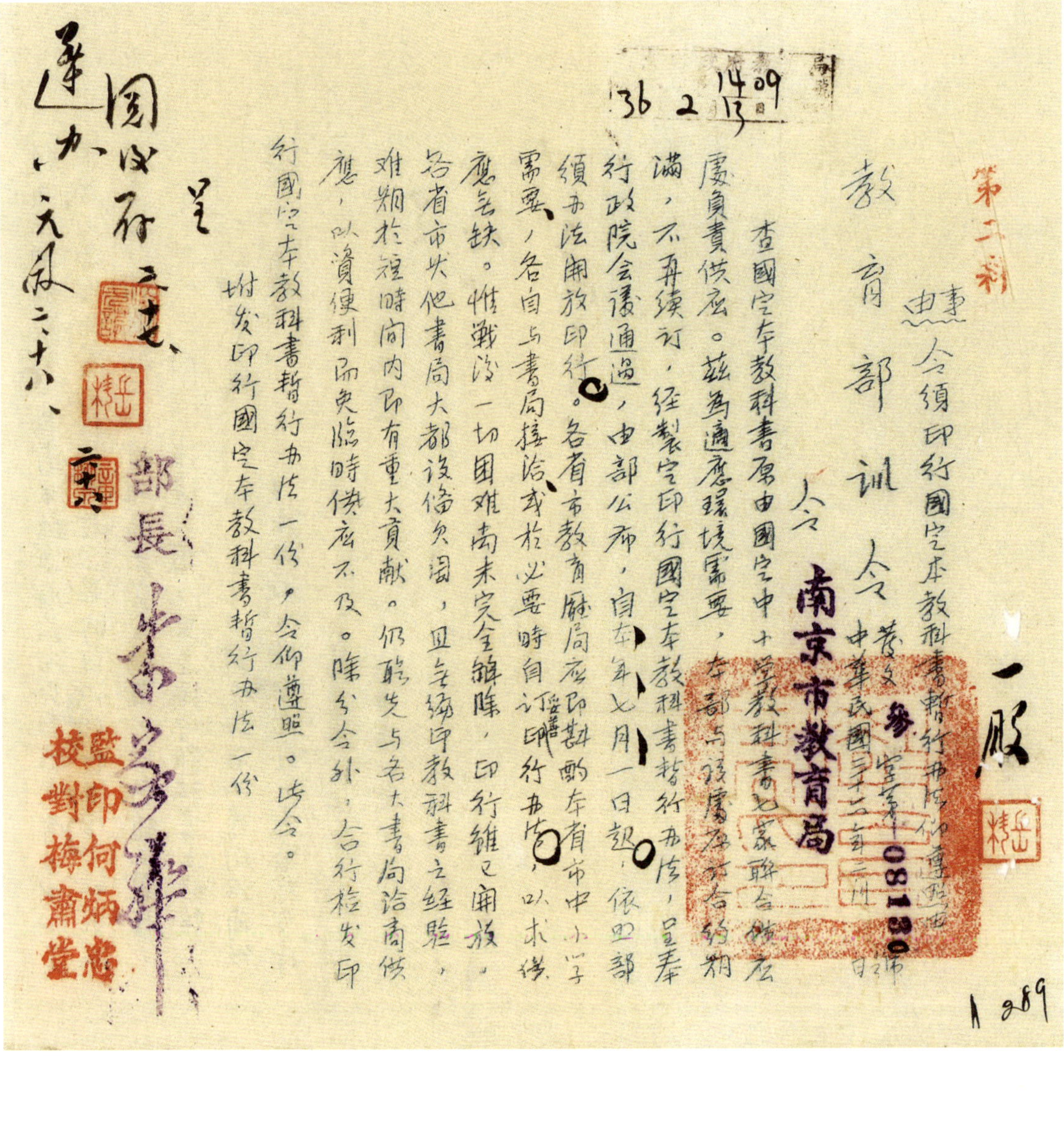

第二科

一般

36 2 14 09

教育部訓令

事由：令頒印行國定本教科書暫行辦法仰遵照由

發文 中華民國三十六年二月 日 參字第08130號

令南京市教育局

查國定本教科書原由國定中小學教科書七家聯合供應處負責供應。茲為適應環境需要，本部前與該處所定合約期滿，不再續訂，經製定印行國定本教科書暫行辦法，呈奉行政院會議通過，由部公布，自本年七月一日起，依照部頒辦法開放印行。各省市教育廳局應印本省市中小學需要，自與書局接洽，或於必要時自訂印行辦法，以求供應無缺。惟戰後一切困難尚未完全解除，印行雖已開放，各省市其他書局大都設備欠周，且無編印教科書之經驗，難期於短時間內即有重大貢獻。仍應先與各大書局洽商供應，以資便利而免臨時供應不及。除分令外，合行檢發印行國定本教科書暫行辦法一份，令仰遵照。此令。

附發印行國定本教科書暫行辦法一份

部長 朱家驊

監印 何炳忠

校對 梅肅堂

A 289

國民政府教育部頒布《印行國定本教科書暫行辦法》（一九四七年二月）

檔號：1003-7-9

印行國定本教科書暫行辦法

第一条　凡公私印刷機関印行國定本教科書，均應符合下列最低標準：

一、版面——小学及初中各冊版式為横十三公分，直十九公分（估計三十二開本）。

二、裝訂——以堅固為原則。

三、紙質——以用白色新聞紙為原則。但亦得採用當地國產價廉紙張，惟須堅韌潔白，不妨害學生目力。封面用紙尤須堅韌。

四、字体——小学低年級各冊字体，不得小於四方公分（照頭號鉛字大小）。中年級各冊字体，不得小於二方公分（比照老三號鉛字大小）。高年級及初中各冊字体，不得小於一·五公分（比照老四號鉛字大小）。小学低年級各冊用正楷手寫体，製銅鋅版翻成紙型印刷。小学中高年級及初中各冊用各体活整鉛字排印。

五插圖：小学低年級各冊插圖，每課所佔地位，不得少於課文之三分之一；中年級各冊插圖，每課所佔地位，不得少於課文之四分之一。图於科学性質者，必須明晰正確；图於文学性質者，必須賓主分明，人物生動。

第二条 公私印刷機関依照本办法印行國定本教科書，應先將樣本三份呈送教育部審核，獲給許可執照後，方得印行。

第三条　公私印刷机关印行国定本教科书，应将各该书之许可执照用照相版印于底封面。凡不遵守前项规定者，各级学校不得採用，各地主管机关并应严予取缔。

第四条　本办法自民国三十六年七月一日起施行。

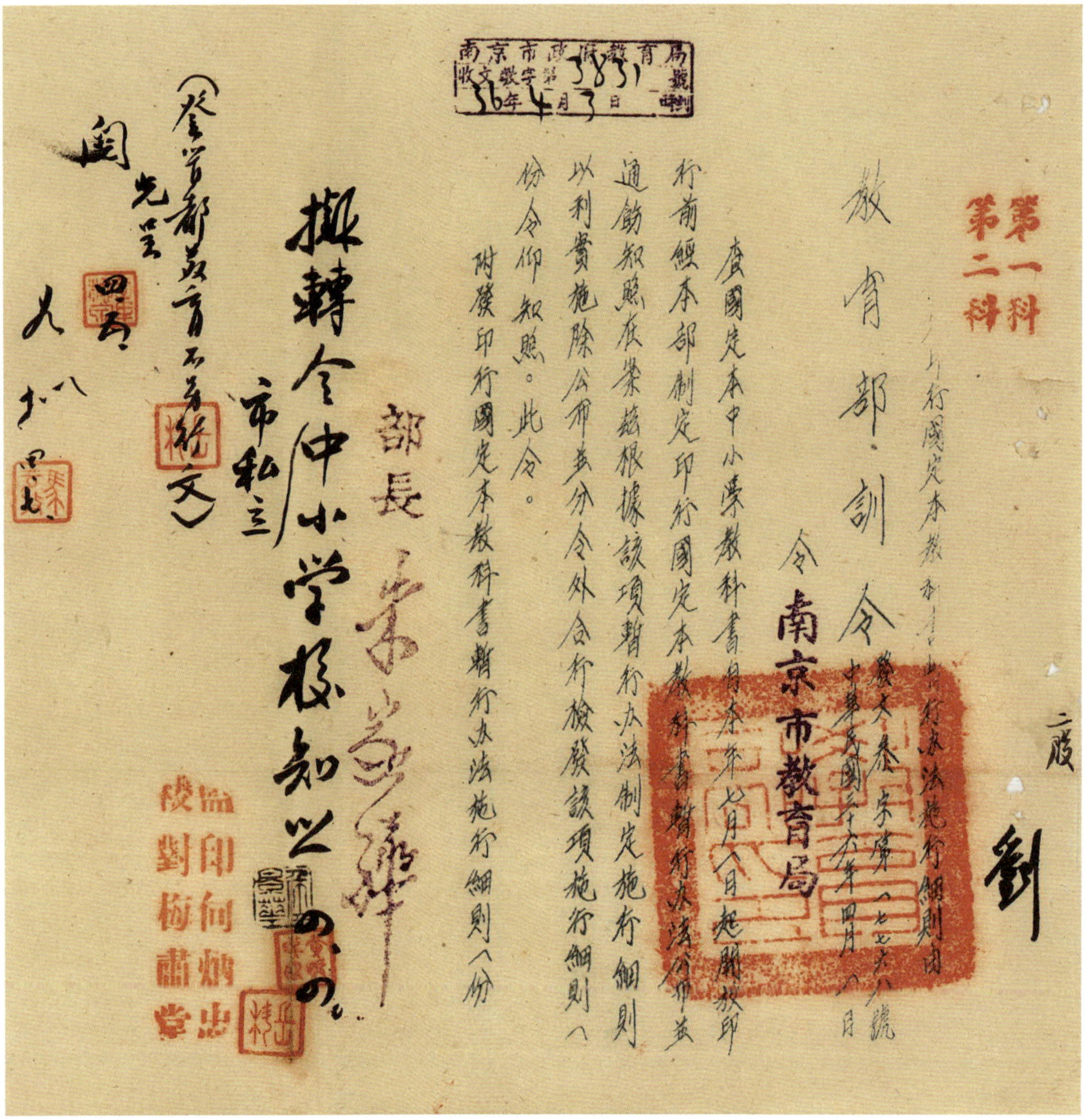

南京市政府教育局收文教字第3831號 36年4月3日

第一科 第二科

二股 劉

印行國定本教科書暫行辦法施行細則由

教育部訓令

發文參字第一七七八八號 中華民國三十六年四月一日

令南京市教育局

查國定本中小學教科書自本年七月一日起開放印行，前經本部制定印行國定本教科書暫行辦法公布並通飭知照在案，茲根據該項暫行辦法制定施行細則，以利實施，除公布並分令外，合行檢發該項施行細則一份，令仰知照。此令。

附發印行國定本教科書暫行辦法施行細則一份

部長 朱家驊

擬轉令中小學校知照。

國民政府教育部頒發《印行國定本教科書暫行辦法施行細則》（一九四七年四月一日）

檔號：1003-7-9

印行國定本教科書暫行辦法施行細則

一、本細則根據印行國定本教科書暫行辦法訂定之。

二、國定本教科書分下列四組：

(一)小學初級組

(二)小學高級組

(三)中學組

(四)師範組

各組書目由教育部隨時公布之。

三、公私印刷機關得申請印行國定本教科書之全部或第二條所列之任何一組或二組三組，但不得於各組中抽選若干種。

四、凡申請印行第一組各書之印刷機關，應繳同時承印國常課本各册之單式及複式教學法教術課本各册之教學指引申請印行第二組者必須同時承印各冊之教學指引，以利教學，約以每印課本（　）百冊至少印教學法或教學指引（　）冊為準。

五、公私印刷機關在申請前可先向部領取稿本，照繳各稿本規定之印刷費。

六、公私印刷機關申請印行國定本教科書時，須填送（申請書（附式樣）及樣本。

七、申請時每科得以選印圖文並有之課文若干頁（每冊至少（　）頁）連同第（　）冊之封面及版權（　）頁合訂成本，先行送部審，經審核合格後，再將各科各冊完整之印刷樣本全部送審。

八、凡用國產紙張印刷者，須送原紙張大小之紙樣，並註明產地、單價及開數等。

九、暫行辦法所稱各書字體係指課文而言。至小學高年級及初中各科各冊之注釋、作業、參考書等均得用老五號字排印。

十、小學低年級國常各冊之正楷手寫字體，其筆畫寫法不得用破體、簡體及帖體，以免歧異。

十一、印刷本全部送審經審核合格後，每組合發許可執照一張，以便影印於各冊之裏底封面。惟本組之執照不得印於他組書上。

十二、許可執照有效期間以三年為限。

十三、凡核准發給執照之公私印刷機關，應於每學期開始前兩個月據實陳報各科課本每屆印刷確數銷行區域。

十四、核給執照之公私印刷機關，如中途不願繼續承印時，應於每年六月或十二月前呈報並繳銷執照。

十五、凡核准發給執照之公私印刷機關印行國定本教科書時有違下列各項之一者吊銷其執照。
(1)印售之教科書粗製濫造紙張製印均與送審樣本不符者；
(2)印售之教科書擅自改易文字貽誤教學者；
(3)經部通飭修訂課文一年内不遵照改版印製者；
(4)不印本組教學法或教學指引查明屬實者；
(5)將他組或他機關之執照矇混印售者；
十六、本細則自公布之日施行。
附申請書式

印行國定本教科書申請書

茲願遵照教育部頒印行國定本教科書暫行辦法及施行細則承印表列各種教科書坿送樣本　冊紙張　張　張敬析
審核給發許可執照謹上
教育部

公私印刷機關名稱	國營印刷機關經濟部核發營業執照號數	承印國定本教科書種類	印書用紙	行銷區域	備註

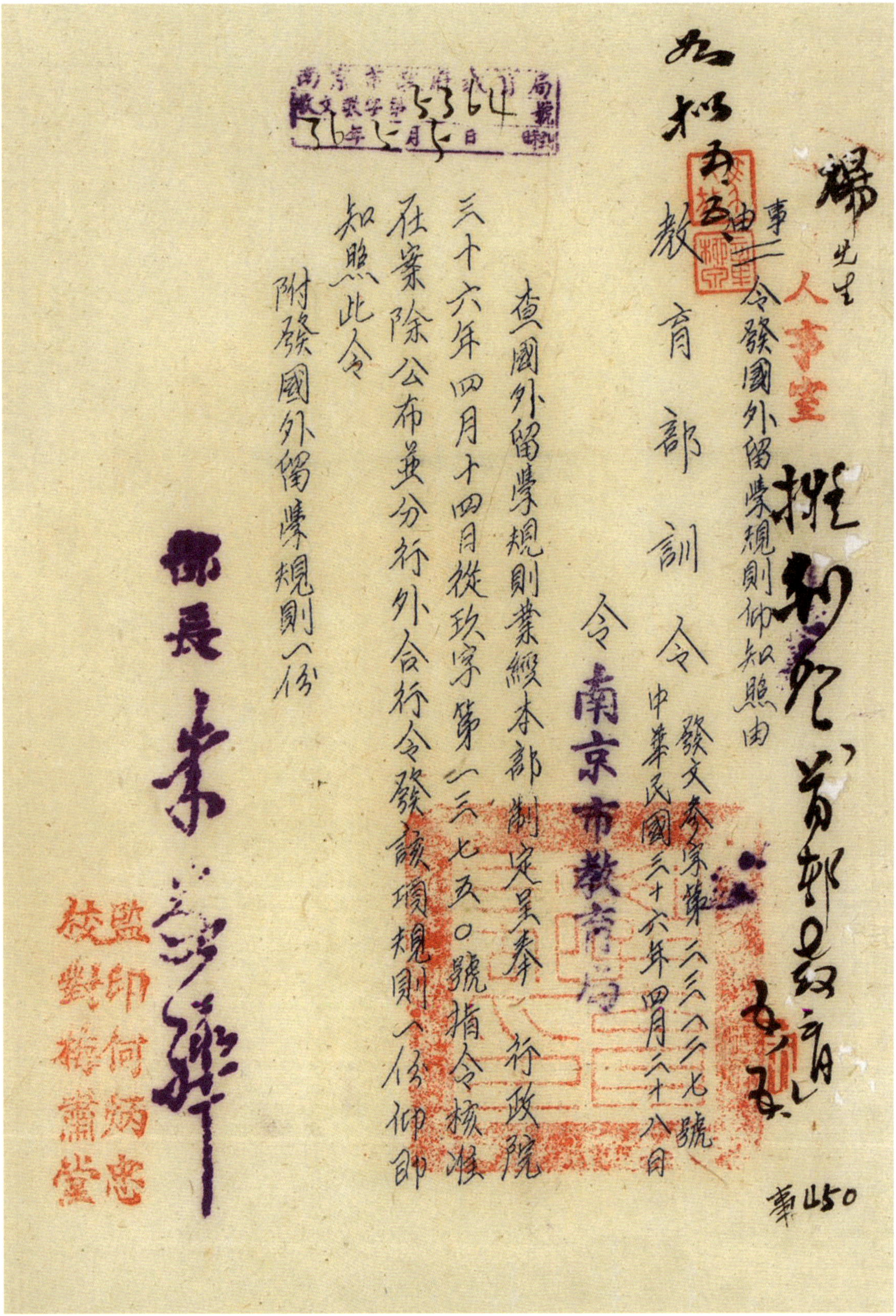

南京市教育局 收文教字第5364號 36年5月5日

事由 令發國外留學規則仰知照由

教育部訓令 發文參字第二三八二七號 中華民國三十六年四月二十八日

令南京市教育局

查國外留學規則業經本部制定呈奉行政院三十六年四月十四日從玖字第一三七五〇號指令核准在案除公布並分行外合行令發該項規則一份仰即知照此令

附發國外留學規則一份

部長 朱家驊

監印 何炳密
校對 樓肅堂

國民政府教育部頒發《國外留學規則》（一九四七年四月二十八日）

檔號：1003-7-9

國外留學規則（法規會整理本）

第一條　凡赴國外留學者均應依本規則之規定

第二條　凡赴國外研究專門學術或實習技術學科者均為國外留學生

國外留學生留學費用全部由教育部或各省市教育行政機關（以下簡稱各省市）供給或國際學生交換由留學國給予公費者為公費留學生

國外留學生留學費用由私人或私法人供給者為自費留學生

第三條　國外留學生在出國前均應經教育部考試及格前項考試章程由教育部訂定于考試前公布之

第四條　各省市考選省市公費留學生應先擬定辦法送請教育

部備案公布

前項考選之初試得由各省市自行辦理覆試統由教育部辦理

第五條 凡經教育部指定醫院檢驗體格並具有左列資格之者得應國外留學生考試

一、公立或立案私立大學或獨立學院畢業得有證書者

二、公立或立案私立大學或獨立學院之專修科或公立或立案私立專科學校畢業並曾任與所習學科有關之職務二年以上有證明文件者

三、高等考試及格者

第六條 國外留學生考試科目如左

甲、普通科目

八、國文

二、本國歷史及地理

三、留學國文或漢文

乙、專門科目　二種或三種依所考之學門定之

第七條　國外留學生考試及格後，應由教育部頒留學證書，自向有關機關洽辦出國手續

第八條　國外留學生取得留學證書後，應於六個月內出國，必要時得呈請延長一年

第九條　國外留學或實習期限，公費留學生定為二年，必要時得呈准延長一年，自費留學生最多不得超過四年

第十條　國外留學生於到達留學國時，應即向駐在國之留學生輔導機關或使領館呈驗留學證書，並辦理登記，不

續

前項手續得以通信方式行之

第十一條　國外留學生輔導辦法由教育部另訂之

第十二條　公費留學生非經呈奉教育部核准不得變更其研究科目及留學國違者取消公費

第十三條　國外留學生畢業或得學位後應即報告留學生輔導機關或使領館轉報教育部備查

第十四條　國外留學生返國後應即檢同畢業證書及研究証明呈請教育部備案各省市公費留學生並應向各該省市報到

第十五條　本規則自公布日施行

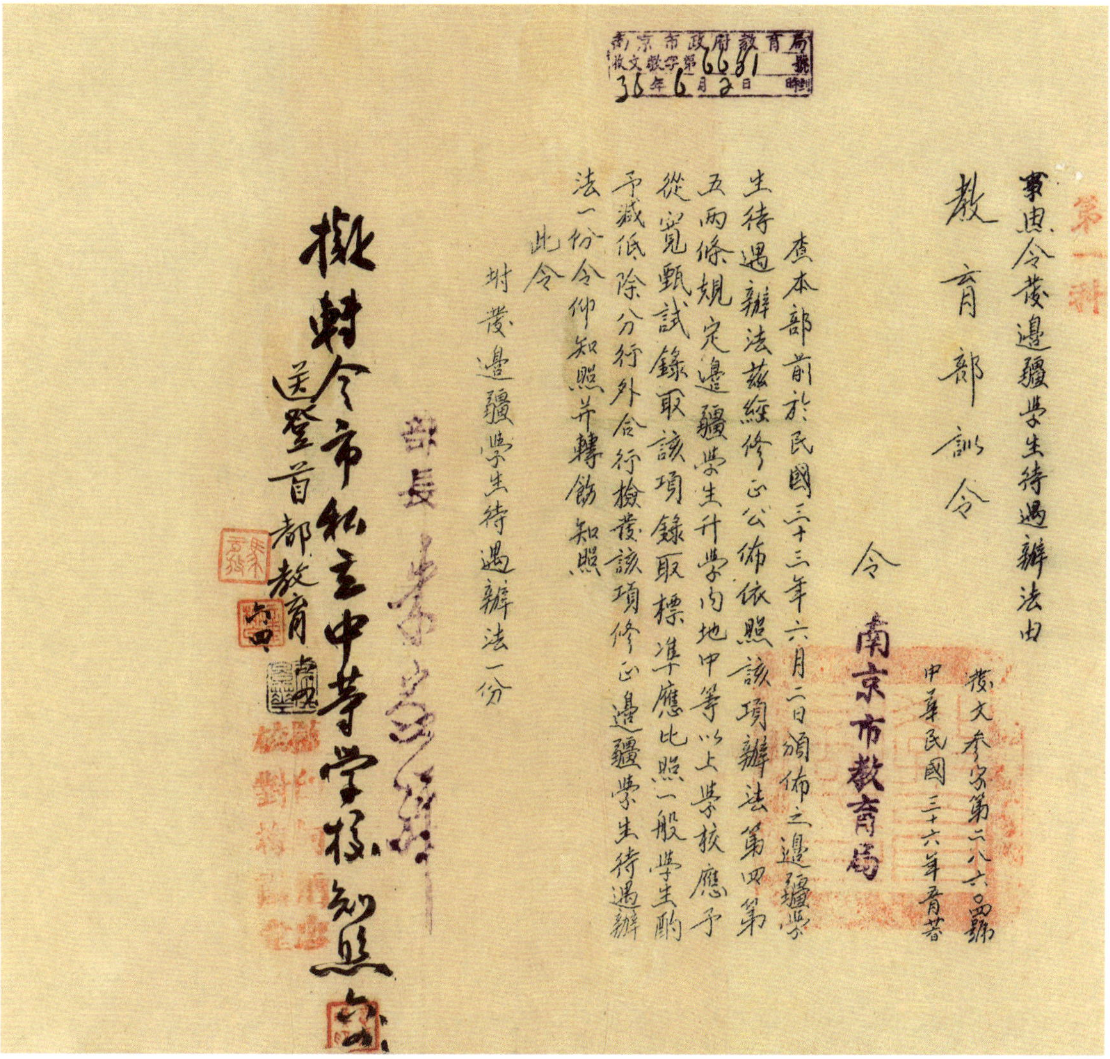
南京市政府教育局 收文教字第6681號 36年6月2日
第一科
事由：令發邊疆學生待遇辦法由
教育部訓令
發文參字第二八六六四號
中華民國三十六年五月廿六日
令南京市教育局
查本部前於民國三十三年六月二日頒佈之邊疆學生待遇辦法茲經修正公佈依照該項辦法第四第五兩條規定邊疆學生升學內地中等以上學校應予從寬甄試錄取該項錄取標準應比照一般學生酌予減低除分行外合行檢發該項修正邊疆學生待遇辦法一份令仰知照并轉飭知照
此令
計發邊疆學生待遇辦法一份
部長 朱家驊
擬轉令市私立中等學校知照
送登首都教育

國民政府教育部頒發《邊疆學生待遇辦法》（一九四七年五月二十六日）
檔號：1003-7-9

邊疆學生待遇辦法

「教育部第二八六〇三號部令公佈（三六、五、廿四日）」

第一條　邊疆學生之待遇除法令別有規定外依本辦法之規定辦理

第二條　本辦法所稱邊疆學生係指蒙古西藏及其他語言文化具有特殊性質地方之邊族學生而其家庭居住於原籍者

第三條　邊疆學生志願升學內地中等以上學校得由左列各機關向教育部保送

一、蒙藏委員會

二、蒙古盟旗機關

三、西藏地方機關

四、各邊省省政府或主管教育行政機關
五、國立邊地中等以上學校

第四條 保送升學之學生每年由保送機關與教育部商定名額由教育部審核分發令各校依照左列辦法辦理
一、從寬甄試成績及格者作為正式生
二、成績不及格者作為特別生俟修滿一學年時成績及格者改為正式生不及格者得由校酌准留級一年留級一年仍不及格者勒令退學
三、國文國語及其他基本科目程度較差者設法另予補習

第五條 除前條依一定名額分發之學生外其餘志願

升學內地中等以上學校者應自行報考惟得由第三條所列各機關予以證明由升學學校酌予從寬錄取

第六條 邊疆學生原在內地學校肄業或畢業者不得申請保送

第七條 邊疆學生在國立邊地中等以上學校肄業或在內地設有公費之中等以上學校肄業其家境確屬清寒者准予核給公費不受名額限制

第八條 邊疆學生在肄業期間如遇特殊事故或經濟情形確實困難無力負担服裝書籍等費者得呈由學校轉呈教育部請發特別補助費每人每年以一次為限其數額視實際情

形定之

第九條　邊疆學生有偽造學歷假冒籍貫者除開除學籍外並由所在學校向保證人追繳其在校一切費用及補助費

第十條　本辦法自公佈日起施行

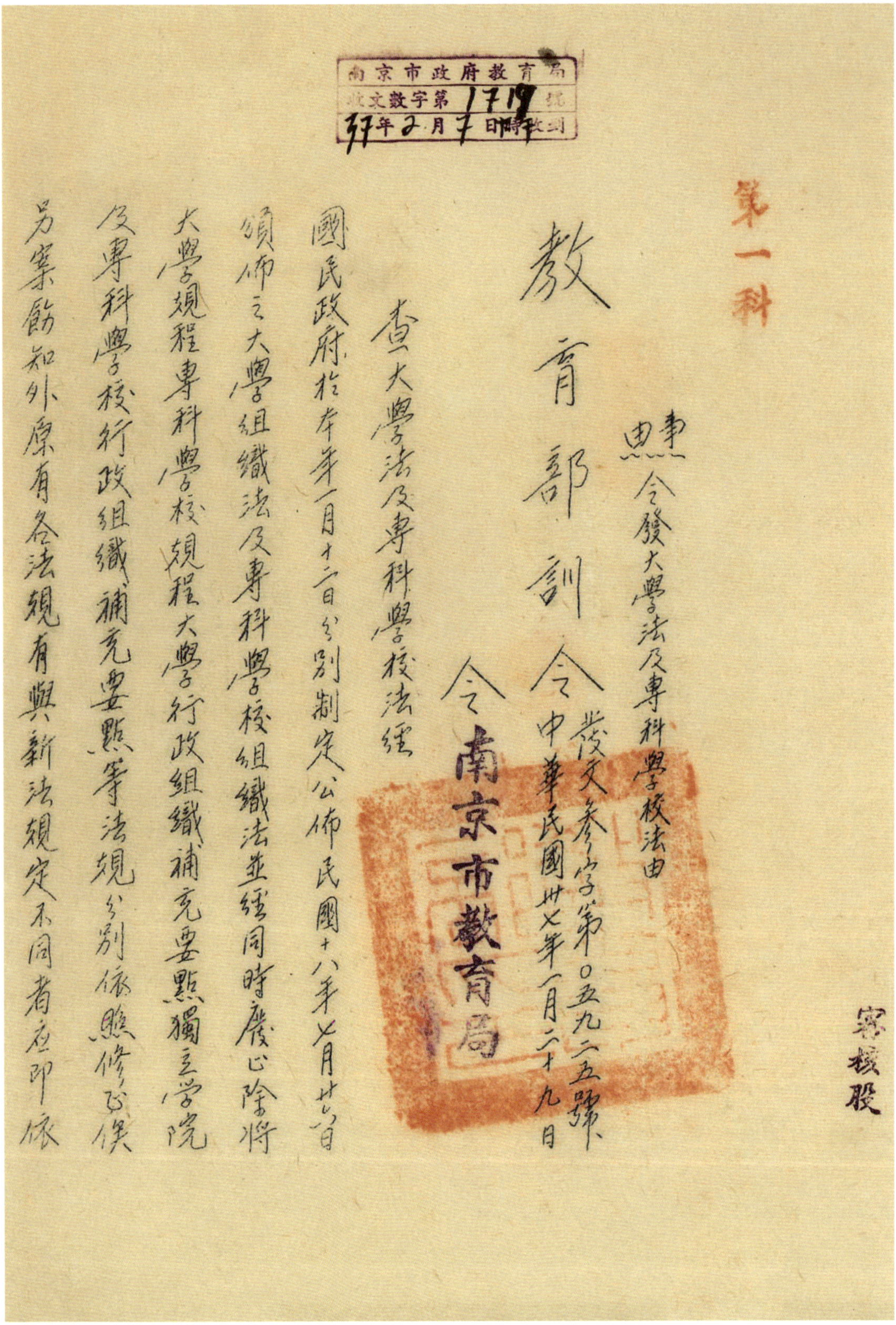
南京市政府教育局
收文數字第1719號
37年2月7日時收到

第一科

教育部訓令

事由：令發大學法及專科學校法由

發文參字第〇五九二五號
中華民國卅七年一月二十九日

令南京市教育局

查大學法及專科學校法經
國民政府於本年一月十二日分別制定公佈，民國十八年七月廿六日
頒佈之大學組織法及專科學校組織法並經同時廢止，除將
大學規程、專科學校規程、大學行政組織補充要點、獨立學院
及專科學校行政組織補充要點等法規分別依照修正，俟
另案飭知外，原有各法規有與新法規規定不同者應即依

審核股

國民政府教育部頒布《大學法》《專科學校法》（一九四八年一月二十九日）

檔號：1003-7-13

照新法辦理合行抄發大學法及專科學校法各壹份

令仰知照并轉飭知照

此令

附抄發大學法及專科學校法各乙份

部長 朱家驊

擬存查

如擬

大學法

國民政府公佈（三七、一、一二）

第一條　大學依中華民國憲法第一百五十八條之規定以研究高深學術養成專門人才為宗旨

第二條　國立大學由教育部審察全國各地情形設立之

第三條　大學由省設立者為省立大學由直轄市設立者為市立大學由私人設立者為私立大學

前項大學之設立變更及停辦須經教育部核准

第四條　大學分文理法醫農工商等學院

師範學院應由國家單獨設立但國立大學得附設之

本法施行前已設立之教育學院得繼續辦理

第五條　凡具備三學院以上者始得稱為大學

不合上項條件者為獨立學院得分二科

（一）

第六條　大學各學院及獨立學院分設學系

第七條　大學或獨立學院各學系辦理完善成績優良者得設研究所

第八條　大學置校長一人綜理校務國立省立市立大學校長簡任私立大學校長由董事會聘任呈報教育部備案校長除担任本校教課外不得兼任他職

私立大學得置副校長一人輔助校長處理校務

第九條　獨立學院置院長一人綜理院務國立者由教育部聘任之省立市立者由省市政府請教育部聘任之私立者由董事會聘任呈報教育部備案院長除担任本院教課外不得兼任他職

第十條　大學各學院各置院長一人綜理院務由校長聘任之

第十一條　大學各學系各置主任一人辦理系務由院長商請校長聘任之

第十二條　大學教員分教授副教授講師助教四種由院長系主任商請校長聘任之

第十三條　大學設教務訓導總務三處置教務長訓導長總務長各一人秉承校長分別主持全校教務訓導及總務事宜由校長聘任之均應由教授兼任

第十四條　大學各處得分設各組館各置主任一人分理各組館事務由各處主管人員商請校長任用之

大學圖書館規模完備者得置館長一人由校長聘任之

第十五條　大學校長室得置秘書一人或二人由校長聘任之

第十六條　大學設會計室置會計主任一人佐理員及雇員若干人依法律之規定辦理歲計會計事宜

前項人員之任用私立大學暫不適用

第十七條　大學得因教學實習及研究之需要分別附設各種實習或實驗機構其辦法由校擬訂呈請教育部核定之

第十八條　大學各組館及附設各機構得各置職員若干人由校長任用之

第十九條　大學設校務會議以校長教務長訓導長總務長各學院院長各學系主任及教授代表組織之校長為主席

教授代表之人數不得超過前項其他人員之一倍亦不得少於前項其他人員之總數

第二十條　校務會議審議左列事項

一、預算

二、學院學系研究所及附設機構之設立變更與廢止

三、教務訓導及總務上重要事項
四、大學內部各種重要章則
五、校長交議及其他重要事項

第廿一條　大學設行政會議以校長教務長訓導長總務長及各各學院院長組織之校長為主席協助校長處理有關校務執行事項

第廿二條　大學設教務會議以教務長及各學院院長及各學系主任組織之教務長為主席討論教務上重要事項

第廿三條　大學各學院設院務會議以院長及各學系主任及本院教授副教授代表組織之院長為主席討論本院學術設備及其他有關院務事項
各學系設系務會議以系主任及本系教授副教授講師組織之系主任為主席討論本系教學研究及其他

（三）

有關系務事項

第廿四條 大學各處分設處務會議以各處主管人及各組館主任組織之各處主管人為主席討論各處主管重要事項

第廿五條 大學得設訓育委員會以校長教務長訓導長為當然委員並由校長聘任請教授三人至十五人組織之校長為主席訓導長為秘書規劃有關訓導之重要事項

第廿六條 大學入學資格應曾在公立或已立案之私立高級中學或同等學校畢業或具有同等學力經入學試驗及格者

第廿七條 大學修業年限醫學院五年餘均四年但醫學生及師範生須另加實習一年

第廿八條 大學各學院得附設專修科招收高級中學或其同等學校畢業生或具有同等學力者修業二年但應呈請

教育部核准設立之

第廿九條　大學學生修業期滿有實習年限者並經實習完畢經考核成績及格由大學發給畢業證書除專修科外分別授予學士學位

第三十條　本法第三條及第十二條至廿九條之規定於獨立學院準用之但第十三條規定之三處主管人員由獨立學院應稱主任

第卅一條　私立大學及獨立學院董事會之組織由教育部定之

第卅二條　大學及獨立學院規程由教育部依本法擬訂呈請行政院核定之

第卅三條　本法自公布日施行

（四）

（五）

專科學校法

國民政府公布（三七、一、一二）

第一條　專科學校依中華民國憲法第一百五十八條之規定以教授應用科學養成技術人才為宗旨

第二條　國立專科學校由教育部審察全國各地情形設立之

第三條　專科學校由省或直轄市設立者為省立或市立專科學校由私人設立者為私立專科學校

前項專科學校之設立變更及停辦應經教育部核准

第四條　專科學校得就同一門類分設若干科

第五條　專科學校置校長一人綜理校務國立專科學校校長由教育部聘任之省立或市立專科學校校長由省市政府請教育部聘任之私立專科學校校長由董事會

聘任並報教育部備案校長除担任本校教課外不得
兼任他職

第六條　分科之專科學校各科各置主任一人綜理科務由校長
聘任之

第七條　專科學校教員由校長聘任之
前項教員經部審定合於教授副教授講師資格者得
分別稱教授副教授講師

第八條　專科學校設教務訓導總務三處分別置教務主任訓導
主任總務主任各一人秉承校長主持全校教務訓導及
總務事宜由校長聘任之均應由教員兼任

第九條　專科學校各處得分設各組館各置組館主任一人辦理
各組館事務由各處主任商請校長任用之

第十條　專科學校設會計室置會計主任一人佐理員及雇員若

（六）

干人依法律之規定辦理歲計會計事宜

前項人員之任用私立專科學校暫不適用

第十一條　專科學校得因教學及實習之需要分別附設各種實習或實驗机構其辦法由校擬訂呈請教育部核定之

第十二條　專科學校各組館及附設機構得設職員若干人由校長任用之

第十三條　專科學校設校務會議以校長教務主任訓導主任總務主任各科主任及專任教員代表組織之校長為主席

專任教員代表之人數不得超過前項其他人員之一倍亦不得少於前項其他人員之總數

第十四條　校務會議審議左列事項

一、預算

二、科及附設機構之設立變更與廢止
三、教務訓導及總務上之重要事項
四、學校內部各種重要章則
五、校長交議及其他重要事項

第十五條 專科學校設教務會議以教務主任及担任主要科目之專任教員組織之教務主任為主席討論教務上重要事項

分科之專科學校教務會議以教務主任科主任及担任主要科目之專任教員組織之

第十六條 分科之專科學校設科務會議以科主任及本科專任教員組織之科主任為主席討論本科教學設備研究及其他事項

第十七條 專科學校各處分設處務會議以各處主管人及各組職主任組織之各處主管人為主席討論各處重要事項

（七）

第十八條　專科學校得設訓育委員會以校長教務主任訓導主任爲當然委員並由校長聘請担任主要科目之專任教員三人至十五人組織之校長爲主席訓導主任爲秘書規劃有關訓導之重要事項

第十九條　專科學校入學資格應爲曾在公立或已立案之私立高級中學畢業或具有同等學力經入學試驗及格者

第二十條　專科學校修業年限二年醫科三年但醫學生及師範生應另加實習一年

音樂藝術等學科宜提前修習者得招收初級中學畢業生修業年限五年

第廿一條　專科學校學生修業期滿有實習年限者並經實習完畢經考核成績及格由學校發給畢業證書

第廿二條　私立專科學校董事會之組織由教育部定之

第廿三條　專科學校規程由教育部依本辦法擬訂呈請行政院核定之

第廿四條　本法自公布日施行

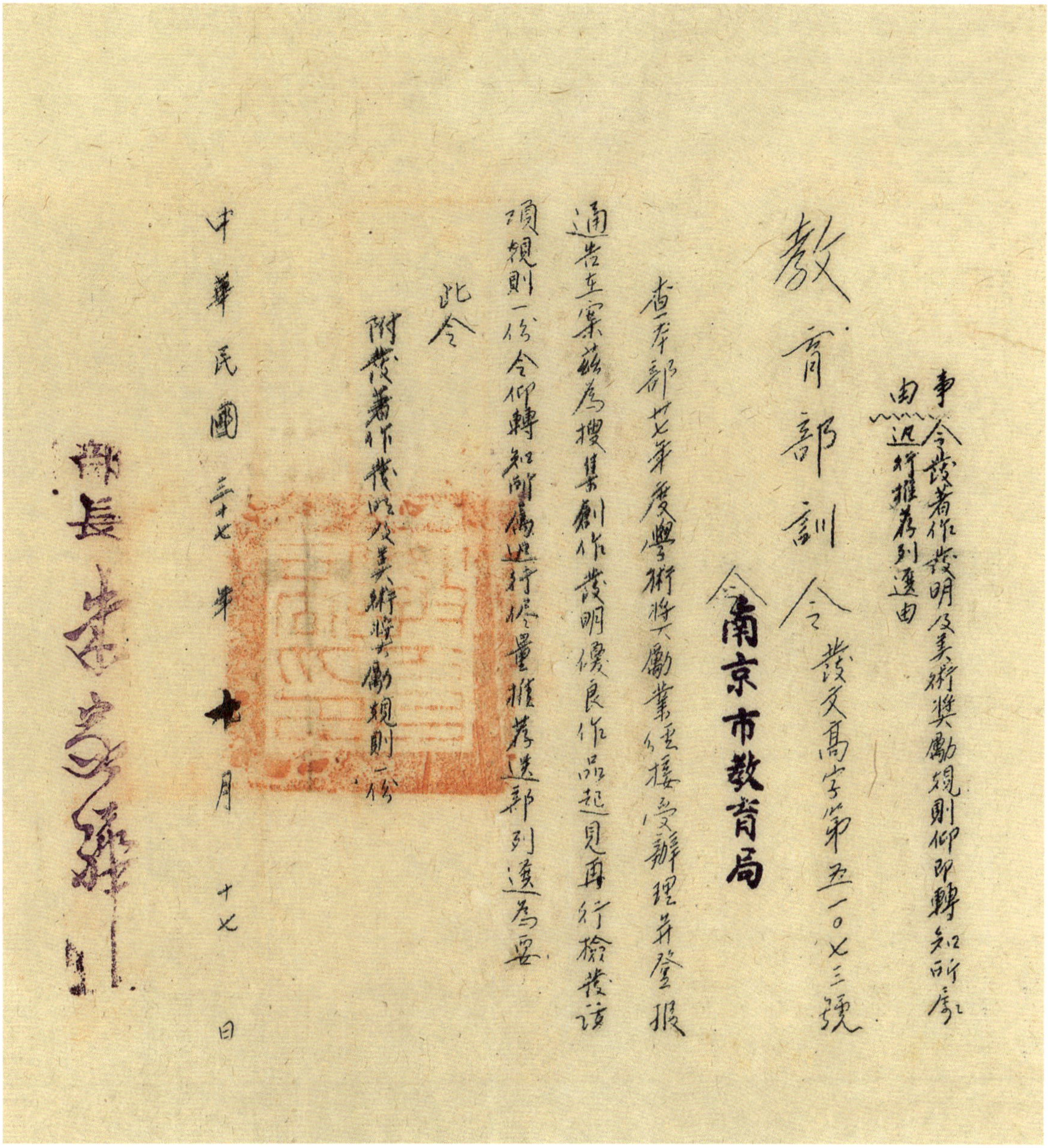

事由：令發著作發明及美術獎勵規則仰即轉知所屬迅行推薦列選由

教育部訓令　發文高字第五一〇七三號

令南京市教育局

查本部卅七年度學術獎勵業經接受辦理并登報通告在案茲為搜集創作發明優良作品起見再行檢發該項規則一份令仰轉知所屬迅行儘量推薦送部列選為要

此令

附發著作發明及美術獎勵規則一份

中華民國三十七年十月十七日

部長　朱家驊

國民政府教育部頒發《著作發明及美術獎勵規則》（一九四八年十月十七日）

檔號：1003-7-20

教育部著作發明及美術奬勵規則

行政院卅三年五月五日義陸字第一〇一七六號指令核准教育部卅三年七月七日參字第三二九一三號公布

第一條：教育部對於專門著作、科學技術發明與美術作品之奬勵依本規則辦理之

第二條：奬勵之範圍如左

著作

（一）文學（包括文學論文、小說、劇本、詞曲及詩歌）

（二）哲學

（三）社會科學

（四）古代經籍研究

發明

（一）自然科學

（二）應用科學

（三）工藝製造

美術

(一)繪畫(包括中畫西畫及圖案等)

(二)雕塑

(三)音樂(包括樂曲及樂理等)

(四)工藝美術

前項獎勵以本國學者於最近三年內完成者為限

第三條 著作及發明有下列情形之一者不得請求獎勵

(一)中小學教科書

（二）通俗讀物
（三）紀錄表冊或報告說明
（四）三人以上合編之著作
（五）繙譯外國人之著作
（六）編譯各家之著作而無特殊之見解者
（七）字典及辭書
（八）演講集
（九）無正確學理根據及說明之發明
（十）發明之程序不明或發明事項未完成者
（十一）他人已經發見之事項
（十二）無法試驗或證實之發明事項

第四條：每年獎勵種類及名額由教育部就第二條所列範圍内斟定之

第五條：著作發明及美術作品參加獎勵之候選者由教育部逕行提出或由學術審議委員會推薦原著作人發明者或美術製作者亦得自行申請但每人於每類中以參加一種作品為限

前項推薦及自行申請之作品均須於每年三月一日起至九月底止呈送教育部

第六條：申請獎勵之著作暨科學發明之論文以用中文叙述並已出版者為原則原稿如係用外國文字撰述者須將全文譯成中文隨繳

其因印刷困難尚未出版之著作以繕正本申請獎勵者當載

須在五萬字以上但詩歌詞曲及科學發明論文不在此限

第七條：申請獎勵之發明必須詳細敘發明或發現經過必要時並須呈
繳圖樣及原發明品

第八條：申請獎勵之工業發明品以獲得專利證書者為限

第九條：參加獎勵之候選者均須附具左列各件

(一)用中文敘述之說明書三份（式樣附後）

(二)原著作發明或美術製作（已出版之著作及發明中自然科
學應用科學二類論文須繳送三份其尚未出版者須繳送
原稿二份）

(三)介紹者須詳載推薦人或介紹人對於該著作發明或美術作
品之意見

(四)屬於工業發明者之專利證書

說明書及分級書概不發還，除已出版之著作及科學發明論文留存一份備查外，其餘各件於審查竣事後發還。

第十條：自行申請者之介紹書，以具有左列資格之專家二人填具：

(一)曾任或現任專科以上學校校長、院長或教授，擔任有關該項著作或發明之科學者

(二)曾任或現任研究所之研究員，繼續研究該項科學者

(三)對於該項科學雖有研究，已有重要著作者

第十一條：參加獎勵候選作品由學術審議委員會專門委員或另行聘請之專家負初審之責，初審合格者提出學術審議委員會大會決定其應否給獎及評定其等第

第十二條：審查合格評定等第在獎勵名額以內之各種著作發明及美術作品每種均由教育部給予獎金其得一等獎者授予學術獎狀或藝術獎狀其餘發給得獎證明書

第十三條：申請獎勵之著作發明及美術作品第一次未獲獎金者得將原作品詳加修正再援第二次之申請惟續請以一次為限並須將作品附繳

第十四條：本規則自公布日施行

附註：（一）三十七年度接受獎勵日期自本年四月一日起至九月底為止（截止日期以申請獎勵之作品寄達教育部之日為準逾期即不

二）接受申請

（二）申請獎勵說明書及作品等件於申請期內掛號郵寄南京教育部學術審議委員會收

（三）申請人地址如有變更務須隨時通知

美術作品申請獎勵說明書 中華民國三十　年　月　日

申請人	姓名	
	年齡	
	性別	
	籍貫	
	住址	
	通訊處	
	學歷	
	經歷	
美術作品	名稱	
	類別	請照規則第二條所分之類填
	完成期間	中華民國　年　月　日
	製作經過	
	內容要點	
	本作品成就及中國美術之特點	
	曾否獲得何種獎勵	
	已往曾否向本會申請獎勵	
介紹人對於作品之評語		
備註		

本欄由介紹人填寫

申請人　　簽名 蓋章

介紹人　　簽名 蓋章

科學技術發明申請獎勵說明書　中華民國　年　月　日

申請人	姓名	
	年齡	
	性別	
	籍貫	省　縣
	住址	
	通訊處	
	學歷	
	經歷	
科學技術發明	名稱	
	類別	
	完成時間	中華民國　年　月　日
	發明程序	
	學理根據及內容要點	
	本發明在科學上或技術上之貢獻	
	曾否獲得何種獎勵或專利權	
	已經曾否向本會申請獎勵	
介紹人對於本發明之詳細說明		
備註		

本欄由介紹人填寫

申請人　簽名蓋章

介紹人　簽名蓋章　簽名蓋章

專門著作申請奬勵說明書　中華民國三十　年　月　日

申請人	姓名	
	年齡	
	性別	
	籍貫	省　縣
	住址	
	通訊處	
	學歷	
	經歷	
專門著作	名稱	
	類別	
	出版年月或完成時間	中華民國　年　月　日
	著作經過	
	內容要點	
	本著作在學術上之特殊貢獻	
	曾否獲得何種奬勵	
	已往曾否向本會申請奬勵	
	介紹人對於本著作之評語	
	備註	

本欄由介紹人填寫

申請人　簽名蓋章

介紹人　簽名蓋章　簽名蓋章

貳 市頒規程

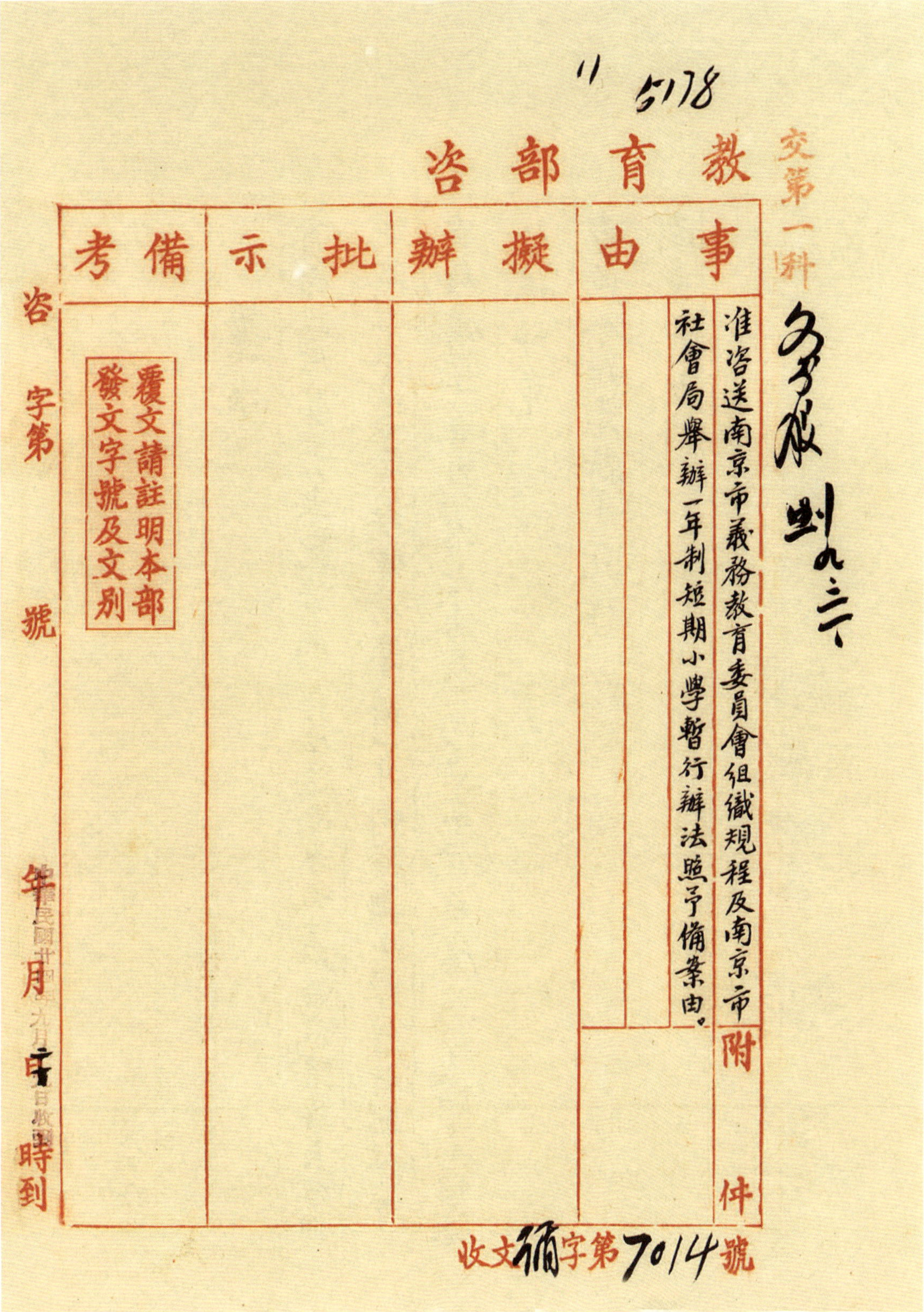

國民政府教育部咨復南京市政府《南京市義務教育委員會組織規程》《南京市社會局舉辦一年制短期小學暫行辦法》（一九三五年九月十九日）

檔號：1001-1-806

教育部咨

復文請註明左列字號

蒙發普義貳31第一三九二九號

案准

貴市政府第五一零號咨開：以咨送南京市義務教育委員會組織規程及南京市社會局舉辦一年制短期小學暫行辦法，希查核備案等由；准此，查核尚無不合，自應照予備案。相應咨復，即希查照令知為荷！此咨

南京市政府。

部長　王世杰

中華民國廿四年九月十九日

監印　粟維銘
校對　韓幼琳　汪經鎔

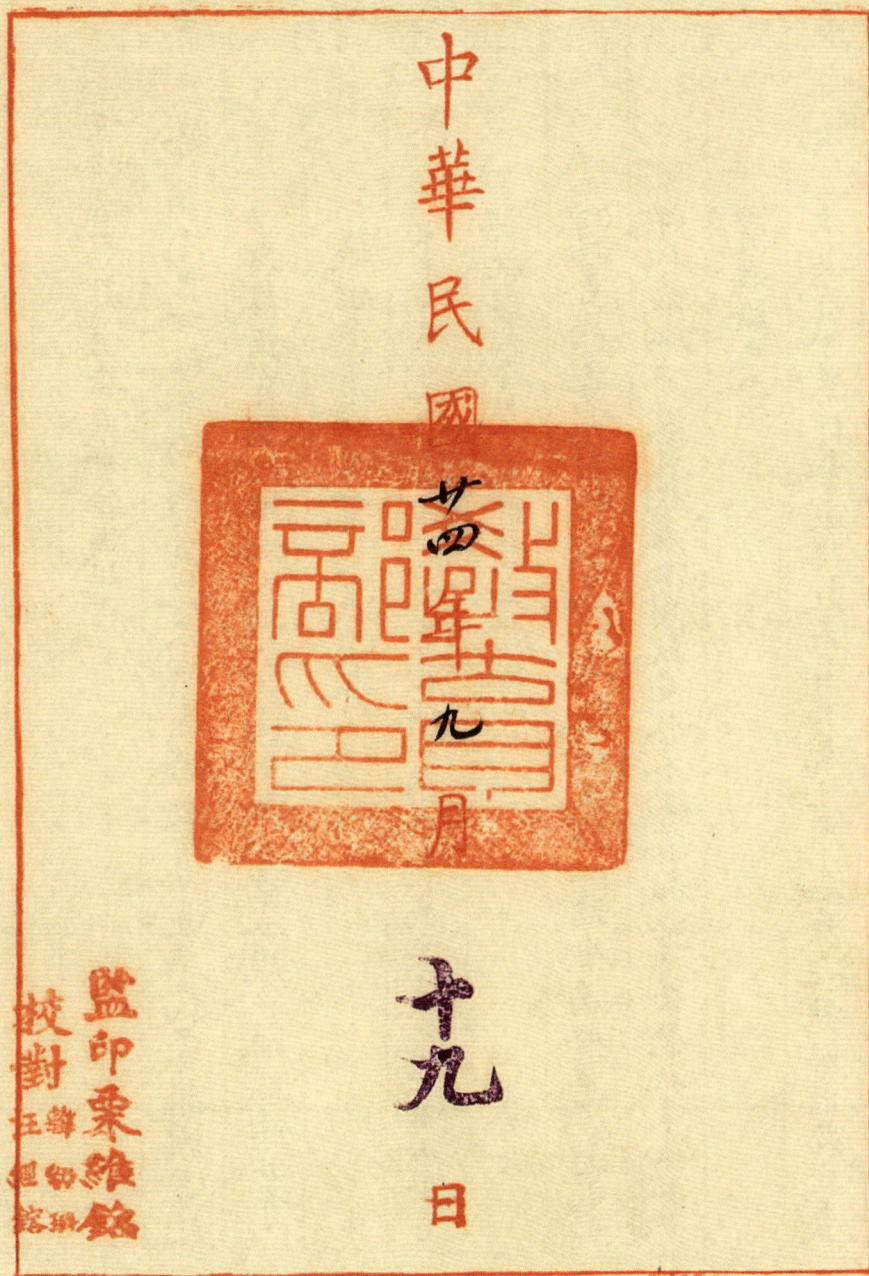

南京市義務教育委員會組織規程

第一條　南京市社會局為實施本市義務教育、遵照教育部頒實施義務教育暫行辦法大綱施行細則第七章之規定組織南京市義務教育委員會（以下簡稱本委員會）

第二條　本委員會設委員十一人至十五人社會局局長為委員長委員由委員長就左列人員分別聘請或指派：

(一)社會局主管科科長及初等教育股主任(二)社會局督學(三)市黨部代表(四)市政府代表(五)財政局代表(六)首都警察廳代表(七)富有教育經驗之人士

第三條　本委員會舉行會議時、以委員長為主席委員長缺席時指定委

員一人為代理主席

第四條　本委員會任務如左：

㈠擬具全市義務教育推行計劃

㈡監督本市義務教育經費及中央給予本市義務教育之補助費之保管與用途

㈢擬具分年訓練師資辦法

㈣考核所屬辦理義務教育成績

㈤其他關於實施義務教育事項

第五條　本委員會委員概為名譽職，但聘任委員視來往路程之遠近，得酌給旅費

第六條　本委員會設總幹事一人幹事若干人由委員長就社會局職員中調用之并得酌用辦事員若干人

第七條　本委員會辦事細則另訂之

第八條　本規程自呈奉　教育部市政府核准施行

南京市社會局舉辦一年制短期小學暫行辦法

第一條　本辦法依照教育部頒一年制短期小學暫行規程各條之規定訂定之

第二條　此項一年制短期小學先辦五十所

第三條　每一短期小學以同時招收學生兩班為原則每班學生以五十人為限

第四條　短期小學經費支配辦法如下(一)每兩班設置教員一人月支薪三十元書籍文具費五元由局統辦雜支五元校舍租金約月支二十元(二)開辦時期修葺購置等費核實計算

第五條　短期小學教員由本局任用之

第六條　本辦法自呈奉　教育部市政府核准施行

教育部咨

事由	擬辦	批示	備考
准咨送短期小學暫行辦法應准修正後施行希查照轉知由			覆文請註明本部發文字號及文別
附件			

咨　字第　號

中華民國廿五年三月十七日

日　時到

收文　字第3483號

國民政府教育部咨復南京市政府《南京市社會局短期小學暫行辦法》（一九三六年三月十六日）

檔號：1001-1-806

教育部咨

復文請註明左列字號
廿五年 發 義貳 31 第3325號

案准

貴府二十五年三月五日第二一四五號咨開：以據社會局呈送修訂短期小學暫行辦法八條，抄同原辦法轉咨過部，查該辦法第四款內，規定「年齡在九足歲以下七足歲以上未入學者，編為乙組，二年畢業」一節，核照實施義務教育暫行辦法大綱施行細則第十一條規定，應將「七足歲以上」改為「八足歲以上」。又第六款附註「用書暫定為小學一年級教科書」，應改為「用書暫用一年制短期小學課本，教學完畢後，選用小學普通讀本第四五各冊」，

常識科仍照短期小學暫行課程標準規定與國語合併教學。其餘尚無不合，應准修正後施行。相應咨復，即希

查照轉知爲荷。此咨

南京市政府。

部長 王世杰

中華民國二十五年十二月十六日

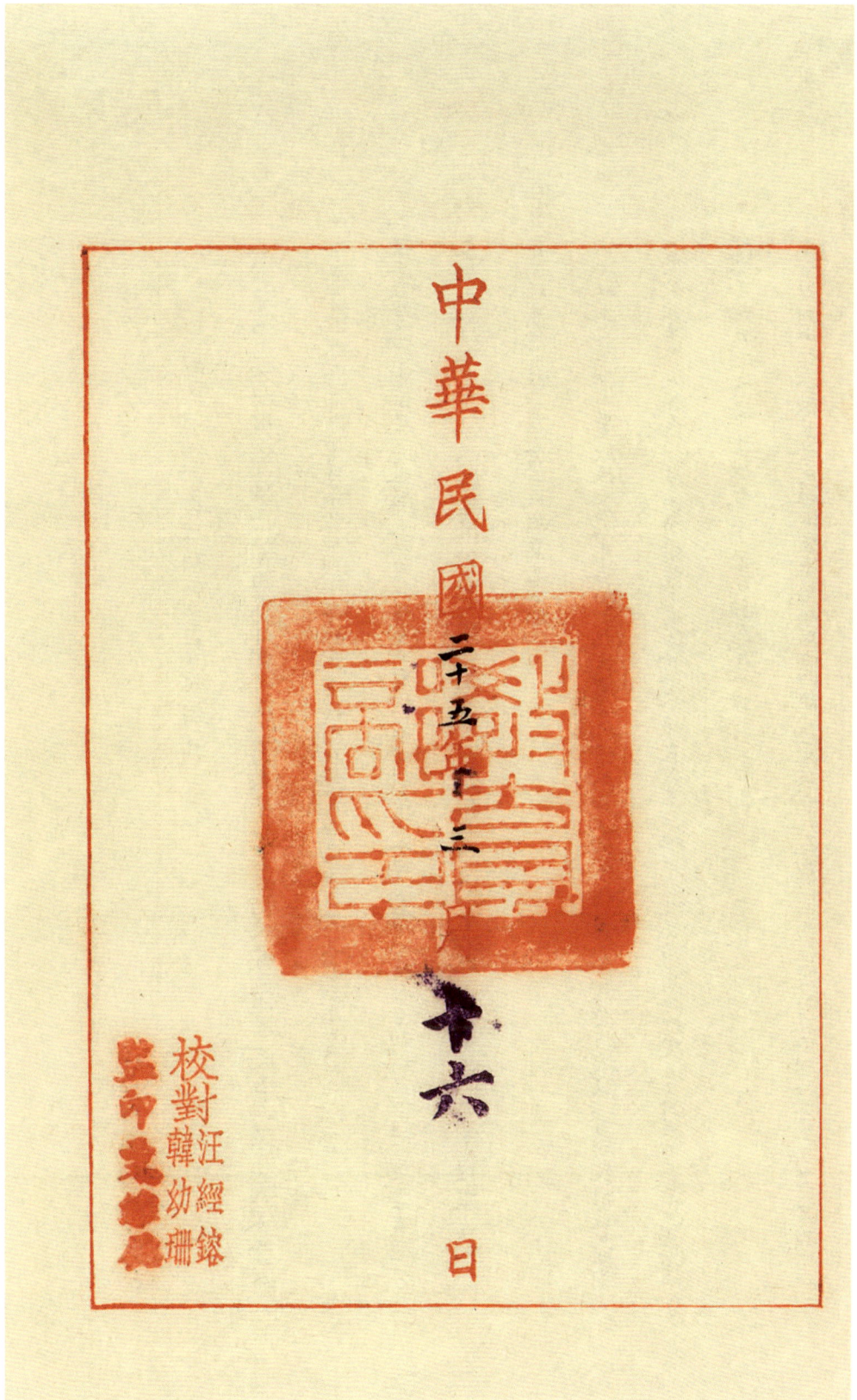

校對 汪經鎔 韓幼珊

監印 [illegible]

南京市社會局短期小學暫行辦法

一、本市短期小學分附設及獨立設置兩種前者附設於民衆學校民校館及普通小學定名為某某民衆學校（或某某民教館某某小學）附設短期小學班後者以所在地定名為市立某某短期小學

二、獨立設置之短期小學其本部至少有二教室並應附設分院連同分院合計應有教室四所至六所分上下午教學可容學生八班至十二班分院得借用公團機關或黨部房屋距離本部以三市里為限（此項短期小學辦理一年以上著有成績並能有適當校舍得改辦簡易小學）

三、獨立設置之短期小學設校長一人月薪四十元主持全校行政並担任公民訓練等課每週授課八百分鐘附設之短期小學行政事務及公民訓練由所附設之學校校長館長或主任担任之教員均為每兩班一人月薪三十元每週授課國語算術及體育最少應教一千六百分鐘至二千分鐘

四、本市短期小學得依照學生程度及年齡分甲乙兩組凡年齡在九足歲以上或程度已在乙組修業一年者編為甲組

甲組一年畢業年齡在九足歲以下七足歲以上未入學校者編為乙組二年畢業

五、短期小學甲組課程依照部頒一年制短期小學暫行課程標準辦理

六、短期小學乙組第一年課程參照小學一年級課程及短期小學課程規定如下（其用書暫定為小學一年級教科書）

科目	每週教學節數	每節教學分鐘數	每週共計教學分鐘數
國語	8	45	360
作文	1	30	30
寫字	2	30	60
常識	4	45	180
算術	6	30	180
公民訓練	4	15	60

課間操　6　15　90

七、各校招收新生時遇有適合小學三四年級程度之學生應介紹入附近簡易小學肄業

八、本辦法呈奉教育部市政府核准後公佈施行

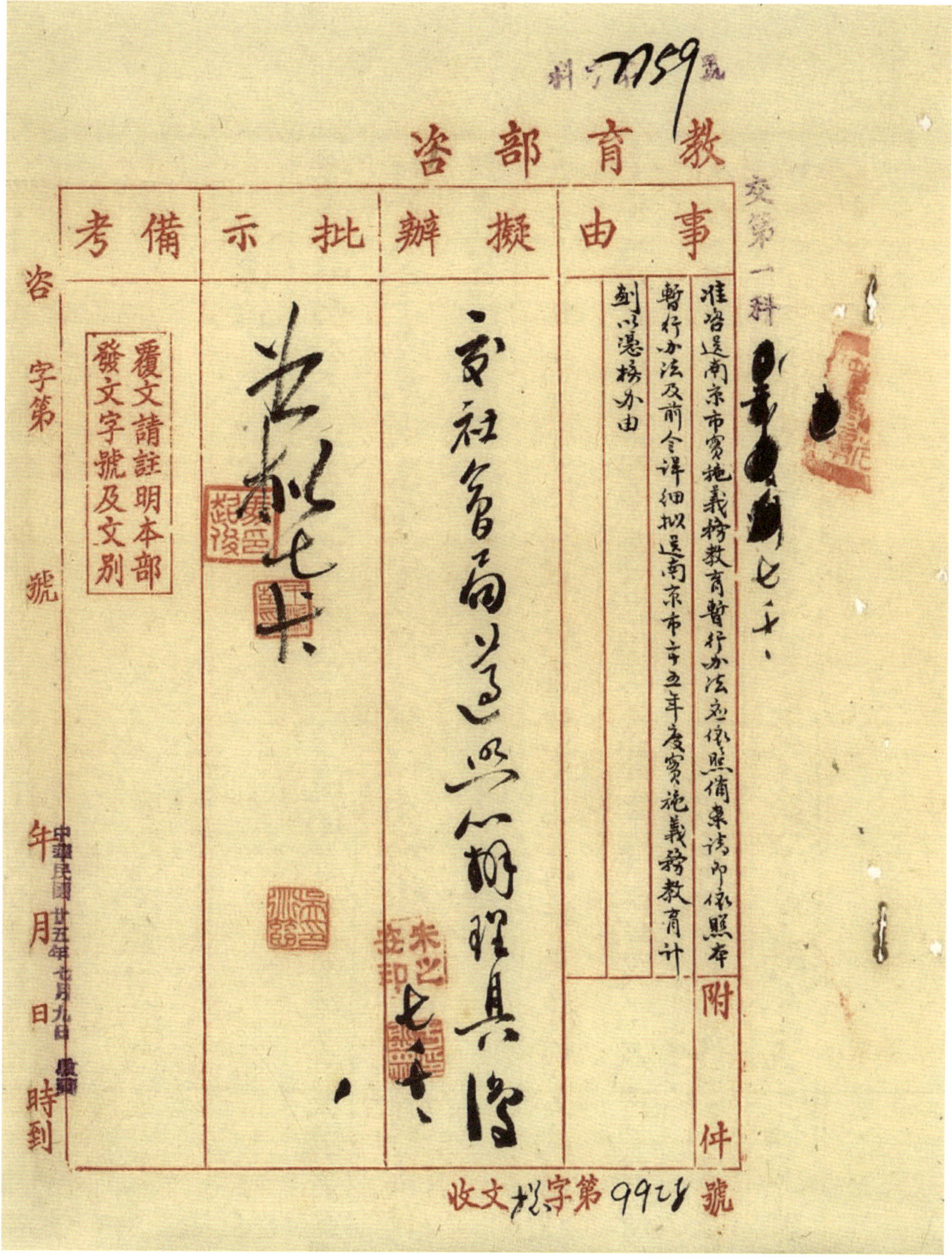

教育部咨

料 7759號

交第一科

事由	擬辦	批示	備考
准咨送南京市實施義務教育暫行辦法應依照備案謹即依照本案附件號 暫行辦法及前令詳細擬送南京市立五年度實施義務教育計 劃以憑核辦由	京社會局等遵照辦理具復	[印章]	咨字第　號 覆文請註明本部發文字號及文別 中華民國廿五年七月九日 午　月　日　時到

收文掛字第9925號

國民政府教育部咨復南京市政府《南京市實施義務教育暫行辦法》（一九三六年七月九日）

檔號：1001-5-4

教育部咨

復文請註明右列字號
義貳刁 第9811號

案准
貴市政府府壹字第六九八號咨，以咨送南京市實施義務教育暫行办法，希查照備案等由過部。查該局所擬南京市實施義務教育暫行办法，尚屬妥適，應依照備案。惟查
貴市二十五年度實施義務教育計劃，亟待核定施行，應請轉飭依照此項暫行办法第一條(一)項及其餘各條之規定，以及上月社會局教字第二五八零號呈送二十五年度初等教育實施計劃方案，詳細擬具南京市二十五年度實施義務教育計劃及經費預算，於

一星期間造送，以憑核办。相應咨復，即希

查照轉飭該局迅即遵辦爲荷。此咨

南京市政府。

部長 王世杰

中華民國廿五年七月九日

校對 汪經鎔 韓幼[illegible]

南京市實施義務教育暫行辦法

第一章　總則

第一條　依照中央頒佈實施義務教育辦法大綱及施行細則，訂定本辦法。

第二條　本市義務教育之實施分為三期

(一)自民國廿五年八月至廿六年七月止為第一期

在此期內凡九足歲至十二足歲之兒童均強迫入學其曾受年短期小學教育或曾入普通小學肄業二年者以曾受義務教育論

(二)自民國二十六年八月至二十七年七月止為第二期

在此期內凡八足歲至十二足歲之兒童均強迫入學其曾受二年短期小學教育或曾入普通小學肄業三年者以曾受義務教育論

(三)自民國廿七年八月至廿八年八月止為第三期

在此期內凡六足歲至十二足歲之兒童除已完成四年之義務教育者外一律強迫入學

第三條　本市兒童未達六足歲時不得入小學其未完成義務教育之兒童依照前條之規定不得因雇傭或家庭職務而碍其入學

第二章　學區之劃分

第四條　本市學區暫依自治區劃分為十一區（城區自治區與警察區相同鄉區自治區與警察區略有出入依自治區劃分）於第二條所規定之各時期中得由社會局依各區情形分定先後依次舉辦

第五條　各學區內視人口之疏密交通之情形劃分為若干聯合小學區每一聯合小學區應有學齡兒童一千人至四千人設立市立完全小學（市區或鄉區）一所聯合小學區內並酌分若干小學區每小學區設市立小學或短期小學一所

第六條　各學區實施義務教育時由社會局遴選適合人員為該區督

育委員主持該學區內左列事項
(一)宣傳義務教育之重要並勸告家長督促兒童入學
(二)擬具本學區內各項義務教育實施計劃、
(三)指導區內各項教育事宜
(四)各學期調查學齡兒童(見上)編製名冊及卡片
(五)籌設學校及編配新生所應入之學校
(六)強迫學齡兒童入學
(七)指導及督促區內私塾之改良

第七條　每一聯合小學區內設學董一人由小學校長兼任之協助教育委員辦理前條該區內應辦事項

第八條　各學區實施義務教育時由社會局聘請區長警察局局長暨熱心教育地方人士並指派學董及教育委員組織學區義務教育委員會協同辦理第六條各事項並以教育

委員為主席

第九條　教育委員除在社会局辦公外得就學區內指定一適中地點之小学為教育委員辦公處

第三章　入學

第十條　學齡兒童依照第二條之規定凡達學齡（六足歲）後（第一期九足歲第二期八足歲）以最初學期開始為就學之始期修畢初级小学或短期小學課程時為就學之終期

第十一條　學區教育委員學董应於學期開始兩月前會同警察局及保甲長等調查區內學齡兒童並編制兒童卡片及下學期應屆就學之兒童名冊

第十二條　學區教育委員於每年十二月底及五月底編制學齡兒童名冊後兩月內如學區內遇有左列事項時应由警察局隨時通知以便註入於學齡兒童名冊內：

（丁）学區内遇有下学期應屆或已屆学齡兒童遷入居住時

（戊）学區内已屆或下学期應屆之学齡兒童遇有死亡遷出本京或遷居別區時其遷居別區者並應通知該區教育委員記入於該區学齡兒童名冊内

第十三條 區教育委員應於每学期開学前一個月將應屆入学学齡兒童名冊抄送區公所由區公所或鄉鎮公所通知兒童家長或保護人

第十四條 凡應屆入學之兒童其家長或保護人於接到區公所或鄉鎮公所通知後應於三日内向該小学區内之小学簡易小学或短期小学登記登記完竣舉行聯合測驗視兒童之学力智力及各校各班之缺額兒童家長或保護人之請求及其經濟狀況由教育委員分別指定其應入之小学

第十五條 市立小学除完全小学酌設免費学額外簡易小学及短期小学

一律不收學費貧苦兒童並供給書籍及課業用品

第十六條　區教育委員於開學前五日將編配入學新生名冊通知各小學校長具請求轉學者亦應經教育委員核准後通知入學兒童入學後如中途轉學緩學或免學者應由教育委員照樣通知

第十七條　市立小學校長接受前條入學新生通知後應即轉知兒童家長或保護人一星期內如兒童未入學時須將姓名報告教育委員

第十八條　小學校長對於在校兒童若故缺席一星期時應即通知家長或保護人促其出席如仍繼續缺席一星期以上時應即報告教育委員

第十九條　凡應屆入學之兒童其家長或保護人未如期登記或兒童未如期入學或任意曠課者由區教育委員予以書面勸告其不受勸告者由社會局函知區公所由區公所或鄉鎮公所將姓名

榜示示警其仍不遵行者由社會局函請警察廳處以一元以上五元以下之罰鍰並仍限期責令入學

前項罰鍰仍作辦理義務教育之用

第二十條 凡應屆入學之失學學齡兒童其入國立公立或已立案私立小學或盲啞學校初級部及已許可設立之私塾肄業或因特殊關係就他學區或他省縣之學者應取具該肄業學校或塾師之證明書由家長或保護人送達本區教育委員

第廿一條 本市各小學應於學期開始一個月內將兒童學籍卡調製表完竣並須製訂出席簿記載其出席或缺席

第廿二條 小學校長於學期終了時應將畢業學生姓名及請求轉學退學生姓名造表報告教育委員

第四章 免學及緩學

第廿三條 實施義務教育期內學齡兒童之已在私塾或家庭受有

義務教育程度相當之教育者經本學區內小學或短期小学考查及格予以證明書以曾受義務教育論

第廿四條 小学或短期小学校長對於前條考查及格之兒童或在校而中途退学之兒童須向本学區教育委員報告

第廿五條 学齡兒童之有疾病或体弱經醫生證明或其他一時不能入学原因者得由其家長或保護人向區公所或鄉鎮公所具文請求緩学緩学期以一学年為限其有痼疾不堪受教育者得由其家長或保護人向區公所或鄉鎮公所具結請求免学

前項准予免学或緩学之学齡兒童應由區公所將名單函知社会局

第廿六條 小学校長對於罹有傳染病或性行不良或有神經病之兒童認為足以妨礙学校教育時得停止其出席学校但應即報

各區教育委員

第五章　附則

第廿七條　本辦法經南京市義務教育委員会議決由社會局呈經教育部市政府核准後公布施行

第廿八條　本辦法如有未盡事宜經南京市義務教育委員会提出由社會局呈請教育部市政府修正之

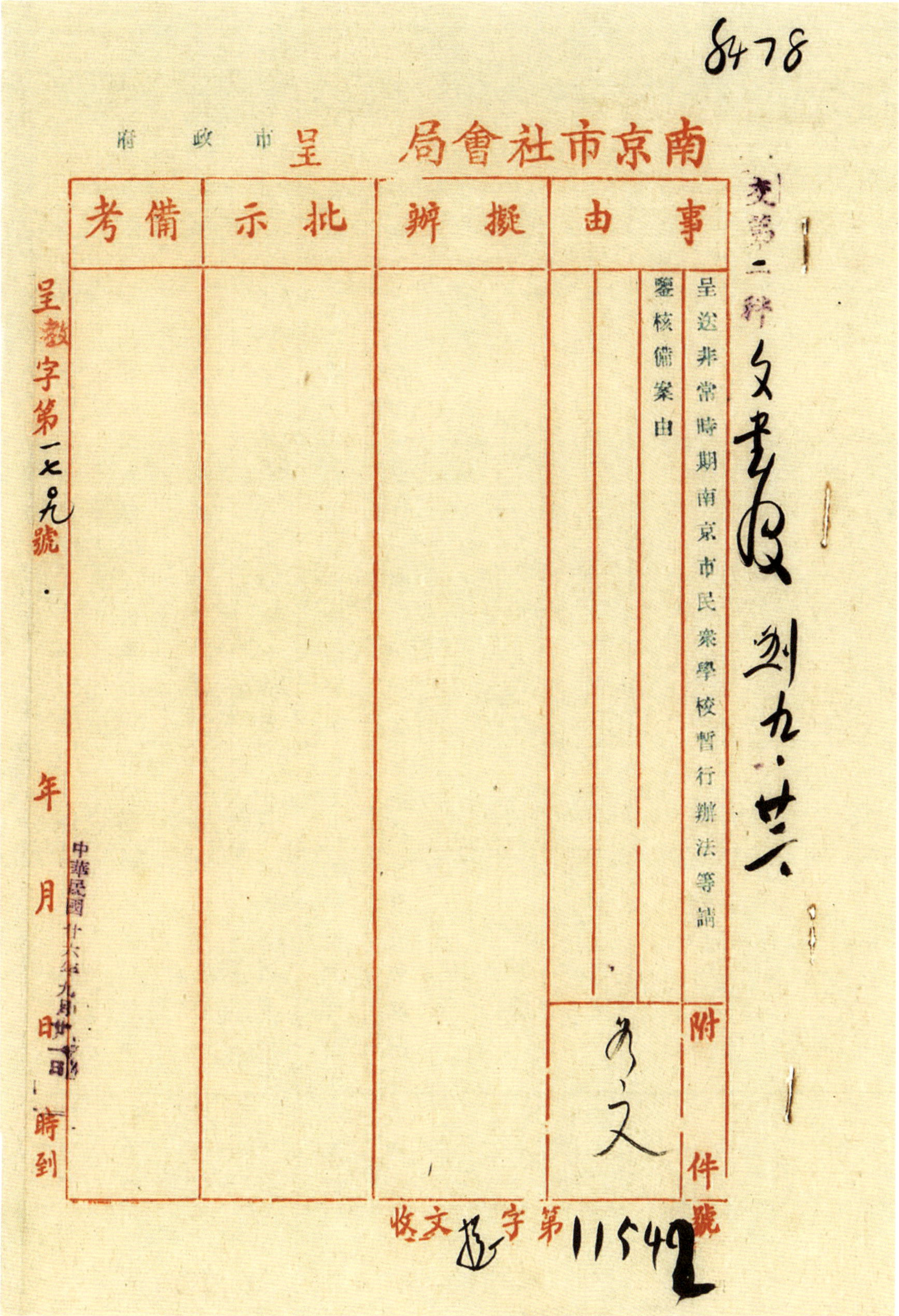

8478

南京市社會局 呈 市政府

事由	擬辦	批示	備考
呈送非常時期南京市民衆學校暫行辦法等請鑒核備案由			

附件：如文

呈教字第一七九號

中華民國廿六年九月廿一日

年 月 日 時到

收文 字第11542號

南京市社會局呈市政府《非常時期南京市民衆學校暫行辦法》《非常時期南京市立民衆學校推廣工作大綱》《非常時期南京市民衆學校課程大綱》（一九三七年九月二十一日）

檔號：1001-1-812

查市立各級民衆學校在非常時期內，其附設民衆夜校部份，暫予停辦；其專設民衆學校，因所負使命爲訓練民衆暨積極推行社會活動等工作，擬以最經濟最簡便之方法，照常辦理。惟民衆學校之設立，與市立小學性質不同，有關市立小學方面各項暫行辦法，頗多不適用之處。爰再擬訂非常時期南京市民衆學校暫行辦法，課程大綱，推廣工作大綱等三種，以利實施。除通令各校遵照外；理合繕具該項辦法大綱等，備文呈請

鑒核備案

謹呈

市長馬

計附呈非常時期南京市民衆學校暫行辦法課程大綱推廣工

作大綱各乙件

社會局局長陳劍如

中華民國廿六年九月二十一日

監印陳烈勛

校對龔宜書

非常時期南京市民衆學校暫行辦法

一、本市因戰時關係民衆教育之重要特斟酌現有財力人力之所及制定本辦法

二、本市各民衆學校爲節省公帑起見仍應辦理退租手續其校舍可借用附近之小學課室授課并辦公如學校爲市產或地點適用環境優良者可不必遷移仍以原處所爲學校辦公地點

三、本市各民衆學校開辦學級以一班至三班爲原則上課時間限定在上午其課程方面應減少原有課程分量增加戰時常識科目并改變課程内容其辦法另定之

四、本市各民衆學校除注意教導工作外尤應注重推廣工作其辦法另定之

五、教職員每月薪俸依照市府統籌辦法辦理校長兼教俸暫定爲三十五元教員三十元事務員仍爲二十元校工工資仍舊

六、本市各民衆學校之購置費一律停發其辦公費一級者拾元每增一級遞加五元

強迫識字教育委員會辦公印刷等費至少須八十元留局辦公費暫定爲

書首之全部作爲推廣工作及流動工作之費用課業用品費最低限度須照給

其餘仍由局代辦經費節費撥用

七、各校教職員離京者及留京者之待遇辦法照市立小學教職員同樣辦理之

八、本辦法自公布日施行并呈　府備案

非常時期南京市立民眾學校推廣工作大綱

一、本大綱依照非常時期南京市立民眾學校暫行辦法第五條訂定之、

二、南京市立各民眾學校於非常時期除日常工作照常進行外尤注重推廣工作之實施

三、推廣工作之實施分下列各項、

1、防空方法之宣傳、

2、救護方法之宣傳、

3、消毒與各種藥品使用方法之宣傳

4、國民戰時公債勸募之宣傳、

5、每日戰時情報、每日各校應黏貼五處以上、城内各校應於上午十八時、城外各校應於上午十二時前貼出、

6、組織救護隊、以急救醫務看護三班救護受傷之抗日戰士及受傷民眾、

7、組織運輸隊、分自行車、馬車、汽車、大車、担架等、搬運戰時必需物資等、

8、組織通訊隊、傳遞消息、通訊聯絡、

9、組織婦女勞作隊、以婦女充任慰勞、看護、縫紉、救護戰士及救護受傷戰士等項、充分利用無線電、留聲機、電影及話劇等、

10、組織勞作隊、以婦女充任之、分補衣、洗衣、烹飪等組、

11、組織募捐隊、募集救國捐款、

四、上項工作之進行、應與本地軍警各機關取得密切聯絡、除以本校畢業學生為基本之組織外、並盡量吸收校外民眾、

五、各民校對於上項工作、至少須規定三分之一以上、每週必須書面報告工作一次、以憑查核、

六、各民校工作時、社會局委派員監督視察、

七、本大綱自核准日施行、

非常時期南京市立民衆學校課程大綱

一、本大綱依照非常時期南京市立民衆學校暫行辦法第三條訂定之。

二、非常時期民衆學校課程內容。

甲、減少原有課程分量。

（1）減少識字科授課時間（每週為六百分鐘）（按本市民衆學校國語科授課時間原為八百分鐘）

（2）減少算術及習作科授課時間每週各為四十分鐘（按本市民衆學校算術及習作科授課時間原各為八十分鐘）

乙、增加戰時常識科目。增加戰時常識科目每週一百四十分鐘並增加課外活動時間。

三、改定課程內容。統以培養民族意識，激發抗戰熱情為主旨。

（1）紀念週（四十分鐘）

1、講述總理革命歷史。

2、

1、[illegible]

2、民族革命歷史、

3、民族英雄故事、

4、時事報告、

(二)公民訓練（八十分鐘原為四十分鐘現增加四十分鐘）

1、對於日本之認識、

2、個人與民族國家之關係、

3、防空防毒之訓練、

4、革命紀念日與國恥紀念日之宣傳

(三)國語、

1、原有教材一部編識字課本、

2、補充教材：討論種種關於救國方面之意見及鼓勵抗戰情緒

3、文字、

三、算術　仍用為頒課本並略加關於東北華北人口土地富源以及我國歷代割地賠款數目之計算、

四、充分灌輸戰時基本常識

1、防空防毒工具之構造及使用、

2、急救看護之知能及方法、

3、消防知能及方法、

4、毒氣防禦方法、

5、都市避難方法、

6、戰時公共安全維持法、

五、戰時基本常識除上述者外並視情形略加音樂科目藉以激發民眾抗敵之精神、

六、本大綱自核准日施行、

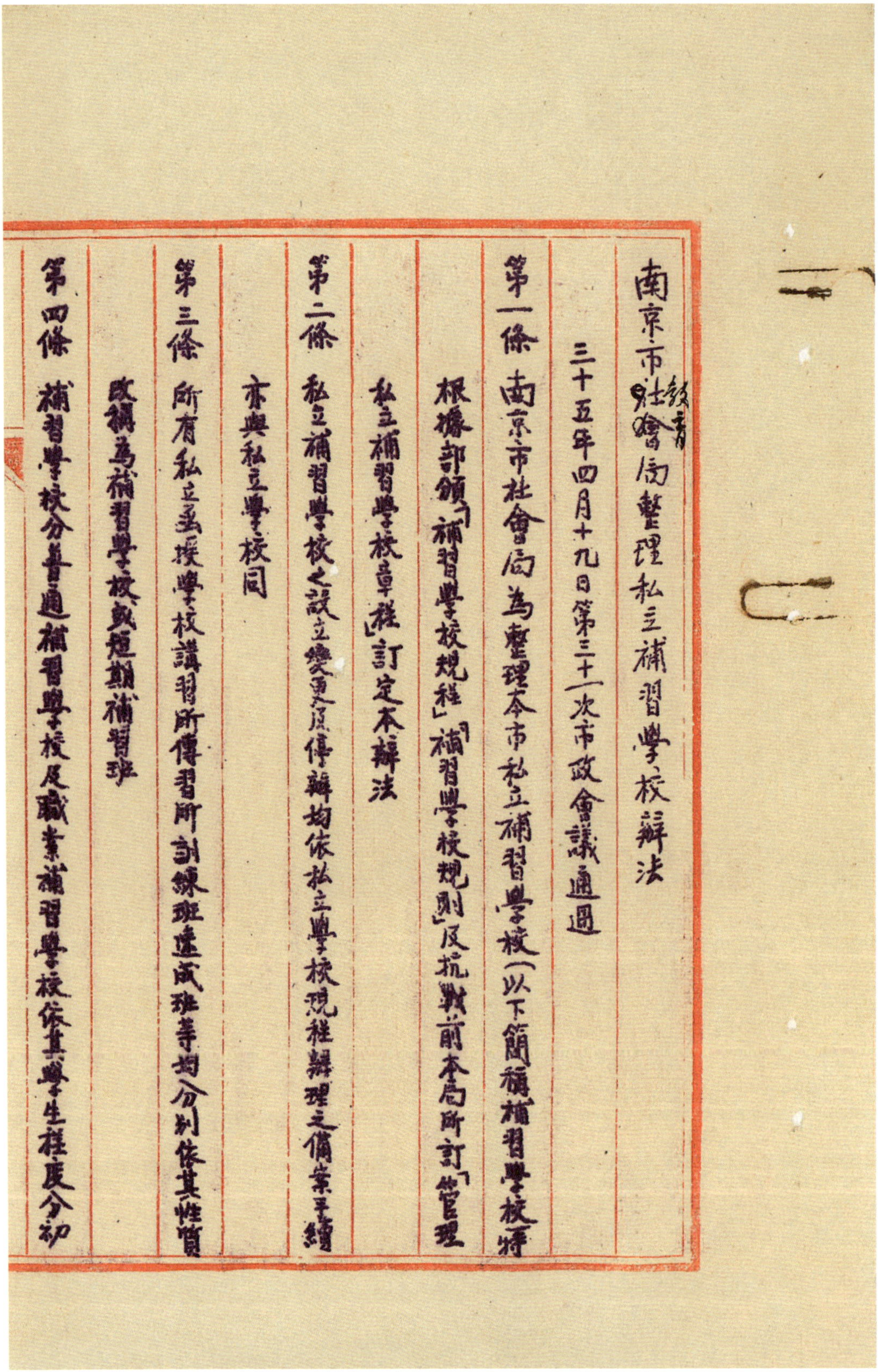
南京市教育局整理私立補習學校辦法

三十五年四月十九日第三十一次市政會議通過

第一條 南京市社會局為整理本市私立補習學校（以下簡稱補習學校）特根據部頒「補習學校規程」「補習學校規則」及抗戰前本局所訂「管理私立補習學校章程」訂定本辦法

第二條 私立補習學校之設立變更及停辦均依私立學校規程辦理之備案手續亦與私立學校同

第三條 所有私立函授學校講習所傳習所訓練班速成班等均分別依其性質改稱為補習學校或短期補習班

第四條 補習學校分普通補習學校及職業補習學校依其學生程度分初

南京市教育局制定《私立補習學校辦法》《補習學校規則》（一九四六年四月十九日）

檔號：1003-7-4

中高三級相當於小學高級部中級相當於初中高級相當於高中

第五條　各類各級補習學校得單科設立或數科合併設立專科設立者稱某某科補習學校數科合併設立者稱補習學校其期限在六月以內者稱短期補習班

第六條　補習學校之班次編制分科及課程學生及入學成績考查及結業修學時間學生轉學及升學資格每學期開始應呈報事項等均依部頒「補習學校規則」辦理之

第七條　私立補習學校無論已否備案均須在指定期內（日期另行登報公佈）填具表格前來本局申請登記其未備案者應依「補習學校規則」呈請備案

第八條 申請登記時填具下列表格

一、學校概況表 (一)名稱 (二)宗旨 (三)校址 (四)性質 (五)科目 (六)程度 (七)設備 (八)修業期限 (九)開辦年月 (十)辦理經過 (十一)負責人 (十二)經費來源 (十三)收費額 (十四)教職員及學生數 (十五)教職員待遇 (十六)已否備案 (十七)備註

二、教職員履歷表

三、學生名冊

四、課程時數及教學用書

五、收支預算表

第九條 凡逾本局指定登記日期一月以上尚未來局履行登記者即予停閉，已備案者並得撤銷之

第十條　本局得隨時派員赴各校視察其辦理成績優良者予以獎勵或補助經費不合規定者停閉

第十一條　在偽政府時代設立而有附敵情形及不利國家行為者不予登記並勒令停閉

第十二條　在抗戰前設立而有相當成績因戰事關係停辦者經提出確實證明申請登記核准予恢復並重行備案

第十三條　各類補習學校收費依其學生程度不得超過小學初中及高中所收學費其收費額須先擬定數目呈經本局規定

第十四條　凡經本局核准備案之補習學校須遵照規定鈐記式樣自行刊刻呈報本局核准後始可使用

第十五條 本辦法自奉核准公佈之日施行

補習學校規則

第一章 總則

第一條 本規則依補習學校法第十四條之規定訂定之

第二條 補習學校分普通補習學校及職業補習學校各依其所補習科目或採用教材之程度分初中高三級初級普通及職業補習學校相當於中心國民學校之高級部中級普通及職業補習學校相當於初級中學及初級職業學校高級普通及職業補習學校相當於高級中學及高級職業學校前項各類各級補習學校得單設或合設合設者稱補習學校其僅設一科學科之補習學校得冠以學科之名稱為應社會需要公私機關團體學校及公營事業機關並得附設短期補習班

第二章 設置及處理

第三條 省(市)立補習學校之設立變更及停辦應先由省市教育行政機關擬具計劃或理由呈報教育部核准後辦理縣(市)立補習學校之設立變更及停辦應先由主管教育行政機關擬具計劃或理由呈報省教育廳核

准後办理並由教育廳轉報教育部備案
私立補習學校之設立變更及停办應依照私立學校規程内所規定程序办理並應轉報教育部備案
各公私机関團体學校及公營事業机構附設補習學校之設置及處理与公私立補習學校同
公私立補習學校之設立變更及停办不依前項規定程序办理者上級教育行政机関得撤銷之

第四條

省(市)立補習學校以所在地地名名之縣(市)立補習學校冠鄉縣(市)立補習學校(地有立别相同之公立補習學校二所以上時得再冠以數字區別之私立補習學校應採用專有名稱

第五條

公私立補習學校應行呈報事項如左、、
一、每學年開始後一個月内應再將本校本年度經費預算業務進行計劃上年度經費决算教職員更動情形呈報主管教育行政机関備案
二、每學期或每學科開始時應將設置學科教材教學時

數教學進度、教職員一覽表、學生名册呈報主管教育行政机關備案

三、每期或每一學期結束時應將畢業學生成績、教材、各學科最後進度、辦理經過、教職員更動情形呈報主管教育行政机關備案

第六條 省（市）立、縣（市）立補習學校開辦經常臨時各費分別由省（市）縣（市）款内支給，私立補習學校開辦經常臨時各費由校董會支給，附設補習學校之開辦經常臨時各費由其設立机關學校、机構或團體或其校董會支給

第七條 補習學校應具備教學上必要之設備，職業補習學校並應具備或特約補習場所

第二章 編制

第八條 各級補習學校學生得依程度分設班次：

一、初級普通補習學校及初級職業補習學校各分第一、第二兩級，其補習學科或教材程度分别相當於中心國民學校高級部之五年級、六年級

二、中級普通補習學校或中級職業補習學校各分第一

第一第二三班其補習學科或教材程序分別相當於初級中學或初級職業學校之一年級二年級三年級

三、高級普通補習學校及高級職業補習學校各分第一、第二第三三班其補習學科或教材程度分別相當於高級中學或高級職業學校之一年級二年級三年級

四、短期補習班　視其補習學科或教材程度分班教學分別相當於各學校之年級

第九條　補習學校每學級人數以二十人至五十人為度

第十條　補習學校學生以男女分班或分校教學為原則

第四章　分科及課程

第十一條　補習學校採用學科制得分科教學

第十二條　各級補習學校學科應照下列規定分別設置

一、初級普通補習學校為國語算術常識（即社會自然等科

二、中級普通補習學校為公民國文數學自然科學（包括博物生理衛生化學物理）歷史地理外國文學科

三、高級普通補習學校為公民、國文、外國文、數學、博物、礦物、化學、物理、歷史、地理等科

四、各級職業補習學校分普通學科及職業學科二種。初級職業補習學校普通學科為國語、常識（即社會、自然）、算術等科，職業學科職業學校得依據實際需要自行擬訂，呈經主管教育行政機關核准後行之。中級及高級職業補習學校普通學科為公民、國文、數學、外國文、史地、理化（中級為博物）等科，職業學科應依照教育部規定之各該級職業學校課程辦理，經呈准後並得增設實際需要之其他科目

五、短期補習班學科由設立人視實際需要自定之，但須事先呈經主管教育行政機關核准備案

第十三條　補習學校課程標準，除初級職業補習學校另行須訂外，其餘均適用同類同級正式學校之課程標準

第十四條　職業補習學校實習應佔全數學時間百分之二十至三十，惟工廠機關附設者得將實習時間酌量減少

第十五條　補習學校應實施公民訓練，並應斟酌情形實施體育及音樂活動

第五章　學生及入學

第十六條　補習學校學生不分性別入學年齡初級中級須在十二足歲以上高級須在十四歲以上

第十七條　各級補習學校學生入學資格如左

（一）初級普通補習學校及初級職業補習學校學生須具左列資格之一

（1）高級成人班或婦女班畢業者

（2）國民學校或中心國民學校中級部修業期滿者

（3）有同等學力者

（二）中級普通補習學校及中級職業補習學校學生須備左列資格之一

（1）初級普通補習學校或初級職業補習學校畢業者

（2）中心國民學校高級部畢業者

(乙)有同等學力者

三、高級普通補習學校及高級職業補習學校學生須具備左列資格之一

(1)中級普通補習學校或中級職業補習學校畢業者

(2)初級中等學校畢業者

(3)有同等學力者

四、短期補習班學生具有同等學力者均可入學

第十八條　補習學校學生入學須經編級試驗及格初級中級普通及職業補習學校編級試驗以國文公民常識為必試科目高級普通及職業補習學校編級試驗以國文公民本國史地數學（或英文算術）為必試科目職業補習學校及短期補習班並得選定其修習學科有關之科目以種或二種試驗之

第六章　成績考查及結業

第十九條　補習學校學生平時考查由教員舉行臨時試驗結業時

應舉行結業試驗

第二十條　每學科缺習時數達該科教學總時數三分之一以上之學生不得參與該科結業試驗

第二十一條　補習學校學生在每一班修習某一學科期滿或在校時某一學科或時全部學科修業完畢經試驗成績及格由校發給某科某班或某級學業及格證書

學業及格證書另訂之

第七章　教學時間

第二十二條　補習學校上課時間採用下列方法之一

一、按日制　每日上下午或晚間上課至某種學科授畢為止按日教學並不間斷者

二、間日制　在星期日上課或每星期內某幾日上課其餘日期並不教學者

上項補習學校上課時間除每日每星期指定日間或夜間一部份時間授課外並得於寒暑假或其他特定時間辦理之

第二十三條　補習學校上課採用按日制者每日上課時間不得少於

兩小時採用間日制者每次上課時間不得少於二小時其每週授課時數與時間得由學校依地方情形及補習學科性質訂定呈請主管教育行政機關核准

第廿六條 補習學校每一種學科教學總時數不得少於同級正式學校課程標準內規定總時數三分之二每一種學科修業期限不得少於兩个月

其編制並得採學月制與學科制前者以學期為單位以修滿若干學月為終了後者以學科為單位以修滿某一學科為終了

第八章 轉學及升學資格

第廿七條 各級補習學校得收同級正式學校程度相當或程度相銜接之學生(如中級普通補習學校第三班得收受曾在初級中學三年級肄業或在初級中修業二年級課程之學生)

前項學生入學時須繳驗正式學校成績單成績及格者得免除入學試驗

第廿八條 補習學校各班學生修畢同級正式學校每該班程度相當之年級之主要學科並試驗及格者得以同等

學力投致正式學校程度相銜接之班次肄業（如中級普通補習學校第一班學生在補習學校內修初中一年級主要學科修習完畢成績及格者得考入初級中學二年級肄業）

第廿七條　各級補習學校學生修畢規定學科並經試驗及格者得以同等學力投考與原補習學校程度相銜接之正式學校（如中級普通補習學校學生在補習學校內修畢規定學科成績及格者得投考高級中學一年級）

第廿八條　補習學校學生修畢同級正式學校各種主要學科並經試驗及格得由主管教育行政機關舉行考驗及格者得由主管教育行政機關給予資格證明書其所證明之資格與同級正式學校之畢業資格同

前項考驗辦法另訂之

第廿九條　短期補習學校不適用本條之規定

公立或已立案之專科以上學校得依實際需要開設各

該校程度相當之補習科目選取合格學生其修業完畢經試驗及格者由學校給予各該科目之學分證明書

第九章　待遇

第卅條　補習學校不收學費

第卅一條　補習學校得酌收講義費灯油費職業補習學校並得酌收實習費膳宿學生並得核實征收膳費但須呈經主管教育行政機關核准

第十章　教職員及學校行政

第卅二條　補習學校設校長或主任一人綜理校務下設總務及教導兩組各設主任一人組員若干人

第卅三條　補習學校教員由校長或主任開具合格人員詳細履歷呈請主管教育行政機關核准後由學校聘任職員由校長或主任任用呈報主管教育行政機關備案

第卅四條　補習學校應設置經費稽核委員會由教職員中公推三人至五人組織之（校長或主任總務主任事務員均不得參加）輪流充當主席負審核收支賬目及單據之

責每月開會一次

職業補習學校並應設置職業指導委員會以校長或主任各組主任及有關教員組織之以校長或主任為主席負指導繼業學生就業之責每半年至少開會一次

第廿五條 補習學校於必要時得增設其他各種委員會或舉行各種會議

第廿六條 補習學校校長或主任及教員須分別具備同級正式學校校長及教員之資格其待遇標準亦分別適用同級正式學校之待遇辦法

第八章 附則

第廿六條 其他與補習教育有關之業餘補習班升學預備班講習會傳習所等均應一律改為補習學校或短期補習班適用本規則有關各條之規定

第廿七條 本規則自公布之日施行

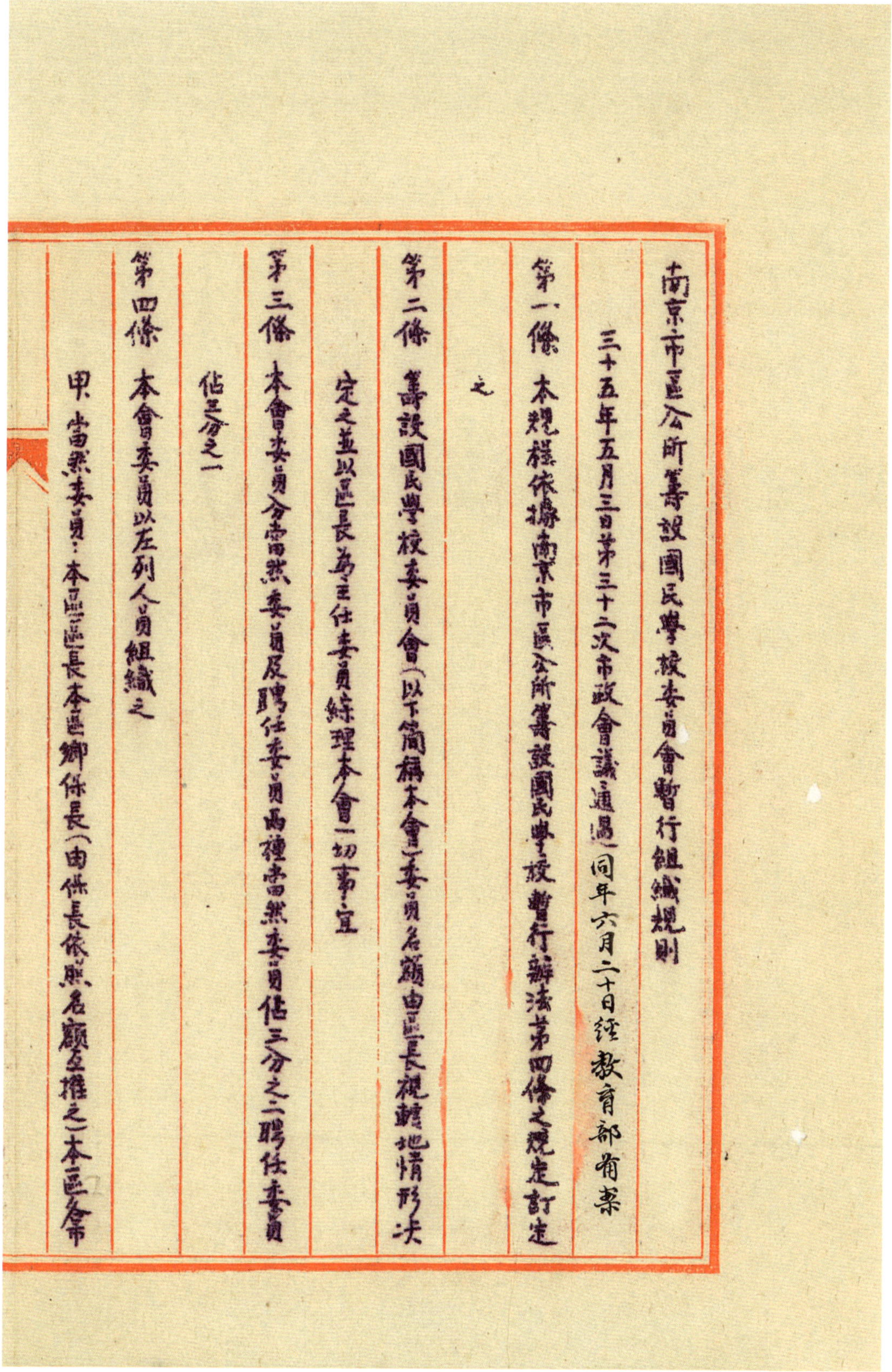
南京市區公所籌設國民學校委員會暫行組織規則

三十五年五月三日第三十二次市政會議通過（同年六月二十日經教育部備案）

第一條 本規程依據南京市區公所籌設國民學校暫行辦法第四條之規定訂定之

第二條 籌設國民學校委員會（以下簡稱本會）委員名額由區長視轄地情形決定之並以區長為主任委員綜理本會一切事宜

第三條 本會委員分當然委員及聘任委員兩種當然委員佔三分之二聘任委員佔三分之一

第四條 本會委員以左列人員組織之

甲、當然委員：本區區長本區鄉保長（由保長依照名額互推之）本區各市

南京市教育局制定《南京市區公所籌設國民學校委員會暫行組織規則》（一九四六年五月三日）

檔號：1003-7-4

立中心國民學校校長

乙、聘任委員本區熱心教育人士

第五條　本會設左列四組

甲　總務組

乙、教育推廣組

丙、基金籌集組

丁、保管組

第六條　前條各組各組設組長一人由委員互推之幹事若干人由區公所職員擔任之分掌各該組一切事務

第七條　總務組之職掌如左

1. 關於文件撰擬及收發繕校事項
2. 關於印信及案牘保管事項
3. 關於會計事項
4. 關於庶務事項
5. 關於經費統計及報銷事項
6. 關於不屬於其他各組之事項

第八條　教育推廣組之職掌如左

1. 關於籌設學校事項
2. 關於校舍修理及建築事項
3. 關於學校設備之設計事項

4.關於學校對外交涉事項

5.關於學齡兒童及成年失學民眾人數調查事項

6.關於失學兒童及成年不識字民眾強迫入學事項

7.關於清寒兒童書籍之籌集保管借用事項

第九條　基金籌集組之職掌如左

1.關於公款公產調查及處理事項

2.關於學校基金募集事項

3.關於生產事業之籌設處理事項

第十條　保管組之職掌如左

1.關於教育公款公產之保管事項

乙、關於教育基金保管事項
丙、關於產業收入之保管事項
丁、關於基金利息之保管事項
戊、關於一切款項之劃撥事項
第十一條　本會委員均為無給職幹事可酌給津貼
第十二條　本會每月須開常會一次並得舉行臨時會議均由主任委員召集之
第十三條　本會委員對於職務上確有勞績者得由主管教育行政機關呈請市府獎勵之
第十四條　本規則呈奉市政府核准並轉咨教育部備案後公布施行

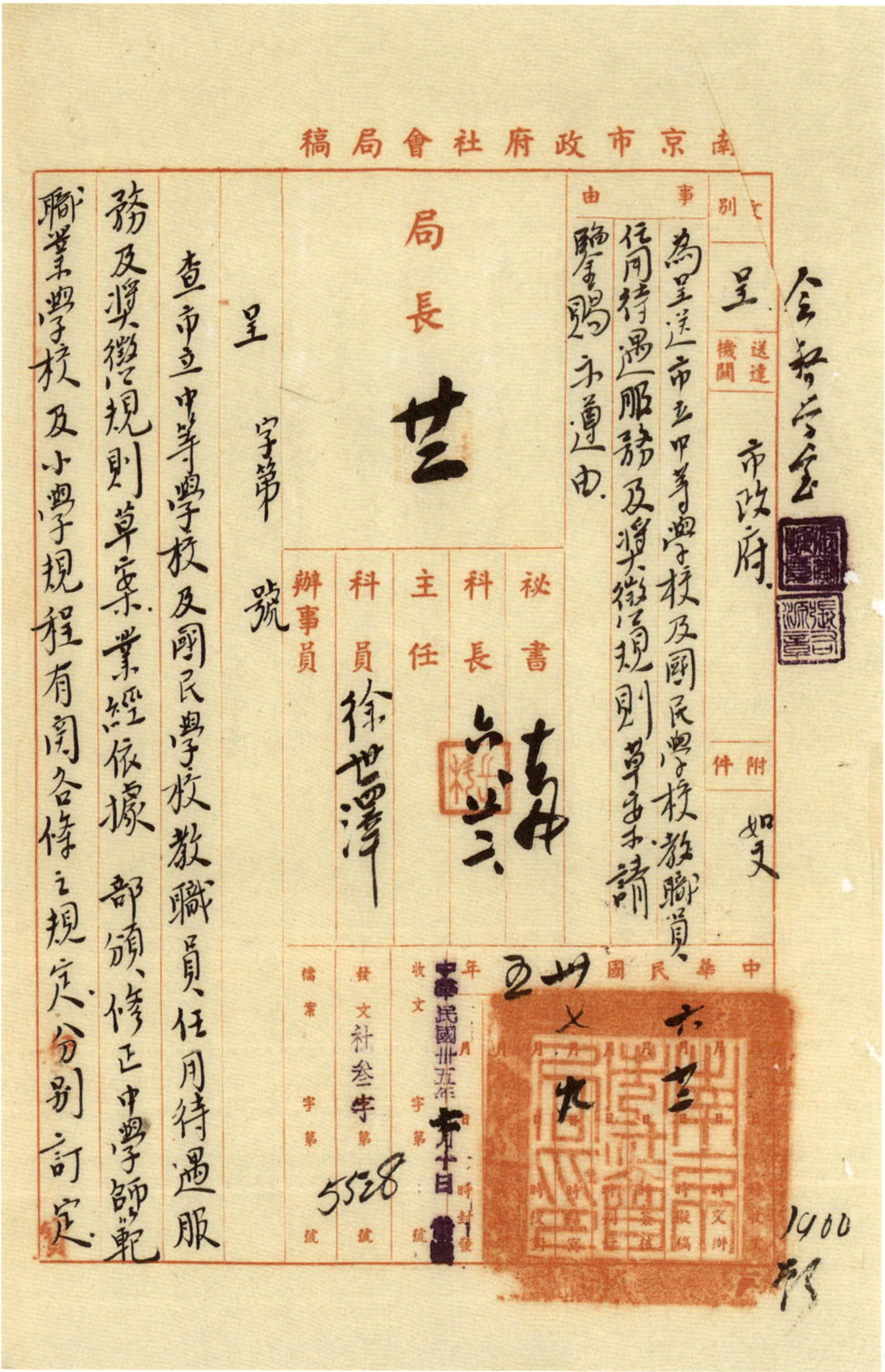
南京市政府社會局稿

文別：呈

送達機關：市政府

事由：為呈送市立中等學校及國民學校教職員任用待遇服務及獎懲規則草案請鑒賜示遵由。

附件：如文

局長

秘書　科長　主任　科員 徐世澤　辦事員

呈　字第　號

查市立中等學校及國民學校教職員任用待遇服務及獎懲規則草案，業經依據部頒修正中學師範職業學校及小學規程有關各條之規定，分別訂定

中華民國卅五年七月

收文　字第　號

發文社叁字第5528號

檔案　字第　號

中華民國卅五年七月十日

南京市社會局呈送市政府《南京市立中等學校教職員任用待遇服務及獎懲規則草案》

（一九四六年七月十日）

檔號：1003-7-5

並提經本年六月十九日第二十四次局務會議通過在案紀錄

卷。該項規則是否可行，理合抄同原草案，備文呈請

鑒核示遵。謹呈

市政府

附呈抄南京市立中等學校教職員任用待遇服務及獎

懲規則草案及南京市國民學校教職員任用待遇服務進修

及獎懲規則草案各一份。

社會局局長陳〇〇呈

請督學室詳核

業經督學室審核呈閱

督學室會核

南京市立中等學校教職員任用待遇服務及獎懲規則草案

第一章 總則

第一條 本規則依據部頒修正中學師範及職業學校規程有關各條之規定訂定之

第二條 凡市立中等學校教職員之任用待遇服務及獎懲除遵照部頒法令外均依本規則辦理

第三條 中等學校分初級中學高級中學（合設初高二級者稱中學）師範學校初級職業學校及高級職業學校（合設初高二級者稱職業學校）其教職員由校長教員及職員均以專任為原則

第四條 中學以四學級為最低額以每學級三班合共十八學級為最高額初級中學以二學級為最低額以每學級四班合共十二學級為最高額師範學校職業學校以三級

為最高額初級職業學校以六學級為最高額

第五條 中等學校每校設校長一人其教職員人數除科任教員依應有授課時數核定外學級在六級以下者設教導主任一人級任導師每級一人會計庶務文牘員各一人校醫一人書記一人至二人如設有圖書及儀器標本室者酌設管理員一人學級在七級以上者除上列各員外得加設訓育及事務主任各一人（原有教導主任得改稱教務主任）教務及訓育員一人至二人並每增三學級平均加事務員及書記一人職業學校除另設實習主任外設科務多者設科主任若干人其有實習生產組織者並得視業務之繁簡酌設技師幹事及管理員等師範學校附屬小學之教職員人數依照市立小學標準酌量核定

前項各主任及級任導師均由專任教員兼任之

第六條 中等學校於必要時得酌設兼任教員但不得超過全體教員人數四分之一爲

[redacted]

第七條 中等學校校長由社會局遴選合格人員呈准市政府委任之教職員由校長遴選資

歷相當人員呈請社會局登記經審查合格後聘任之書記事務助理等職員由

校長遴選相當人員按照規定月薪等級僱用並呈報社會局備案

第二章 資格

第八條 中等學校校長以品行端正才學兼優合於左列各項之資格者爲合格

一、初級中學 須具有部頒修正中學規程第一〇七條或第一〇八條之資格

二、高級中學 須具有部頒修正中學規程第一〇七條及第一〇八條之資格

三、師範學校 須具有部頒修正師範學校規程第一一〇條之資格

四、初級職業學校　須具有部頒修正職業學校規程第八九條暨九〇條之資格

五、高級職業學校　須具有部頒修正職業學校規程第八九條及第九〇條之資格

第九條　中等學校教職員以品學優良合格左列各項之資格者為合格

一、初級中學　須具有部頒修正中學規程第一一一條暨一一〇條之資格

二、高級中學　須具有部頒修正中學規程第一一〇條及第一一一條之資格

三、師範學校　須具有部頒修正師範學校規程第一一二條之資格

四、補習學校　須合格左列各項資格之一

1、合格部頒修正職業學校規程第九三條之規定者

2、經初級職業學校職業學科師資登記檢定合格者

3、初級職業學校職業學科師資訓練所機關畢業者

4、普通學科教員依照初級中學教員資格之規定

五、高級職業學校 須合於左列各項資格之一

1、合於部頒修正職業學校規程第九二條之規定者

2、經高級職業學校職業學科師資登記檢定合格者

3、高級職業學校職業學校師資訓練機關畢業者

4、普通學科教員依照高級中學教員資格之規定

前列各項之資格於必要時得經社會局審查證件合格後聘任之

第十條 中等學校之醫及各任事務人員與書記等得不適用前條各項之規定但校醫須有相當之學歷及經驗並經衛生行政機關核准登記其會計員教務員訓育員圖書儀器標本管理員須具有高級中學畢業程度或有各該項事務上之經驗者方為

令核

第十一條　中等學校聘教員如具有各中等學校無試驗檢定或職業學科師資登記之資格而尚未依規定手續者應先將證件呈局受無試驗檢定或履行職業學科師資登記

第十二條　依照部頒中學及師範學校教員檢定辦法及各省市職業學校職業學科師資登記檢定及訓練辦法大綱凡應受試驗檢定之教員由社會局定期舉行考試考試及格者發給檢定及格證

第十三條　凡教職員資格之審查檢定及考試事宜均由社會局指派或聘請委員若干人組織委員會處理之

第三章　聘任手續

第十四條

中等學校校長經社會局派員視察後認為辦理成績優良，連同視察報告

呈請社會局核發正式委狀

第十五條 中等學校教職員聘約初聘以一學期為一期，期滿得繼續聘任，續聘任期為一年，但

教員不在學年度開始時之續聘，仍應以一學期為一期

第十六條 中等學校續聘教職員應將聘約連同原根據案卷於開學一週內造呈社會局

核定之薪額加蓋社會局鋼印後方生效力，其新聘教職員並應將聘約連同原根

相關各項證件於開學之週前呈送社會局，經審查合格，核定薪額，加蓋社會局

鋼印後方生效力

第十七條 中等學校校長應於學期開始上課一週內將全校教職員姓名、履歷、登記類別、擔

任職務、各學年級教學科目、任課時數及核定薪額詳細列表呈報社會局備查

第十九條　中等學校教職員之聘約期中方不得隨意解約期滿後如不續聘或不願續任應於一個月前通知

第廿條　在同一校內連續服務滿五年以上並曾受加獎之教職員如因故不予續聘應先函校長呈經社會局核准

第廿一條　中等學校會計員除由校長及事務主任負責監督外如有疏忽應連帶負責並飭令其於任職前覓取本市殷實舖保填具保證書轉呈社會局

保證書格式如左

第四章 待遇標準

第二十二條 中等學校教職員之薪級規定如左

級別	薪額
1	400
2	390
3	380
4	370
5	360
6	350
7	340
8	330
9	320
10	310
11	300
12	290
13	280
14	270
15	260
16	250
17	240
18	230
19	220
20	210
21	200
22	190
23	180
24	170
25	160
26	150
27	140
28	130
29	120
30	110
31	100
32	90
33	80
34	70
35	60
36	50

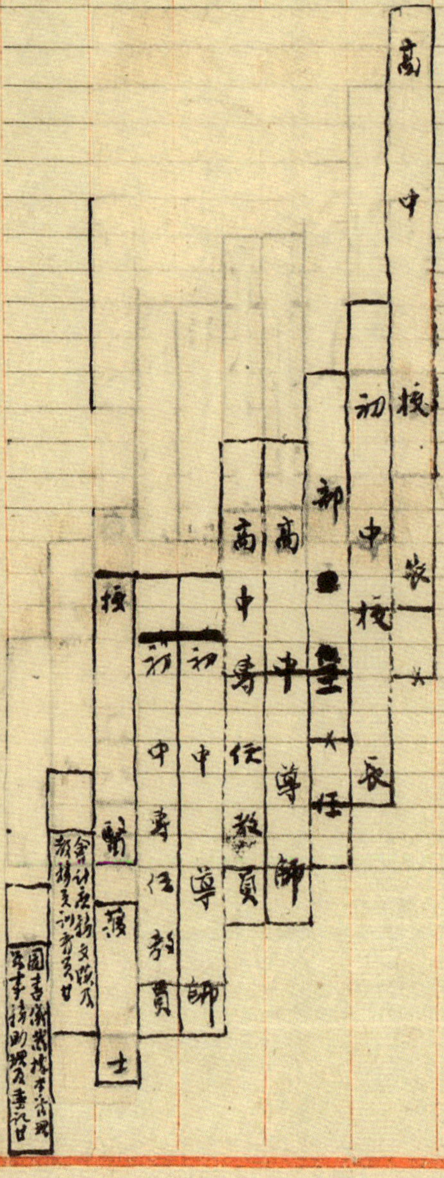

第二十三條 中等學校校長之月薪等級視各人之學歷經驗及其職務之繁簡由社會局依照前條

薪级表酌量核定兼任教课不另加薪

第二十四条　中等学校专任教员之月薪等级视其资历之深浅核定其标准如左

薪学级历/级别	初级	高级
在大学研究院研究二年以上得有证明文件者	自第廿五级起支薪	自第廿三级起支薪
大学本科或高等师范本科毕业或有一年以上之教学经验者	自第廿七级起支薪	自第廿五级起支薪
三年专科师范专门学校毕业有业务二年以上之教学经验者	自第廿九级起支薪	自第廿七级起支薪
艺术师范本科或高中师范科毕业具有中等学校三年以上之教学经验者	自第卅一级起支薪	

备考

1、初级职业学校比照初中标准支薪，高级职业学校及师范学校比照高中标准支薪

2、兼任初高两级课程者得视其学历比较其所任两级时数之多寡或酌增时数按照高级标准支薪或酌减时数按照初级标准支薪亦得按照初高两级标准折中支薪

3、兼任教务训育事务主任之专任教员比照其本职支薪标准晋两级支薪

4、在本市之中等学校一校连续服务二年以上确有成绩者得晋一级或二[illegible]薪

考

級支薪

兼任教員之月薪按照其每週授課時數之多寡比例支給

第十五條 中等學校之醫及專任事務員之月薪視其職務繁簡酌核定其標準

職員 薪級 學校範圍	六級以下者	七級以上者	十一級以上者	十五級以上者	備註
會計員	30—30	28—29	26—27	25	六級以下之學校僅設護士一人其校醫得與其他同等學校合聘之
庶務員	30—31	28—29	26—27	25	
文牘員	30—31	28—29	26—27	25	
教務員訓育員		28—29	26—27	25	
圖書館管理員	32—33	31—32	30—31	29—30	
儀器標本管理員	31—32	30—31	29—30	28—29	
書記事務助理	35—36	34—35	33—34	32—33	
護士		24—25	23—24	22—23	
醫士	32—33	31—32	30—31	30	

第二十五條 中等學校軍訓教官及助教應支薪級由軍訓部核定之童子軍教練員比照應支薪級專任教員酌定之

第二十六條　中等學校除上列規定之教職員外其有特殊人員如職業學校之技術助理等得由各校比照前表擬訂呈經社會局核准支給

第二十七條　中等學校聘請教職員於開學前二週送局核准者自學期開始時支薪中途聘請之教職員自到校上課之日起支薪

第五章　年功加俸

第二十八條　中等學校教職員年功加俸必須採用晉級制於學年開始時核定之

第二十九條　中等學校教職員之年功加俸以連續在一校任事並經社會局調任或得原校校長許可手續呈准轉至本市之其他同等學校任職並支同級薪者為限

第三十條　中等學校校長之成績由社會局核定為甲乙丙丁四等列入甲乙二等者得予年功加俸其標準如左

一、成績連續列甲者

1、凡支第五級或第八級以下之月薪者服務滿二年得遞晉一級支薪

2、凡支第五級或第八級以上之月薪者服務滿二年得遞晉一級支薪

二、成績連續列乙等者

1、凡支第五級或第八級以下之月薪者服務滿三年得遞晉一級支薪

2、凡支第五級或第八級以上之月薪者服務滿三年得遞晉一級支薪

第三一條 中等學校專任教職員之成績經校長考查呈報社會局教育局依據視察報告核定為甲乙丙丁四等列入甲乙二等者得予年加俸其標準如左

一、成績連續列甲等者

1、凡支第廿級第五級或第五級以下之月薪者服務滿一年得遞晉一級支薪

3、凡支第[illegible]级至第[illegible]级或第[illegible]级以上之月薪者服务满二年以上得递晋一级支薪

二、成绩列乙连续二年者

1、凡支第[illegible]级至第[illegible]级或第[illegible]级以上之月薪者服务满二年得递晋一级支薪

2、凡支第[illegible]级至第[illegible]级或第[illegible]级以上之月薪者服务满三年得递晋一级支薪

第三十二条 中等学校专任教员之年功加俸得其成绩之等第并按照其所得月薪平均数相当之等级酌量核定

第三十三条 年功加俸最高额均以达到本职最高薪级为止，如仍年资皆久服务成绩优良者得另予奖励，不再增薪。专任事务人员之年功加俸由校长按其年资酌量拟订呈请社会局核准

第三十四条 中等学校校长及教职员升调时如因年功加俸关系其原薪额现职标准薪级为高者

依原薪支給額現職標準薪額為低者支現職薪

第三五條 中等學校校長暨教職員如因降調或職務減輕時應改支現職標準薪額但因年功加俸所晉級數仍得按照現職月薪之等級照加

第六章 撫卹及退休

第三六條 中等學校教職員之撫卹及退休除依照國民政府公布之學校教職員撫卹條例及學校教職員退休條例外現任教職員如有左列情形之一者得由社會局給予一次卹金

一、連續在一校服務滿三年以上者死亡時

二、連續在一校服務滿五年以上者死亡時

三、連續在一校服務滿十年以上者死亡時

第三七條　合於前條第一項者給予最後月俸二個月之卹金，合於前條第二項者給予最後月俸四個月之卹金，合於前條第三項者給予最後月俸六個月之卹金

前條所稱月俸包括月俸加倍及生活補助費在內

第三八條　請領卹金應由該教職員之法定繼承人開具履歷事實及請領卹金額連同死亡相證件送由服務學校校長呈請社會局派員調查確實後轉呈市政府核准

第七章　服務

第三九條　中等學校校長秉承社會局之命綜理全校事務並應遵照部頒修正中學規程第九十三條、師範學校規程第九十六條及職業學校規程第七十四條擔任教學，除主外其有兼任他職務

但有特殊情形得呈請社會局酌減其教學時數

第四〇條　中等學校教職員在專任校長以下全校職務及課務除擔任本校職務外不得兼校

兼任他職

第四一條　中等學校校長及教職員應共負學生訓育責任以身作則並以住校為原則與學生共同生活為原則

第四二條　中等學校教職員之每週授課時數規定如左

學校等級／每週任課時數／職別	高中		初中	
	最少	最多	最少	最多
校長	六小時		四小時	
主任	九小時		十小時	
導師	十二小時	十六小時	十二小時	十六小時
專任教員	十八小時	二十二小時	二十小時	二十四小時

附注：

1、国文、英文、数学、理化、博物批改练习或报告及体育科早操得照抵授课时数，国文以每级二小时，英文、数学以每级一小时，英文、理化、博物以每级半小时，早操以每週二小时为度，但担任课外自习及课外运动指导不得另计时数。

2、教员担任师范学校实习学科，初级得加至二十小时，高级得加至二十八小时。其兼任实习主任或科主任者，视其事务繁简，比照原标准酌量核定。如担任女生指导员，其待遇标准与级任导师同。

第四三条 专任教员须详细批改学生之作文、演草、笔记、报告及其他练习簿，并应指导学生之自修、课外阅读及作业等，分别考核其成绩。兼任教员除本人担任部份应有事项负责处理外，应分任课外指导之责。

第四四条 中等学校教职员应出席纪念週及各种集会[illegible]，并参与社会活动之指导[illegible]

於各種教育試驗報告試驗結果與研究心得

第四五條　教導主任秉承校長處理教務訓育事項教務主任訓育主任秉承校長分掌教務訓育事項事務主任秉承校長掌理教務及訓育以外事項級任導師秉承校長襄助教導主任辦理教務訓育並任掌理各該級學生教導事項其他各員依照規定分掌各該員主管事項其詳細由各校另訂教職員服務細則呈報社會局核准施行

第四六條　會計員處理會計事宜應遵照社會局規定會計程式及報銷手續隨時辦理報核

第四七條　中等學校專任教職員在校時間每日至少八小時假期中除輪流駐值者外如有要事應隨時到校處理

第四八條　中學學校教職員在學期中途不得辭職如辭職時應退繳還薪俸或其所領之薪金但經校醫生證明因病不能執行職務者不在此限

第八章　請假規則

第四九條　中學學校教職員非因疾病及特別事故不得請假

第五〇條　教職員請假應自請合格人員代理且須得校長同意請假一星期以上應填三聯請假單檢同證件於三日前呈社會局核准備查請假一月以上者並須將代理人合格證件一併呈驗

第五一條　校長請假一日以上即須填具請假單先行呈請社會局核准請假一星期以上應依照前條規定辦理

第五二條　校長請假時除課務得請校內合格人員代理外其職務應請校內主任代理

系主任或兼任导师请假在一月以内其除课务得请校外人员代理外其职务

为应请校内相当人员代理

第五三条　女教员因生产请假其假期规定为四十二日并应请人员负责代理由校长

将代理人姓名履历检同毕业证书及服务证明于假期前二星期呈请社会局核准

第五四条　专任女教员因生产请假其代理人薪金

于代理终了时由校长呈请社会局依照资格核定发给之

第五五条　一年内教职员请假日数事假不得逾二星期病假不得逾三星期如确

係病重而未请事假者得延长二星期婚假依其出嫁假为一星期并得酌给途程

假逾期不销假者即由校长解聘

第五六条　每学期终了校长应将教职员请假事由日数列表统计呈局备核

第九章 獎懲規則

第五十五條 中等學校校長及教職員有左列情形之一者經社會局審查合格得予以獎勵

一、任期內服務成績優良者

二、任期內對於中等教育有特殊研究或其著作經審查合格者

三、利用假期進修成績優良者

第五十六條 獎勵分左列四項

一、升調

二、晉級加薪

三、發給獎狀

四、傳令嘉獎

第卅九條 中等學校教職員有左列情形之一者社會局得予以獎勵

一、教學成績優佳者

二、學識優佳者

三、奉行法令努力者

第卌條 懲戒分左列四種

一、解聘

二、降職

三、降級減薪

四、警告

第卌一條 中等學校校長及教職員有左列情事之一者社會局得隨時予以解聘

一、违犯刑法者
二、行为不检或有不良嗜好者
三、任意旷废职务者
四、成绩低劣者
五、身体孱弱或有痼疾不能任事者
六、一年以内经三次以上惩诫未能改善者

第十章 附则

第三十八条 本规则经市政府核准并咨准教育部备案公布施行

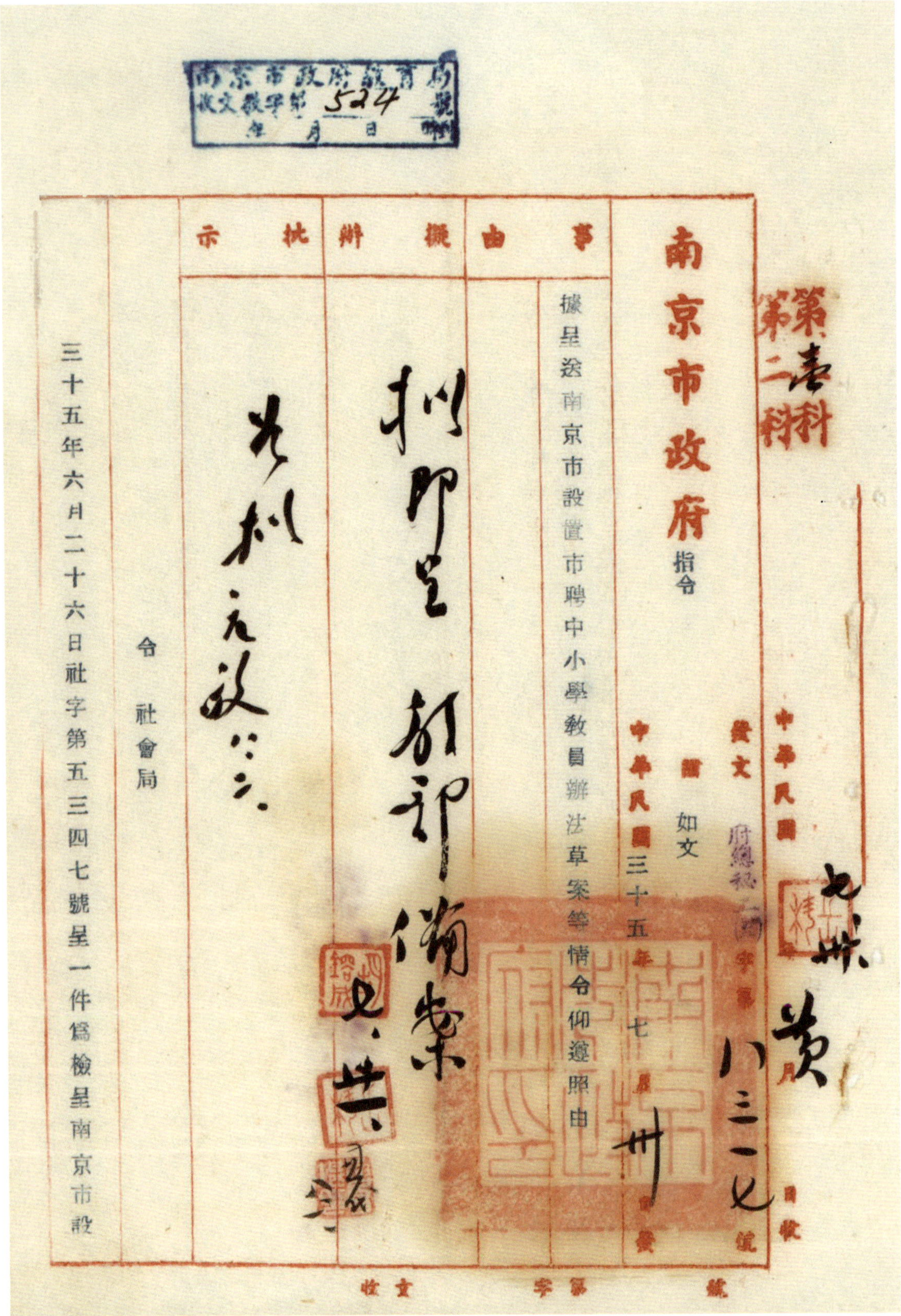

南京市政府教育局 收文教字第524號 年 月 日

南京市政府 指令

發文 府總秘 字第 號

中華民國三十五年七月卅日發

事由：據呈送南京市設置市聘中小學教員辦法草案等情令仰遵照由

擬辦

批示

令社會局

三十五年六月二十六日社字第五三四七號呈一件爲檢呈南京市設

南京市政府指令：復社會局修正《南京市設置市聘中小學教員辦法》（一九四六年七月三十日）

檔號：1003-7-5

置市聘中小學教員辦法草案呈請示遵由

呈件均悉案經修正准予施行合行抄發修正辦法一份令仰遵照

此令

附修正南京市設置市聘中小學教員辦法一份

市長 馬超俊

監印 監[illegible]

校對 校對錢懋官

抄呈

南京市設置市聘中小學教員辦法

第一條　南京市爲補助優良私立中小學人力起見特設置市聘中小學教員訂定本辦法

第二條　市聘中學教員須具備左列條件之一

一、國內外大學或獨立學院教育科系及師範大學或高等師範畢業在一校繼續服務三年以上成績優良有證明文件者

二、國內外大學或獨立學院或專科學校畢業在一校繼續服務五年以上成績優良有證明文件者

第三條　市聘小學教員須具備左列條件之一

一、大學或獨立學院教育科系及師範大學或高等師範畢業並在本

南京市政府稿紙

榮生印刷紙號

南京市政府稿紙

市市立小學繼續服務二年以上未更易學校者

二、高中師範科畢業並在本市市立小學繼續服務二年以上未更易學校者

三、鄉村師範簡易師範或高中普通科畢業並在本市市立小學繼續服務四年以上未更易學校者

第四條　市聘教員須由市教育局局長或各校校長主管科科長及督導人員用書面連同證件提經市聘教員審定委員會通過後由局長聘任之

市聘教員審定委員會由教育局長聘請專家組織之

第五條　市聘教員任期一年期滿後經督導會議通過續聘者聘任之

第六條　市聘教員薪俸依其資格照市立中小學待遇由市教育局撥交指定服

榮生印刷組號

務之學校轉發

第七條　市聘教員由市社會局就辦理有成績之私立中小學分派服務其服務細則另定之

第八條　市聘教員服務學校於受聘後第一學期終了時得由社會局根據需要調動之如有人地不相宜者亦得自行呈請或由服務學校呈請調動之

第九條　市聘教員名額在每年度開始前提請市政會議決定之

第十條　本辦法自呈奉市政府核准公佈後施行並呈報教育部備案

南京市政府稿紙

榮生印刷紙號

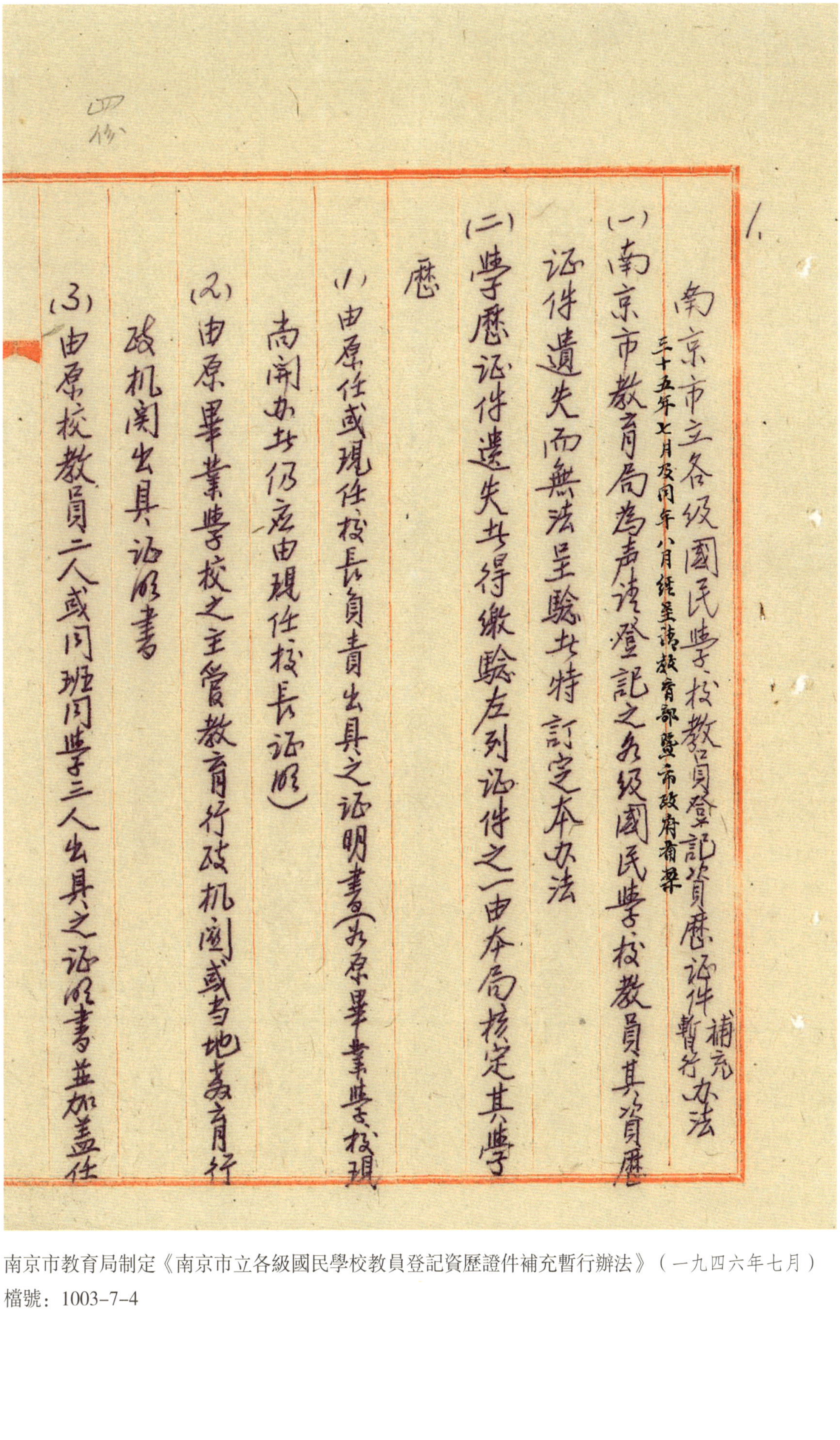

四份

1.

南京市立各級國民學校教員登記資歷證件補充暫行辦法

三十五年七月及同年八月經呈請教育部暨市政府備案

(一)南京市教育局為聲請登記之各級國民學校教員其資歷證件遺失而無法呈驗者特訂定本辦法

(二)學歷證件遺失者得繳驗左列證件之一由本局核定其學歷

(1)由原任或現任校長負責出具之證明書(如原畢業學校現尚開辦者仍應由現任校長證明)

(2)由原畢業學校之主管教育行政機關或當地教育行政機關出具證明書

(3)由原校教員二人或同班同學三人出具之證明書並加蓋任

南京市教育局制定《南京市立各級國民學校教員登記資歷證件補充暫行辦法》(一九四六年七月)

檔號：1003-7-4

戰學校机関之印章者（但证明人均须具有证件足以证明为送请審核者之教师或同學）

（4）有関學録或畢業班照片足資证明者

（5）各机関發給之准考檢定甄審训练等证件足以证明其學歷者

（三）经歷证件遺失或未領者得繳驗左列证件之一由本局核定其经歷

（1）由原服務學校或教育机関補發之经歷证明书

（2）原服務學校或教育机関已经停办或改組者由原任校長或主管長官負責出具之证明書

2.

(3) 由原校或原教育机关之同事二人出具之证明书并加盖任职学校机关之印章者（但证明人均须具有证件足以证明为是项审核者之原校或原教育机关同事）

(4) 有现任荐任职以上人员二人之证明并加盖任职机关之印章者

(5) 有关各机关发给之准考、核定、甄审、训练等证件足资证明具有该项经历者

(四) 本办法自公布之日施行并分呈教育部市政府备案

學歷證明書格式

學歷證明書

查　年　歲　省(市)　縣人確於　年

月在　校　科肄(畢)業　年因證書遺失

不能提出特予證明

原任校長或現任校長)

或当地主管教育机關長官署名蓋章

或原校教師或同班同學

中華民國　年　月　日

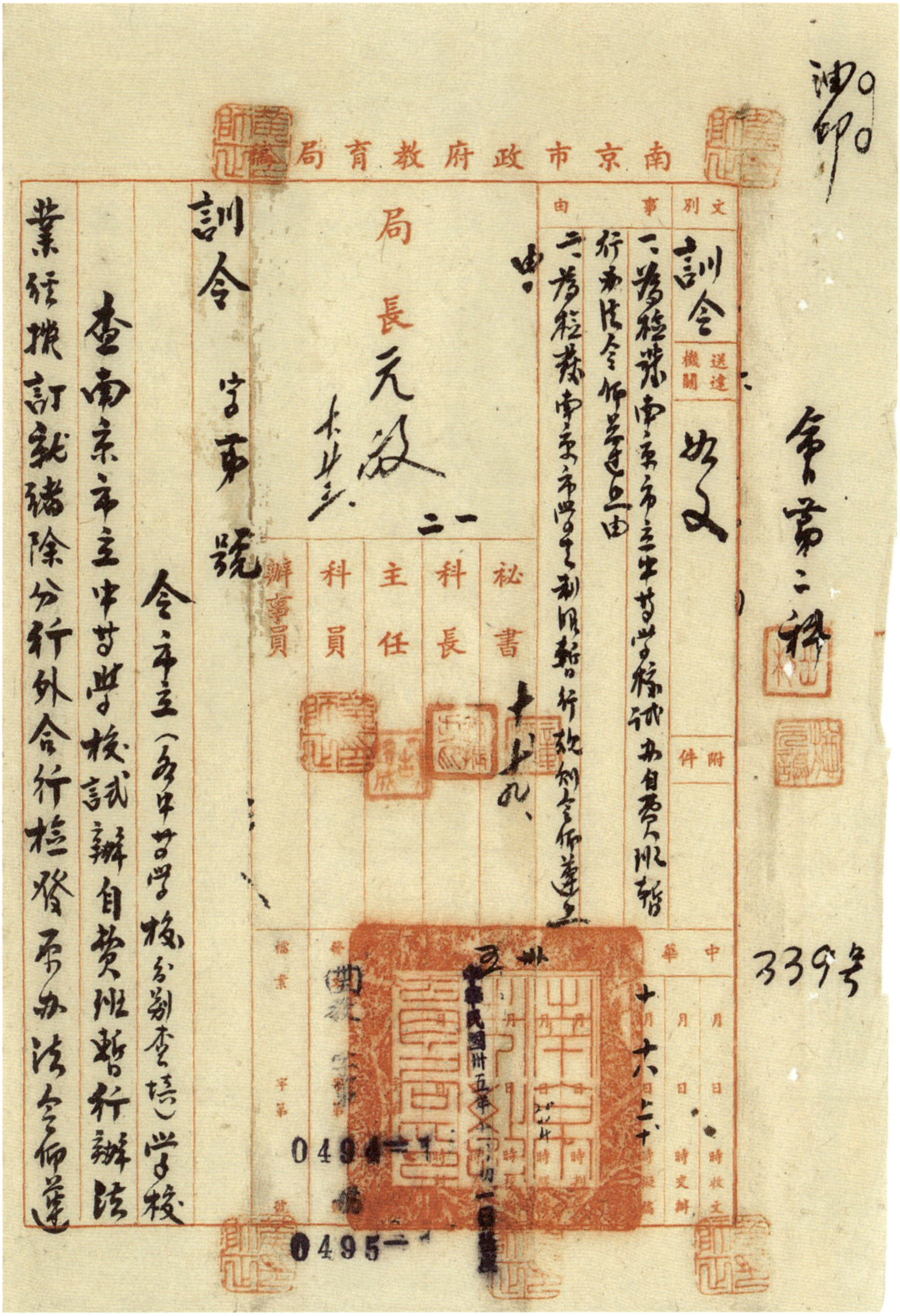
南京市政府教育局稿

文別：訓令

事由：一、爲核發南京市立中等學校試辦自費班暫行辦法令仰遵照由
二、爲核發南京市學生制服暫行規則令仰遵照由

送達機關：收文

附件

局長 元放

秘書 科長 主任 科員 辦事員

中華民國 年 月 日

訓令 字第 號

令市立（各中等學校分別查填）學校

查南京市立中等學校試辦自費班暫行辦法業經擬訂，除分行外，合行檢發原辦法，令仰遵

會第二科

339号

0494—1

0495—1

南京市教育局發布《南京市立中等學校試辦自費班暫行辦法》《南京市學生制服暫行規則》（一九四六年十一月一日）

檔號：1003-7-10

照辦理為要！

此令。附發南京市立中等學校試辦自費班暫行辦法一份

董局長馬元。

0495—

訓令　字第　號

令市立私立（各中等學校分別查填）市立（各級國民學校）學校

查南京市學生制服暫行規則業經制定除分行外合行檢發原規則令仰遵照為要

此令

附南京市學生制服暫行規則一份

董局長馬元。

南京市立中等學校試辦自費班暫行辦法

一、本市市立中等學校於招生後成績及格而未錄取學生有卅人以上請求設置自費班時得由學校轉呈教育局核定後設置

二、自費班一切用費由學生均擔其收費數目及支出預算須呈經教育局核准

三、自費班學生每班以六十人為限

四、自費班教職員待遇自經核定後在學費收入不變更時待遇亦不變更但教職員薪俸可由校酌量預支

五、自費班學生學籍教師聘書均由各校專案呈局核定

六、自費班課程編制訓導辦法悉遵照教育局所定規章辦理

七、自費班辦理成績經考核認爲完善同時在教育局經費許可時即改爲公費班否則仍繼續自費辦至畢業爲止

八、本辦法自公布之日施行

南京市學生制服暫行規則

第一條　本辦法依照　部頒學生制服規程并參酌本地情形訂定凡本市市私立中小學均應依此規定辦理。

第二條　制服以樸素爲主學生家庭得依照規定式樣自行製備。

第三條　各級學校學生之制服質料均以國產棉布爲標準。

第四條　國民學校初級男女生制服免做高級男女生之制服式樣規定如左：

甲、男童

一、軟殼平頂帽如附圖一之甲。

二、衣式如附圖一之乙。

三、褲分冬夏兩種，冬褲式如附圖一之丙，長過膝；夏褲式如附圖一之丁，長及膝。

四、大衣式如附圖一之戊，長與膝齊，袖長至手脈，單排明扣對襟，其腰帶之質與色與大衣同。

五、帽、衣、褲及大衣之質料及顏色均須一律，冬黑夏黃。

六、帽徽一律為國徽，上衣左小袋上應佩帶校徽。

七、鞋用黑色布鞋或皮鞋均可，襪亦為黑色。

乙 女童

一、衣分冬夏兩種，冬衣式如附圖二之甲，夏衣式如附圖二之乙，均長與膝齊，褲與衣齊。

二、帽分冬夏兩種，冬式如附圖二之丙，夏式如附圖二之丁。

三、大衣與男童同。

四、衣褲帽大衣等之顏色均應相同爲深藍夏淺藍色。

五、鞋袜與男童同。

六、衣襟左上方佩帶學校徽章

國民學校高年級學生亦得以童子軍服爲制服。

第五條　初級中等學校學生均以童子軍服爲制服

第六條　高級中等學校學生之制服式樣規定如左

甲、男生

一、衣服分冬夏兩種夏季淺灰色冬季藏青

色帽顏色與衣服同。
二、制服式樣冬夏均如中山裝如附圖三之甲
三、帽子式樣冬夏均為平頂鴨舌帽如附圖三之乙。
四、大衣式樣如附圖三之丙
五、帽徽一律為國徽上衣左小袋上應佩帶校徽。
六、鞋用黑色布鞋或皮鞋襪亦為黑色。
乙、女生
一、衣服顏色分冬夏兩種夏淺藍色冬深

藍色。

二、制服式樣係長袍式長達膝與踝之中間

冬季長袖（袖長至手腕）夏季短袖（袖長至肘與肩之間）褲長與衣齊

三、帽子冬夏一律免去。

四、大衣式樣與小學女生同。

五、衣襟左上方佩本校徽

六、鞋襪均為黑色。

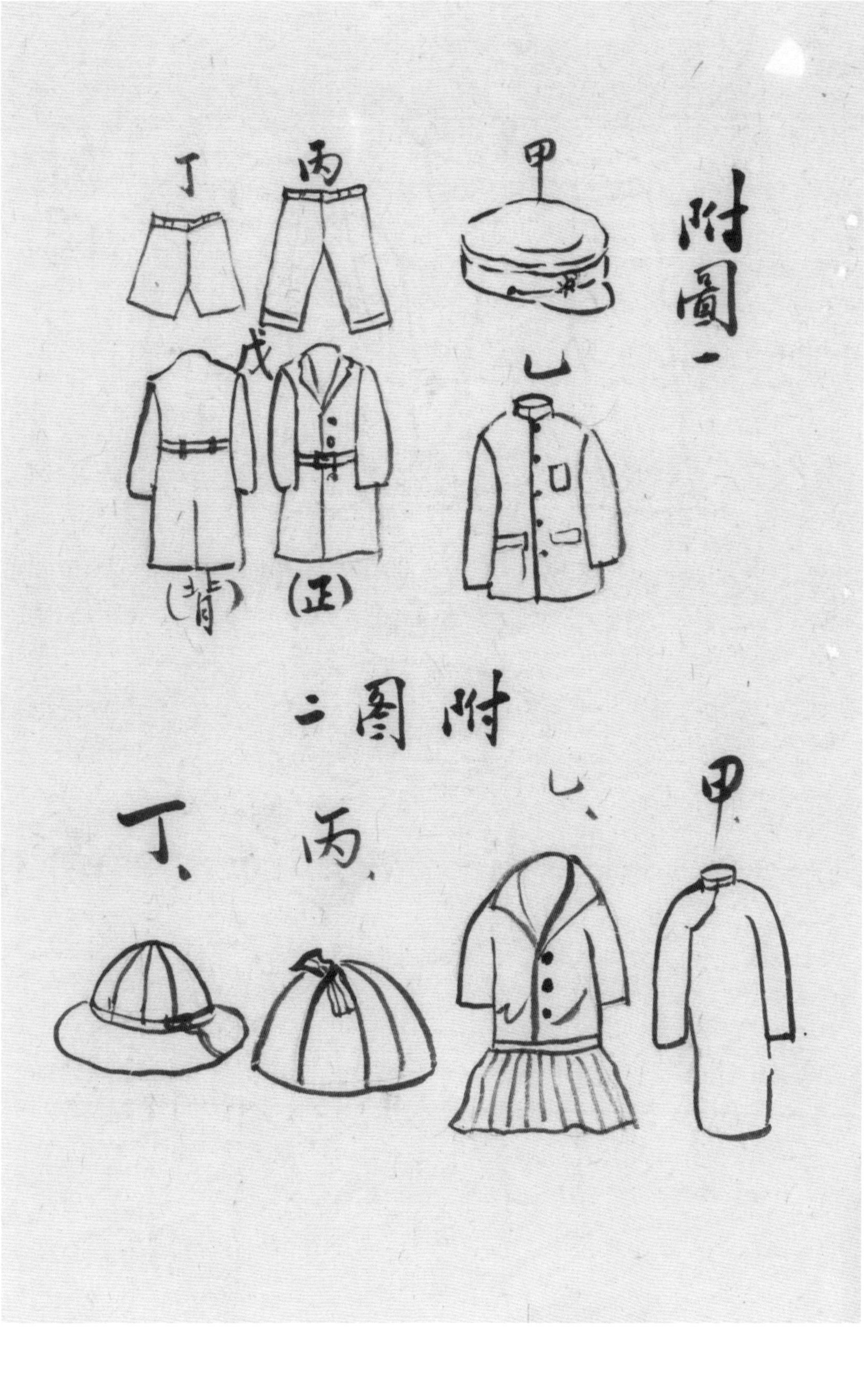
附圖一
甲
乙
丙
丁
戊
(正)
(背)
附圖二
甲
乙
丙
丁

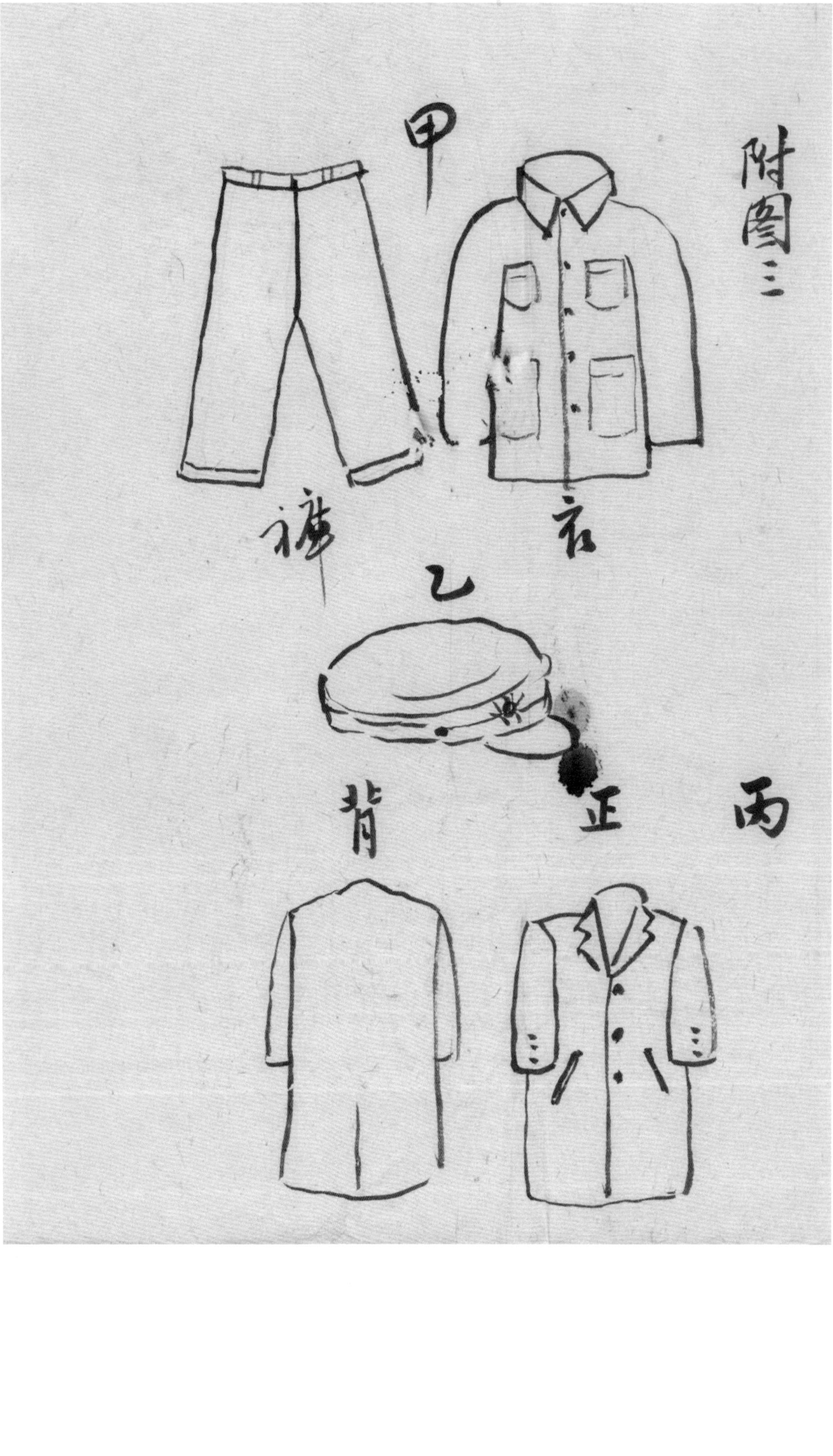
附圖三
甲
褲
衣
乙
丙
背
正

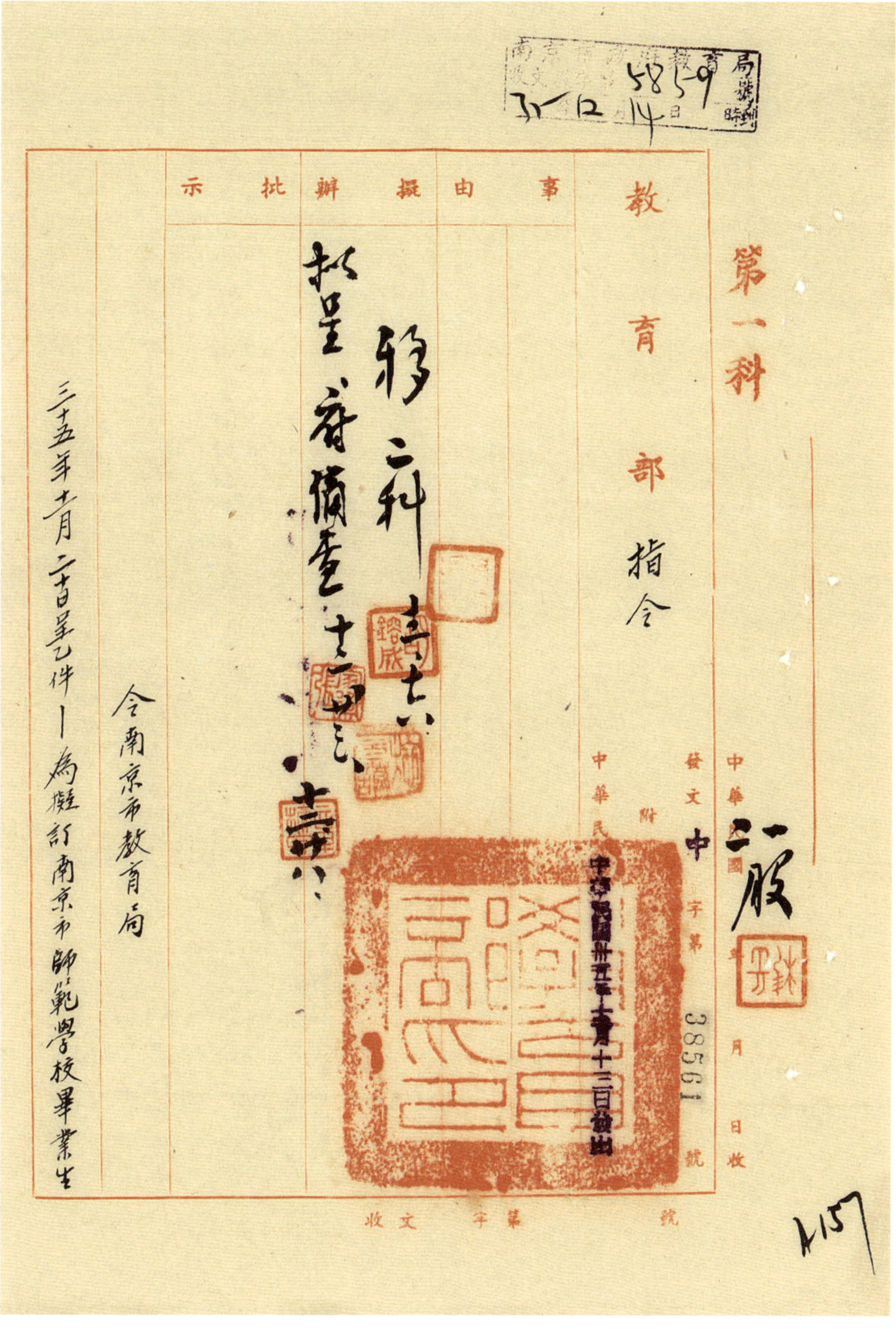
南京市政府教育局 收文字第5859號 35年12月14日

第一科

教育部指令

二股

中華民國 年 月 日收

發文 中字第38561號

附

中華民國卅五年十二月十三日發出

事由

擬辦 移二科 十六

擬呈存備查 十二 十六

批示

令南京市教育局

三十五年十一月二十日呈乙件一為擬訂南京市師範學校畢業生

收文 字第 號

1157

國民政府教育部令復南京市教育局《南京市師範學校畢業生服務暫行辦法》

（一九四六年十二月十三日）

檔號：1003-7-10

服務暫行辦法請鑒賜備案由

呈件均悉原呈辦法除第七、九、十四、及十五各條內「本局」二字均應改為「本市

教育局外餘准備案仰即知照此令

部長 朱家驊

監印 何炯忠

校對 梅肅堂

1946.5.10000

南京市師範學校畢業生服務暫行辦法

第一條　本辦法依據教育部修正師範學校畢業生服務規程訂定之

第二條　本市師範學校或簡易師範科畢業生（以下簡稱師範畢業生）之服務及督促考核等事項除依據部令及本市教員服務規則外悉依本辦法之規定

第三條　師範畢業生服務年限一律定爲三年繼續服務兩校以上者其期限得合併計算

第四條　師範畢業生在規定服務期間不得升學服務滿

中美紙號製

一年著有成績者得予以加薪晉級之獎勵

第五條　師範畢業生在規定服務期間不得兼任小學教員以外之職務

第六條　師範畢業生有患疾病或因其他故障不能服務時得由其原畢業學校取具醫生証明或查明其故障真實情形呈報本局酌量展緩其服務時期但除痼疾殘廢外展緩時期不得超過二年

第七條　師範畢業生在服務期間有左列情形之一者本市教育局得追繳其修業期間歷年給予之公費全部

一、無正當理由拒绝服務者

二、展緩服務期間已滿二年仍不服務者

三、改就他業或擅自升學者

前項追繳之公費如該師範學校或簡易師範科畢業生继續服務時即免予追繳

第八條 師範畢業生有左列情形之一者本局得即予恢復其原職或另派工作

一、無正當理由而被解職者

二、在服務未滿期間其所服務之學校因故停办者

三、展緩服務期間已滿者

中美紙號製

四、因受特殊情形之影响而失業者

五、學校聘約已滿無故不予繼續者

六、受停職處分已滿者

七、服務期内升學或改就他業之被退學及辭職者

第九條　師範畢業生應接受本市教育局之指定學校服務

第十條　師範畢業生有因特別情形須服務於其他省市或改派服務處所者應由原畢業學校呈請本局核准否則以擅自離職論即依照第七條之規定處理之

中美紙號製

第十一條　師範畢業生充任各級國民學校教員簡易師範
科畢業生充任國民學校教員
第十二條　師範學校畢業生暫定月薪為七十元簡易師
範科畢業生暫定月薪為六十元
第十三條　師範畢業生畢業證書由原校呈報本局驗印保
存俟服務期滿在證書上加蓋「服務期滿」字樣發
由原校轉給
前項師範學校或簡易師範科畢業生服務成績
通有經本局考核確實者得不發給畢業證書
第十四條　師範畢業生被派至各校後應接受各校校長之支

中美紙號製

中美紙號製

配共指導各校并應於學期終了時將各師範學校畢業生服務情況填表呈報本市教育局備案（表式另訂之）

第十五條　師範畢業生如在規定服務期間擅自升學或改就他業等情事各校應呈報本市教育局轉行其升學之機關勒令退學或就業之機關勒令辭職

前項勒令退學或辭職事項由本局按照行政手續辦理

第十六條　市立師範學校應組織師範生服務指導委員

會負責指導師範生服務改進事項由校長遴
選校內重要教職員五人至七人主持會務以校長為
主任委員并呈報本局備案每次會議時并須呈請
本局派員指導

第十七條 本市師範學校附設之小學師資訓練班其服務辦
法與簡易師範科畢業生辦法同

第十八條 本辦法自呈奉 市政府核准公布之日施行并呈
報 教育部備案

南京市國民學校教師教學研究會分組研究辦法

(一) 南京市教育局為督導全市國民教師進修及研究教學起見訂定本辦法

(二) 國民學校教師教學研究會分左列各組：

1. 初級國語科研究組
2. 高級國語科研究組
3. 算術科研究組
4. 社會科研究組（包括公民歷史地理）
5. 自然科研究組
6. 藝術科研究組（包括圖畫勞作）
7. 音樂科研究組
8. 體育科研究組
9. [illegible]教育組

南京市教育局制定《南京市國民學校教師教學研究會分組研究辦法》（一九四六年）

檔號：1003-7-4

（三）凡本市各級國民學校及已立案之私立小學校長及教員應依其興趣或所担任之課程概須參加一組或數組研究

（四）國民學校教師教學研究會之研究範圍如左

1、課程標準實施結果之討論

2、補充材料之選擇

3、教學方法之研究

4、鄉土教材之搜集

5、教科用書及教學參考書之選定

6、各科教具之設計製作與運用

7、各學期教學進度之預定

8、實驗教學之規劃及實行

9、教學觀摩之表記及檢討

10、平時閱讀圖書雜誌之報告及討論

11、學生課外讀物之選定及指導

12、學生課外作業及課外活動之規劃及指導

13、作業成績考核方法之研討

14、各科測驗之編造

（八）部頒國民教育研究問題之研究

（九）其他關於教學研究事項

（五）各組研究會由教育局指定市立中心國民學校主持之並為開會召集人主持一切會務其主學校如左

初級國語常識組　火瓦巷中心國民學校

高級國語組　大行宮中心國民學校

算術組　漢口路中心國民學校

社會組　珠江路中心國民學校

自然組　五臺山中心國民學校

美術組　荷花塘中心國民學校

音樂組　朝天宮中心國民學校

體育組　夫子廟第八中心國民學校

民眾補習教育組　三牌樓中心國民學校

（六）各組研究會每月開會一次必要時得由主持學校召開臨時會議

（七）各組研究會為各教學之聯絡亦得聯合舉行

（八）各組研究會開會時應呈由教育局派員出席指導所有研究結果應向局報核其成績優良可以發表者得由教育局編印刊物分發各校以資參考

（九）各組研究會應輪流舉行教學成績展覽會（照次項觀摩）

（十）各組研究會開會時得由教育局視需要斟酌延請專家蒞會講演或指導之

（十一）本辦法自公佈日施行

存

南京市區公所籌設國民學校暫行辦法

第一條 南京市社會局為推行市區國民教育起見訂定本辦法

第二條 區公所籌設之國民學校分中心國民學校及保國民學校（以下簡稱國民學校）並應儘先設立保國民學校統由社會局訂定校名

第三條 區公所籌設之國民學校應以一保一校為原則必要時得斟酌情形聯合數保合辦一校

第四條 國民學校之籌設應由區公所先行組織籌設國民學校委員會負籌備及開辦之責（委員會組織規則另訂之）

第五條 國民學校之校舍應儘量利用公產廟宇祠堂會所等房屋並應略加修建以期適用

第六條 國民學校開辦費及日常經費由籌設國民學校委員會督同各保負責籌集其經常費籌集不足時得由市政府量予補助凡捐款[illegible]拾萬元以上者[illegible]

南京市社會局訂定《南京市區公所籌設國民學校暫行辦法》（一九四六年）
檔號：1003-7-4

捐款額分別依照國民政府頒布捐資興學褒獎條例暨南京市捐資興學褒獎規程辦理

第七條 國民學校校長由社會局委派或由區公所遴選兩倍合格人員簽請社會局核派之

第八條 國民學校最低設備應合左列標準

甲、校舍

1、教室 2、教職員辦公室 3、男女廁所 4、運動場

乙、校具

1、足人數桌椅 2、黑板 3、辦公桌椅 4、課鐘 5、時鐘

丙、教具

1、風琴 2、留聲機 3、必備之參考圖書

丁、表簿

應與一般國民學校同樣辦理

第九條 國民學校之學級以單式編制為原則必要時得用複式編制或二部編制

第十條　國民學校不得收取學費其他各費亦依照社會局之規定辦理

第十一條　國民學校最低限度須辦理四級

第十二條　國民學校應於學期開始時開學

第十三條　國民學校自三十五年八月起各校須設立民教部

第十四條　本辦法呈奉　市政府核准並轉呈教育部備案後公布施行

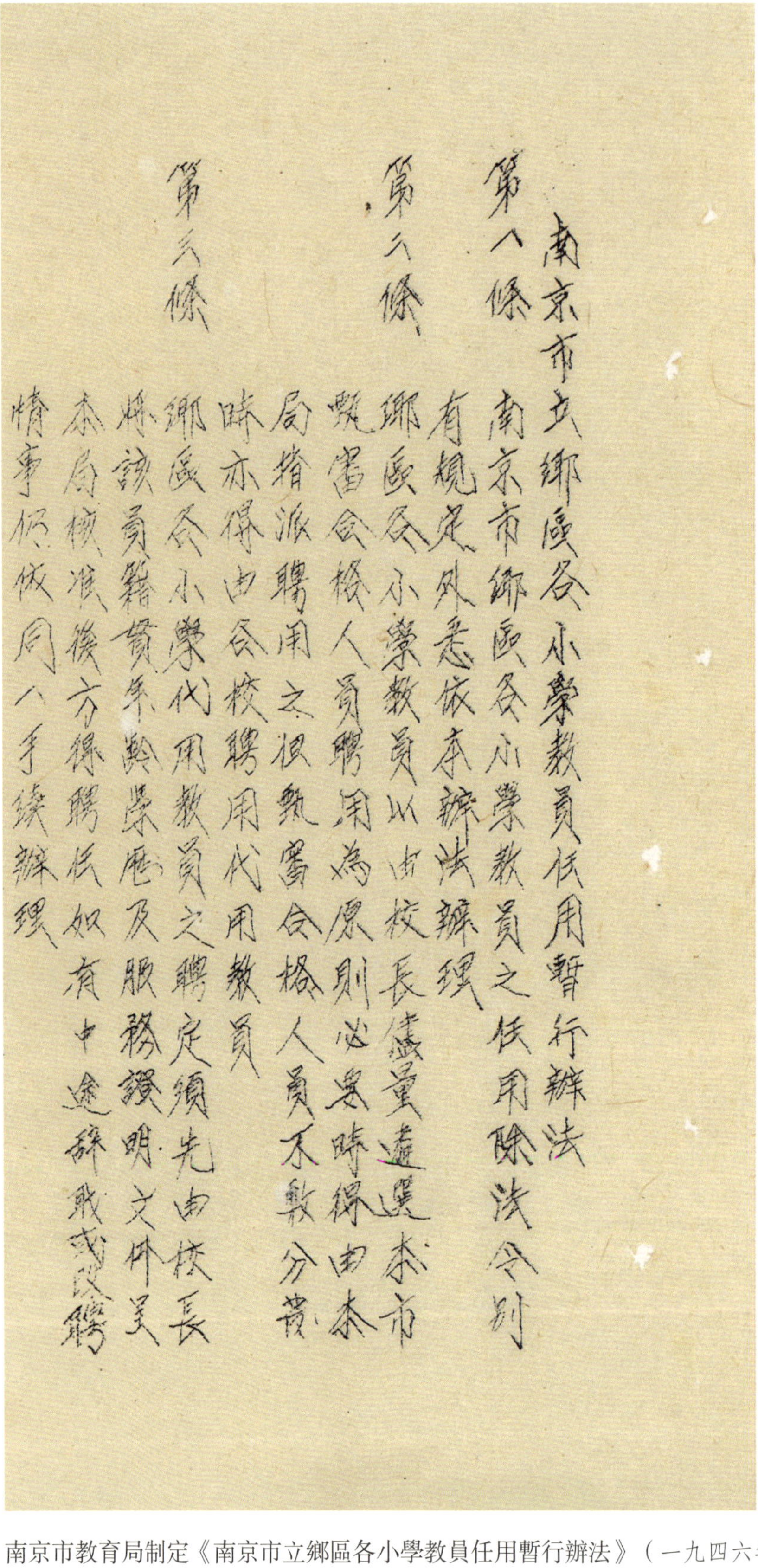

南京市立鄉區各小學教員任用暫行辦法

第一條　南京市鄉區各小學教員之任用除法令另有規定外悉依本辦法辦理

第二條　鄉區各小學教員以由校長儘量遴選本市既當合格人員聘用為原則必要時得由本局指派聘用之但無當合格人員不敷分發時亦得由各校聘用代用教員

第三條　鄉區各小學代用教員之聘定須先由校長將該員籍貫年齡學歷及服務證明文件呈本局核准後方得聘任如有中途辭職或改聘情事仍依同一手續辦理

南京市教育局制定《南京市立鄉區各小學教員任用暫行辦法》（一九四六年）

檔號：1003-7-4

7.

第四條　有左列情事之一者不得聘任為代用教員

1. 褫奪公權者
2. 曾受刑事處分者
3. 吸食鴉片或其他毒品者
4. 曾經依法停止任用者
5. 身體有痼疾不堪任用者

第五條　代用教員之聘任、期限一學期

第六條　代用教員之待遇另定之

第七條　本辦法自公佈之日起施行

南京市立中心國民學校組織規程

第一條　本規程根據　部頒國民學校及中心國民學校規則訂定之

第二條　中心國民學校設教導輔導研究推廣總務四部其職掌如左

一、教導部　辦理兒童教育及失學民众補習教育之教導事宜

二、輔導研究部　辦理本區國民學校輔導研究事宜

三、推廣部　辦理社會事業方面之各種事宜（中心國民學校未逾十二級時不設推廣部其工作由教導輔導研究總務三部分任之）

四、總務部　辦理文書事務出納及不屬其他各部事宜（

南京市教育局制定《南京市立中心國民學校組織規程》（一九四六年）

檔號：1003-7-4

第三條　中心國民學校設校長一人綜理校務輔導各該區國民學校並推進社會事業協助辦理地方自治工作

第四條　中心國民學校教導輔導研究推廣總務各部各設主任一人秉承校長主持各該部事宜

第五條　中心國民學校應附設幼稚園置主任一人秉承校長主持全園園務並担任教導保育事宜

第六條　中心國民學校教員除担任教學及訓導事宜外並應分掌校務從事各項實際研究及協助推行各種社會事業

第七條　中心國民學校附設之幼稚園教員秉承主任担任教學保育工作並分担園務

第八條　中心國民學校設置事務員一人至三人書記一人至二人
第九條　中心國民學校設置校醫一人護士一人至二人（由健康教育委員會調用）
第十條　中心國民學校每兩學級置教員三人成人班或婦女班每兩班置教員一人
第十一條　中心國民學校附設之幼稚園主任須兼教員幼稚園教員之配備以每四十人置兩教員爲準
第十二條　中心國民學校各部主任須兼課每週捌拾分鐘至叁百分鐘但輔導研究部主任得不兼課
第十三條　中心國民學校校長應以具有下列資格之一者爲合格：

一、大學教育科系或教育學院畢業服務國民教育三年以上并曾充小學校長或担任教育視導工作一年以上著有成績者

二、教育專科畢業服務國民教育四年以上并曾充小學校長或担任教育視導工作二年以上著有成績者

三、舊制師範或高中師範科畢業服務國民教育五年以上曾充小學校長或担任教育視導工作三年以上著有成績者

四、對國民教育有特殊貢獻者

第十四條 中心國民學校各部主任應以具有下列資格之一者為合格：

一、大學教育科系或教育學院畢業曾服務國民教育一年以上者
二、教育專科畢業服務國民教育二年以上者
三、舊制師範或高中師範科畢業服務國民教育四年以上并曾充小學部主任或担任教育輔導工作二年以上著有成績者
四、對國民教育有特殊研究經主管機關核准者

第十五條 中心國民學校教員應以具有下列資格之一者為合格：
一、大學教育科系或教育學院畢業者
二、教育專科畢業服務國民教育一年以上者
三、舊制師範或高中師範科畢業服務國民教育二年以上者

四、舊制中學或高級中學畢業曾任國民教育工作四年以上成績特著經主管機關核准者

第十六條　中心國民學校附設之幼稚園主任應以幼稚師範畢業服務幼稚教育二年以上著有成績者爲合格，教員應以幼稚師範畢業或舊制師範與高中師範科畢業服務幼稚教育二年以上者爲合格

第十七條　中心國民學校主任教員及附設幼稚園之主任教員均由校長遴選合格人員聘任之

第十八條　中心國民學校辦事細則另訂之

第十九條　中心國民學校輔導國民學校辦法另訂之

第二十條　本規程自公佈之日施行並呈報　教育部市政府備案

南京市立中等學校試辦自費班暫行辦法

一、本市市立中等學校於招生後成績及格而未錄取學生有三十人以上請求設置自費班時得由學校轉呈教育局核定後設置

二、自費班一切用費由學生均攤其收費數目及支出預算須呈經教育局核准

三、自費班學生每班以六十人為限

四、自費班教職員待遇自經核定後在學費收入不變更時待遇亦不變更但教職員薪俸可由校酌量預支

五、自費學生學籍教師聘書均由各校專案呈局核定

六、自費班課程編制訓導辦法悉遵照教育局所定規章辦理

南京市教育局制定《南京市立中等學校試辦自費班暫行辦法》（一九四六年）

檔號：1003-7-4

七、自費班辦理成績經考核認為完善同時在教育局經費許可時
即改為公費班否則仍繼續自費辦至畢業為止
八、本辦法自公佈之日實施

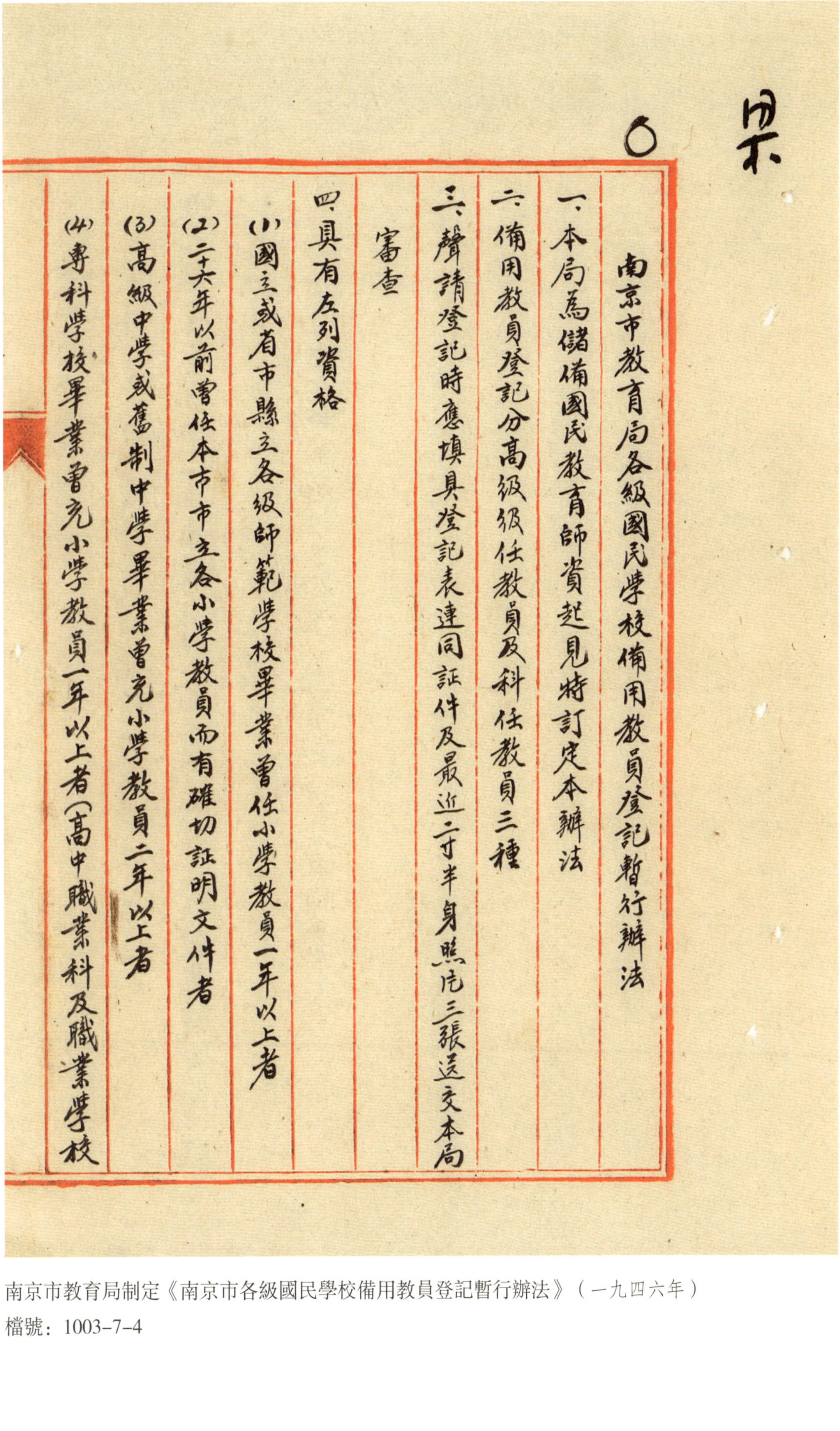

果

南京市教育局各級國民學校備用教員登記暫行辦法

一、本局為儲備國民教育師資起見特訂定本辦法

二、備用教員登記分高級級任教員及科任教員三種

三、聲請登記時應填具登記表連同証件及最近二寸半身照片三張送交本局審查

四、具有左列資格

(1)國立或省市縣立各級師範學校畢業曾任小學教員一年以上者

(2)二十六年以前曾任本市市立各小學教員而有確切証明文件者

(3)高級中學或舊制中學畢業曾充小學教員二年以上者

(4)專科學校畢業曾充小學教員一年以上者(高中職業科及職業學校

南京市教育局制定《南京市各級國民學校備用教員登記暫行辦法》（一九四六年）

檔號：1003-7-4

畢業者除外）

（本條1、3、4三項資格凡偽組織所辦之學校除外）

五、凡經審查合格之備用教員由本局公佈其姓名及種類得由各校儘

先聘用

六、本辦法自公佈日施行並分呈　教育部市政府備案

1.

南京市立小學聘任教職員辦法

一、小學及初級小學校長應於元月廿五日以前將下學期各階段之學級數、教員數及續聘不續聘教員姓名履歷列表呈報本局備案

前項不續聘教員應於備註欄內說明不續聘原因

二、小學及初級小學校長應於二月十五日以前將全校續聘及新聘教職員姓名履歷甄審類別、擔任職務、教學年級、教學科目、授課分鐘及新定薪額詳細列表，連同聘約呈送本局，經核定薪額加蓋鋼印後方能生效。逾期呈送者，其教員均自呈送之日起薪（聘約由局印發）

南京市教育局制定《南京市立小學聘任教職員辦法》（一九四六年）

檔號：1003-7-4

三、小學及初級小學教員在聘約期內非有特殊原因不得無故解約期滿後如不續聘應於半月前通知

前項續聘及新聘教員如有不合格者除由本局責令該校長辭退外並隨時派員前往補充之

四、小學及初級小學教員初聘為一學期續聘第一次為一學年第二次為二學年但不在學年度開始時之續聘教員仍以一學期為限

五、小學兼任會計出納之事務員於任職開始前須覓取本市殷實鋪保填具保證書方得供職

南京市教育局三十五年度小學教職員暑期講習班實施办法

一、南京市教育局為謀本市小學教職員進修起見遵照 教育部令舉办暑期講習班

二、本期暫由本局就市立各級國民學校教職員指調受訓按受訓人員職務及資歷分組講習其標準如下：

1.市立各級國民學校主任及合格教員編為甲組於二年内每年暑期召集訓练之。

2.上列各校之合格教員其有學識能力欠佳及試用教員經視察認為有调訓之必要者編為乙組於三年内每年暑期召集訓练之

中美紙號製

南京市教育局制定《南京市一九四六年度小學教職員暑期講習班實施辦法》（一九四六年）

檔號：1003-7-4

3、上列各校之体育教員另选習体育課程編為体育組於二年内每年暑期召集訓練之但經指定訓練之代用体育教師須受三期訓練

三、本期訓練時間訂為四星期自七月二十二日起至八月十七日止

四、本期各組之課程及講習時數遵照　部頒規定課程除精神訓練外着重　總理遺教　總裁言行之研習國語常識算術体育各科之復習教學原理與方法之研究工作業務之演習等其詳細科目與時間分配另行規定

五、本期各組之受訓學員成績考查遵照規定甲組應舉行考核一次有必要時得依小學教員檢定規程第十條

所定試驗科目舉行「試驗檢定」；乙組及体育組舉行考試一次

凡經考核或考試不及格者取消其任教資格

六、依照上列兩條規定工作業務之演習各組受訓學員就原校担任教學科目之一種自編一篇教材及教學方案并用抽籤方式舉行教學演習作為成績考查之一

七、各組學員不得無故缺席若缺課在授課時間總數三分之一以上者以未參加論如託故不參加即取消其任教資格

八、各組學員在受訓期间支原校薪食宿自理

九、本辦法自公佈之日施行

南京市立中心國民/國民學校增設民教部實施辦法

一、本市市立中心國民/國民學校除經教育局特許者外均須一律自三十五年度第一學期起增設民教部

二、民教部設主任一人由中心國民學校或國民學校校長指定教員一人兼任之不另支薪

民教部教員由小學部教員担任之并酌減其小學部教課分鐘

三、民教部辦成人班或婦女班兩班時得增聘教員一人

四、民教部之工作如左

(1)、辦理各級成人班或婦女班：中心國民學校以辦理高級成人班或婦女班為原則國民學校以辦理初級成人班或婦女班為原則

(2)、編輯壁報：每週出刊一次每次至少兩份

南京市教育局制定《南京市立中心國民 / 國民學校增設民教部實施辦法》（一九四六年）

檔號：1003-7-4

(3) 設立民衆詢問處：解答各項問題及代寫書信

(4) 開放學校圖書室及各項設備供給附近民衆利用并由教職員輪流指導

(5) 定期舉行通俗講演

(6) 利用各種紀念節日發動有益之社會活動，如清潔運動、儲蓄節約運動、新生活運動、促進生產運動等

(7) 舉辦民衆同樂會、運動會及各種有關民間活動之比賽

(8) 設立衛生室或特約醫生為民衆義務診病

(9) 其他各職業介紹、宣傳政令、組訓民衆等

五、成人班或婦女班以夜間上課為原則，教具設備與小學部合用

六、成人班或婦女班招收十五歲至四十五歲之失學成年男女，并得先自十五歲至三

十五歲之男女實施十二歲至十五歲之失學兒童酌在小學部及民教部收容之

七、民教部各級成人班婦女班暫定六月為一期必要時得縮短之但最短不得少過三個月期滿由學校予以測驗成績及格者由學校發給結業證書

八、成人班婦女班課程及教學時數悉依部頒民教部課程標準行之

九、各校應聯絡當地保甲長區公所警察所等有關機關依部頒「中心國民學校及保國民學校分期辦理失學民衆補習教育辦法」確實調查附近地區內失學民衆擬定詳細實施辦法造具分期入學清冊呈教育局備案

十、各校辦理民教部成績列為考績工作之一其有成績者給予獎勵不合者由局議處

十一、經費預算另訂之

十二、本辦法由教育局公佈施行并呈報教育部備案

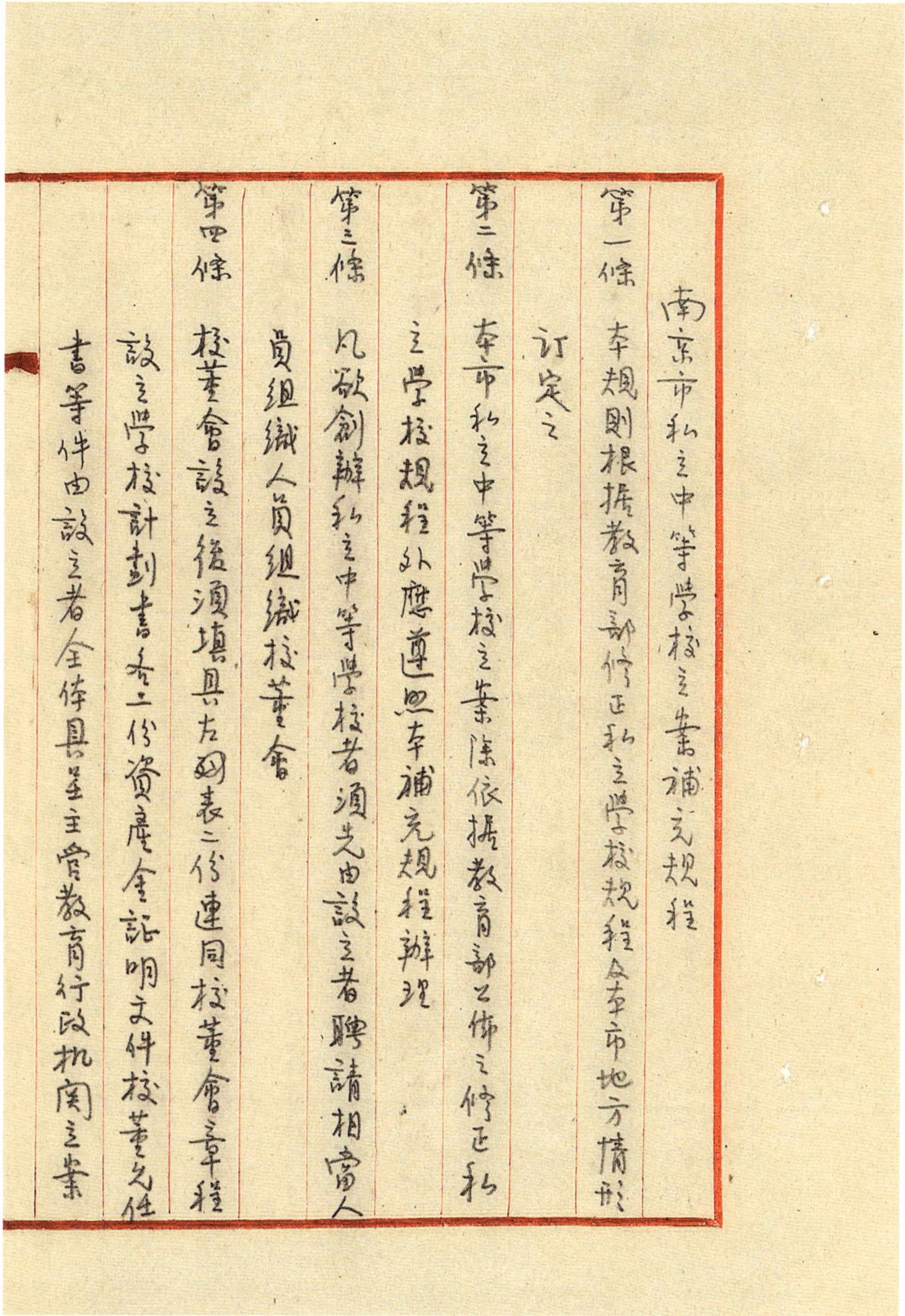

南京市私立中等學校立案補充規程

第一條 本規則根據教育部修正私立學校規程及本市地方情形訂定之

第二條 本市私立中等學校立案除依據教育部公佈之修正私立學校規程外應遵照本補充規程辦理

第三條 凡欲創辦私立中等學校者須先由設立者聘請相當人員組織人員組織校董會

第四條 校董會設立後須填具左列表二份連同校董會章程設立學校計劃書各二份資產全部證明文件校董允任書等件由設立者全体具呈主管教育行政機關立案

南京市教育局制定《南京市私立中等學校立案補充規程》（一九四六年）

檔號：1003-7-4

第五條 校董會呈准立案後始得呈請開辦學校呈請時須填具左列各表連同校舍平面圖學則由全體校董具名呈候主管教育行政机関核奪

第六條 學校未經核准開辦以前不得先行招生開學

第七條 凡已核准開辦之私立中等學校須由校董会於開辦一年後第二年以内完成立案手續

第八條 已經核准開辦之私立中等學校呈請立案時須填具左列各表連同校舍平面圖各項章程規則及其他附屬書類各二份由全體校董具名呈送主管教育行政机関審核其資金資產開辦费經常费有変更时并

須附呈證明文件

第九條　凡私立中等學校之名應冠以私立二字，如係初中應註明為私立某某初級中學，凡僅稱私立某某中學校者概作合辦高初級之中學論。

第十條　凡私立中等學校組織編制教員學生等項須合於修正私立學校規程、中學法、中學規程、職業學校法、職業學校規程，其校董資金經費須合於下列各項標準：

（甲）校董

一、私立中等學校之董曾在教育界服務者須佔

全數三分之一以上

二、現任教育行政人員不得兼充私立學校之董

（乙）資金

一、凡私立高初中及高級職業學校應有相當之資金其利息（或其不動產之租息）能維持其經常費者

二、資金須用學校名義長期存儲本市妥實銀行非經主管教育行政機關核准通知銀行不得支用不動產契據亦須用學校名義訂立向主管機關登記後由校董會保存

（丙）經費

一、私立中等學校常年經常費應由其資金之利息（與不動產租息）支付之

二、私立中等學校徵收學生費用不得列入經常費建築費或設備費內

（丁）設備

一、私立中等學校須有相當之教室自習室辦公室運動場圖書室自然科實驗室等

二、私立中等學校須有相當之校具儀器標本圖表書籍運動器具及關於運動衛生各

種設備．

三、私立中等學校之附近環境須不妨礙學校教育

四、私立中等學校之教室應適宜教育學

第十一條　本規程如有未盡事宜得由本市主管教育行政機關提出修正之

第十二條　本規程自教育部暨市政府核准備案施行

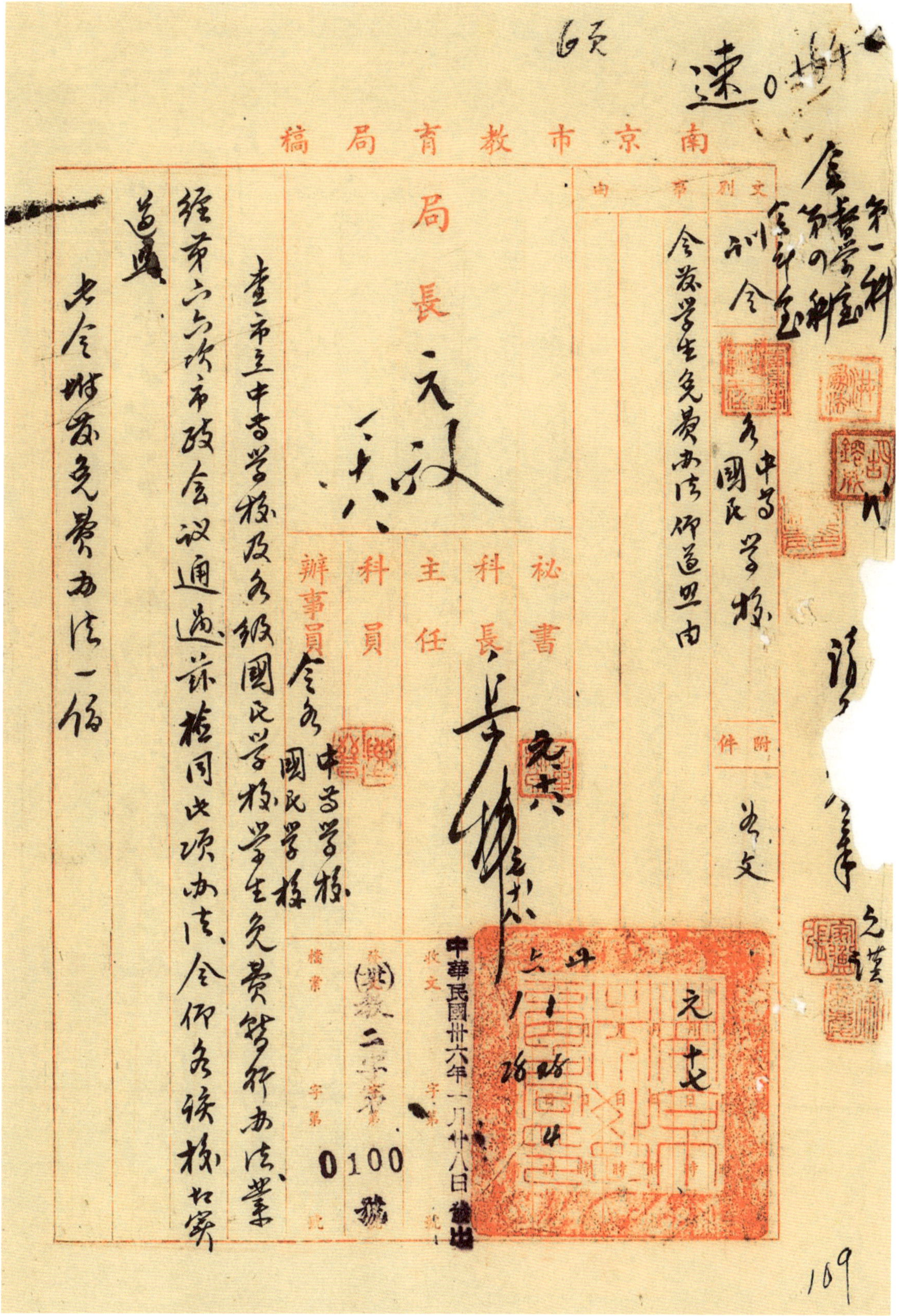

南京市教育局稿

文別：訓令

事由：令發學生免費辦法仰遵照由

受文者：全市中等國民學校

局長

秘書 科長 主任 科員 辦事員

附件：如文

收文 字第 號

發文 中華民國卅六年一月廿八日發出 教二字第0100號

令各中等學校、國民學校

查市立中等學校及各級國民學校學生免費暫行辦法業經第六六次市政會議通過，茲檢同此項辦法，令仰各該校知照遵照。

此令

附發免費辦法一份

南京市教育局發布《南京市立中等學校及各級國民學校學生免費暫行辦法》

（一九四七年一月二十八日）

檔號：1003-7-8

以會一科、督学室

擬稿令發市立各中、國民学校学遵照

元、十七

~~奉部中小學本市中等學校及各級國民學校學生免費暫行辦法訓令此件~~

~~本局擬~~

南京市立中等學校及各級國民學校學生免費暫行辦法

卅六年元月十七日第六六次市政會議通過

（一）凡具有左列情形之一者得請求免繳學費（中學及幼稚園）及設備費之全部或一部

（1）家境清寒經調查屬實者全免

（2）革命功勳子女及抗戰軍人遺族無力繳費有確實證明者全免

（3）現任本市市立中小學教職員本身之子女（以）二人全免

（4）同胞兄弟姊妹同入市校讀書者自其第四人起因家長之請求而免其全部或一部

照通過 三、八

（二）請求免繳或減繳設備費及學費之學生須由家長填具申請表二份經校長審查負責出具名冊連同該表一份轉呈本局核准備案（請求免費表式另訂之）

（三）中等學校學生免繳或減繳學費及設備費學額不得超過該校全體學生數百分之二十五

（四）中心國民學校及國民學校學生免繳或減繳設備費學額

核定各區百分比如下

第一區	15%	第二區	15%
第三區	15%	第四區	25%
第五區	15%	第六區	15%
第七區	25%	第八區	20%
第九區	35%	第十區	35%
第十一區	35%	第十二區	35%
第十三區	25%		

（五）第八、九、十、十一、十二、十三等區之國民學校學生設備費之免繳或減繳學額得由各校呈請教育局核准酌量提高百分比額

（六）幼稚園學費及設備費免繳或減繳學額不得超過該班全體兒童數百分之十

附學生請免繳設備費申請表

南京市　　學校免繳　　費申請表

學生姓名		父名　　存殁	母名　　存殁
性別		兄弟　　人	姊妹　　人
年齡		父職業	每月收入
籍貫		母職業	
肄業年級		通訊處　臨時	
上學期成績		通訊處　永久	
請求免費理由			
所屬區保甲	第　　區	第　　保	第　　甲
家長蓋章	甲長蓋章	保長蓋章	校長蓋章
填表時間		年　　月	日
核准時間		年　　月	日
備註			

南京市教育局稿

	文別案由
呈	

送達機關：市長沈

案由：為呈送南京市甄選國民學校教員辦法祈鑒核示遵由

局長

秘書

科長

主任

科員　高鴻文

辦事員

收文字第

檔案字第

教秘字第 0109 號

中華民國卅六年七月一日發出

（正文，手書）

查本局辦理小學儲備師資登記屆時已久，登記合格者……
國中本濟歷艱，適合規定，庶使女教員……
……惟以員額百限，因尚未修習……
……用以尾優良以資……
……彰為提高教師素質，選擇儲備師資……

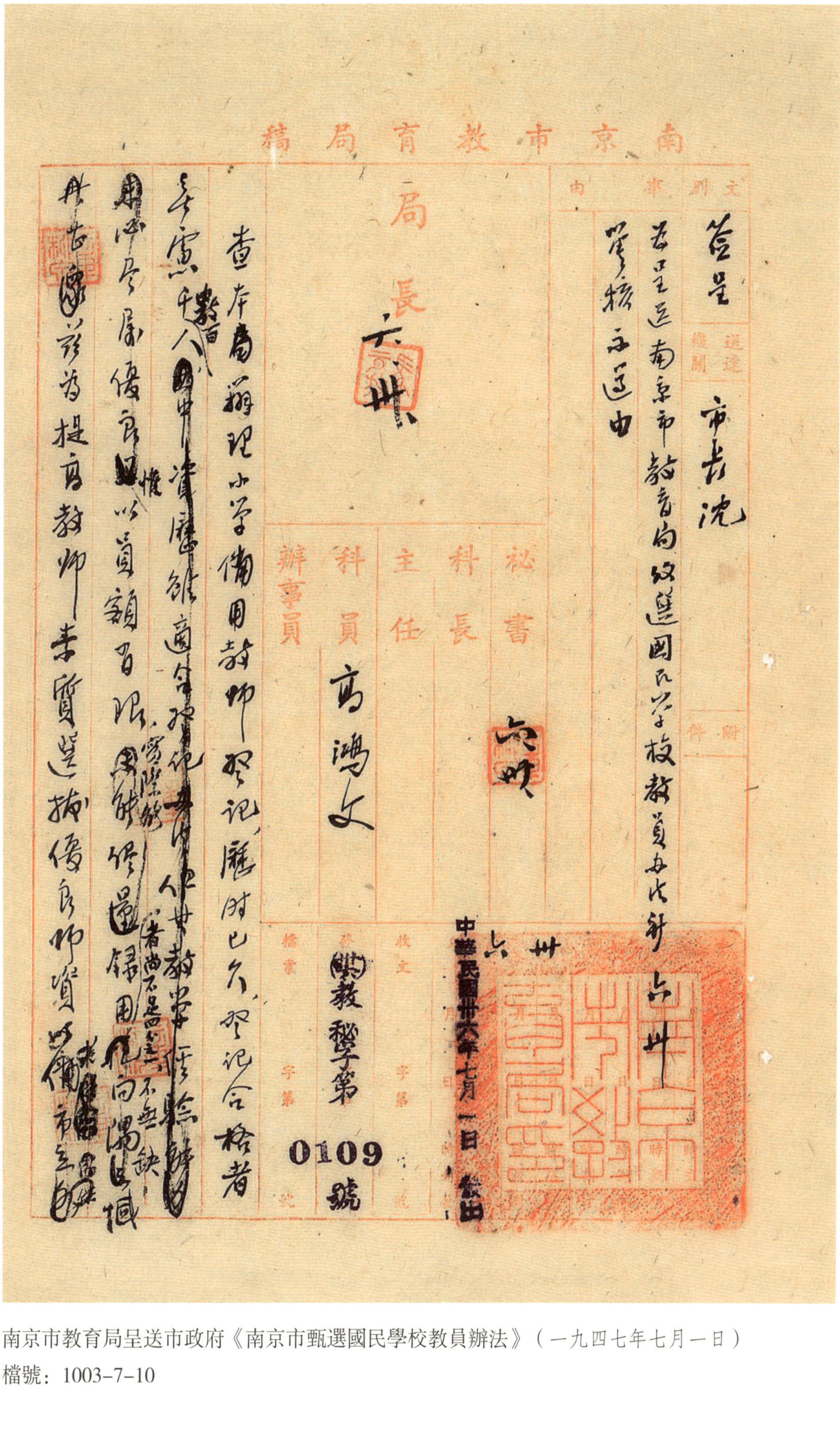

南京市教育局呈送市政府《南京市甄選國民學校教員辦法》（一九四七年七月一日）

檔號：1003-7-10

為國民學校師資起見，對擬訂南京市教育局改選國民學校教員辦法一種，將於暑假期間公開改選三十六年度第一學期服務人員，除仍由原校教師若干人外，以求需供之相適，參加改選者中擇其成績優良者可録取若干人，足資觀摩，期人員共用一學期，適合

俾擬訂辦法簽請
鑒核示遵
謹呈
市長沈

附南京市教育局改選國民學校教員辦法一份

職 馬元○

南京市教育局甄選國民學校教員辦法

卅六年五月廿九日[illegible]

第一條　南京市教育局(以下簡稱本局)為提高教師素質選拔優良師資以備市立各級國民學校聘用起見特訂定本辦法

第二條　凡非本市現任教員願在本市担任國民學校幼稚園及民教班教員者經本局登記合格依照本辦法申請參加甄選

第三條　關於甄選事宜設置甄選委員會辦理之委員會置委員七人至九人就教育專家市政府及本局高級職員分別聘請或指派之由局長任主任委員

第四條　左列事項經甄選委員會會議審核決定之

(1)各項甄選規則及表證式樣之擬訂

(2)參加甄選教員呈繳文件之審查

(3)甄選成績之核算及揭示

(4)甄選日期地點之規定與公布

(5)其他關於甄選之重要事項

第五條　凡經本局登記合格並具有左列資格之一者得申請參加高級級任教員甄選

(1)師範學校畢業者

(2)舊制師範學校本科或高級中學師範科或特別師範科畢業者

(3)高等師範學校或專科師範畢業者

(4)師範學院或大學教育學院教育科系畢業者

(5)高級中學舊制中學或其他同等學校畢業曾充國民學校教員二年以上者

(6)簡易師範學校或簡易師範科或舊制鄉村師範學校或縣立師範學校或幼稚師範畢業曾充級任教員三年以上者

(7)經本市社會局三十四年十一月筆試甄選審查合格有案者

第六條　凡經本局登記合格並具有左列資格之一者得申請參加初級級任教員幼稚園教員及民教班教員甄選

(1)具有上列第五條各款資格之一者

(2)簡易師範學校或簡易師範科或舊制鄉邨師範學校或縣立師範學校或幼稚師範學校畢業者

(3)國民教育師資短期訓練班或義務教育師資訓練班或師範講習科畢業曾充代用教員三年以上者

第七條　凡經本局登記合格並具有左列資格之一者得申請參加專科教員甄選

(1)具有上列第五六兩條各款資格之一且曾仼所參加甄選之專科教員一年以上者

(2)專科學校畢業而其所學之主科與參加甄選之專科相同者

第八條　國民學校教員之甄選以下列兩種方式辦理之

(1)甄詢

(2)考試

第九條　甄詢方式以適用於具有左列資格之一者為限

(1)師範學院或大學教育學院教育科系畢業服務國民教育一年以上著有成績者

(2)師範學校畢業服務國民教育五年以上著有成績得有主管機關嘉獎或視導人員優良評語見諸公報或提出主管機關原令文足資證明者

(3)師範學校畢業在一校繼續服務五年以上能繳驗優良教師證明文件經查屬實者

(4)合於部定國民學校教員資格之一曾服務國民教育三年以上並對國民教育確有研究曾有有價值之著作發表或經出版者

第十條　具有第五六七三條資格之一而無第九條證件者必須參加考試

第十一條　甄詢之方法如左

(1)談話

(2)書面報告就(一)項及(二)(三)(四)項中任擇一種在報名時繳出

(一)服務經過與服務心得

(二)對於普及國民教育的意見

(三)怎樣改善一般國民學校的教導設施

(四)中心國民學校與國民學校如何聯繫

第十二條　考試之科目如左

(1)高級級任教員之筆試科目如左

(一)國語(論文及注音符號)

(二)測驗(包括算術史地自然)

(三)教育概論及教材教法

(2)初級級任教員幼稚園教員及民教班教員之筆試科目除國語教育概論及教材教法與(1)類相同外測驗內容得酌量減低其程度

(3)專科教員之考試不分高初級其筆試科目如左

(一)國語

(二)參加考試之專科(如音樂體育美術勞作等除筆試理論外並試其技能)

(三)參加考試之專科課程標準教材及教學法

(4)口試

第十三條　申請參加甄選時應繳齊左列各件

(1)本局所發之申請書

(2)畢業證書或學校所在地省市教育廳局發給之畢業證書或證明書(其他證明文件概不生效)

(3)服務證件(主管教育行政機關所給予之嘉獎證件應一併附繳)

(4)本人對國民教育之研究著作(不參加甄詢者不繳)

(5)最近二寸半身相片四張

以上所繳證件經審查完竣後發還

第十四條　甄選合格人數由本局斟酌實際需要決定之

第十五條　參加甄選成績及格者由本局揭示後發給甄選合格證書

第十六條　甄選合格教員依本市國民學校教職員任用待遇服務進修考核辦法任用之

第十七條　甄選日期及地點與其他應行注意事項經甄選委員會決定後登報公布之

第十八條　本辦法呈奉　市政府核准公布施行並呈報　教育部備案

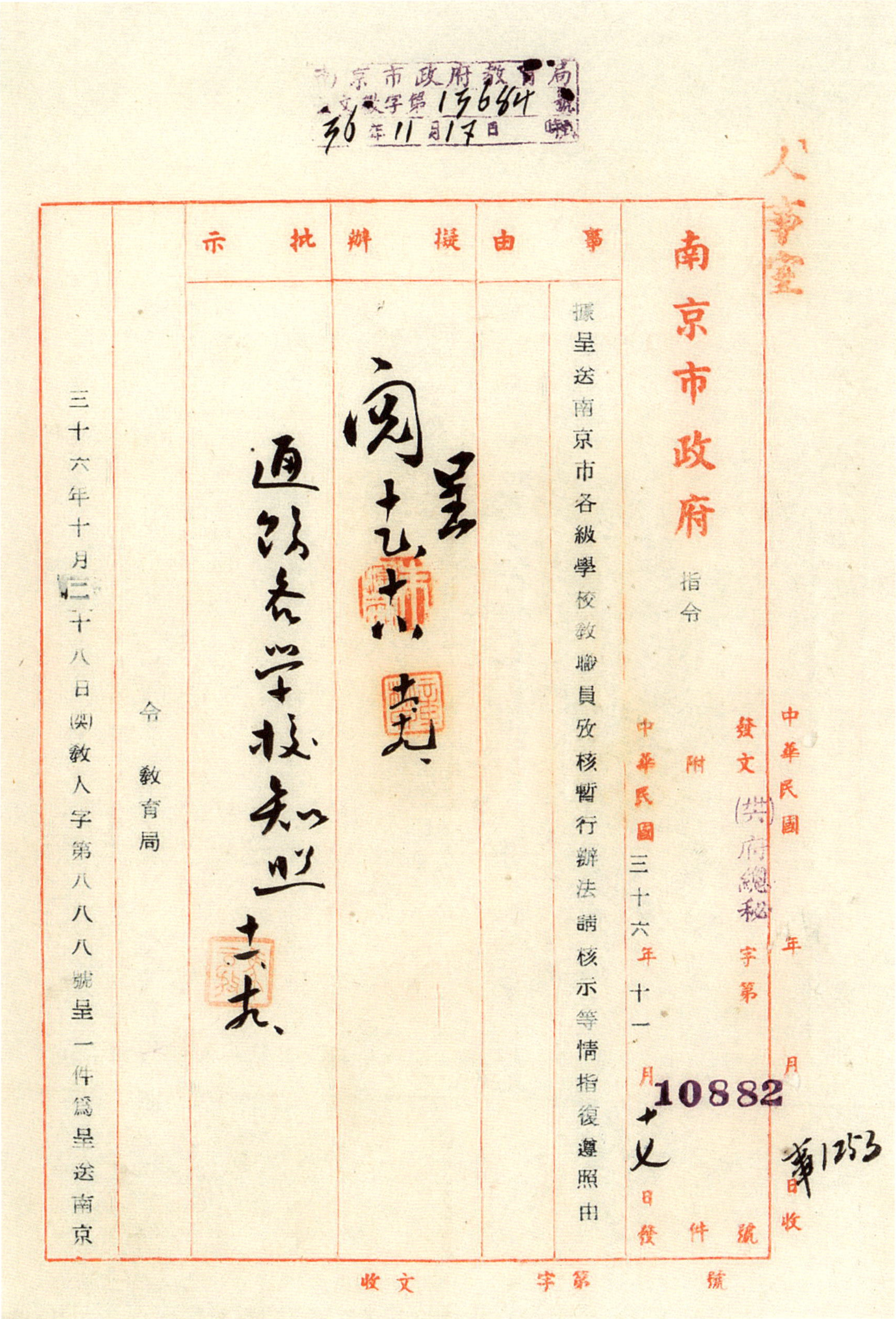

南京市政府教育局
收文教字第13684號
36年11月17日

人事室

南京市政府
指令

中華民國　年　月　日收
華1253

發文(奘)府總秘字第　號
10882

附件

中華民國三十六年十一月十七日發

事由：據呈送南京市各級學校教職員考核暫行辦法請核示等情指復遵照由

擬辦：閱　呈

批示：通飭各學校知照

令教育局

三十六年十月二十八日(奘)教人字第八八八八號呈一件為呈送南京

收文　第　字　號

南京市政府令復教育局《南京市立各級學校職教員考核暫行辦法》（一九四七年十一月十七日）

檔號：1003-7-15

市各級學校教職員攷核暫行辦法請鑒准試行由

呈件均悉所擬南京市立各級學校教職員攷核暫行辦法業經酌予修正隨

發是項修正辦法仰即遵照試行此令

附抄發南京市立各級學校教職員攷核暫行辦法一份

中華民國三十六年十月十七日

市長沈怡

監印 韓秀蘭

校對 [illegible]

南京市立各級學校職教員攷核暫行辦法

一、本辦法參照公務員攷績條例訂定之

二、本市市立各級學校職教員之攷核分工作學識操行三項每項最高分數如左

一、工作五十分

二、學識二十五分

三、操行二十五分

前項工作分數之評定應參酌本市學校視導標準規定各項目

三、依前項評定各項分數合計爲總分數列八十分以上者爲一等七十分以上者爲二等六十分以上者爲三等不滿六十分者爲四等不滿五十分者

南京市政府

爲五等

四、總分數列三等以上者爲合格列四等以下者爲不合格但列三等以上而工作不滿三十分操行或學識有一不滿十五分者仍爲不合格其奬懲辦法如左

一、列一等者調升或加薪

二、列二等者記功或嘉奬

三、列三等者不予奬懲

四、列四等者減薪或記過

五、列五等者免職

五、各級學校教職員之攷績由校長初核呈報教育局由視導室督學復核復

南京市政府

後報由局長參酌主管科意見決定獎懲之

六、各校校長由教育局督學初核報由局長參酌主管科意見決定獎懲之

七、本辦法由教育局訂定報請市政府備案施行

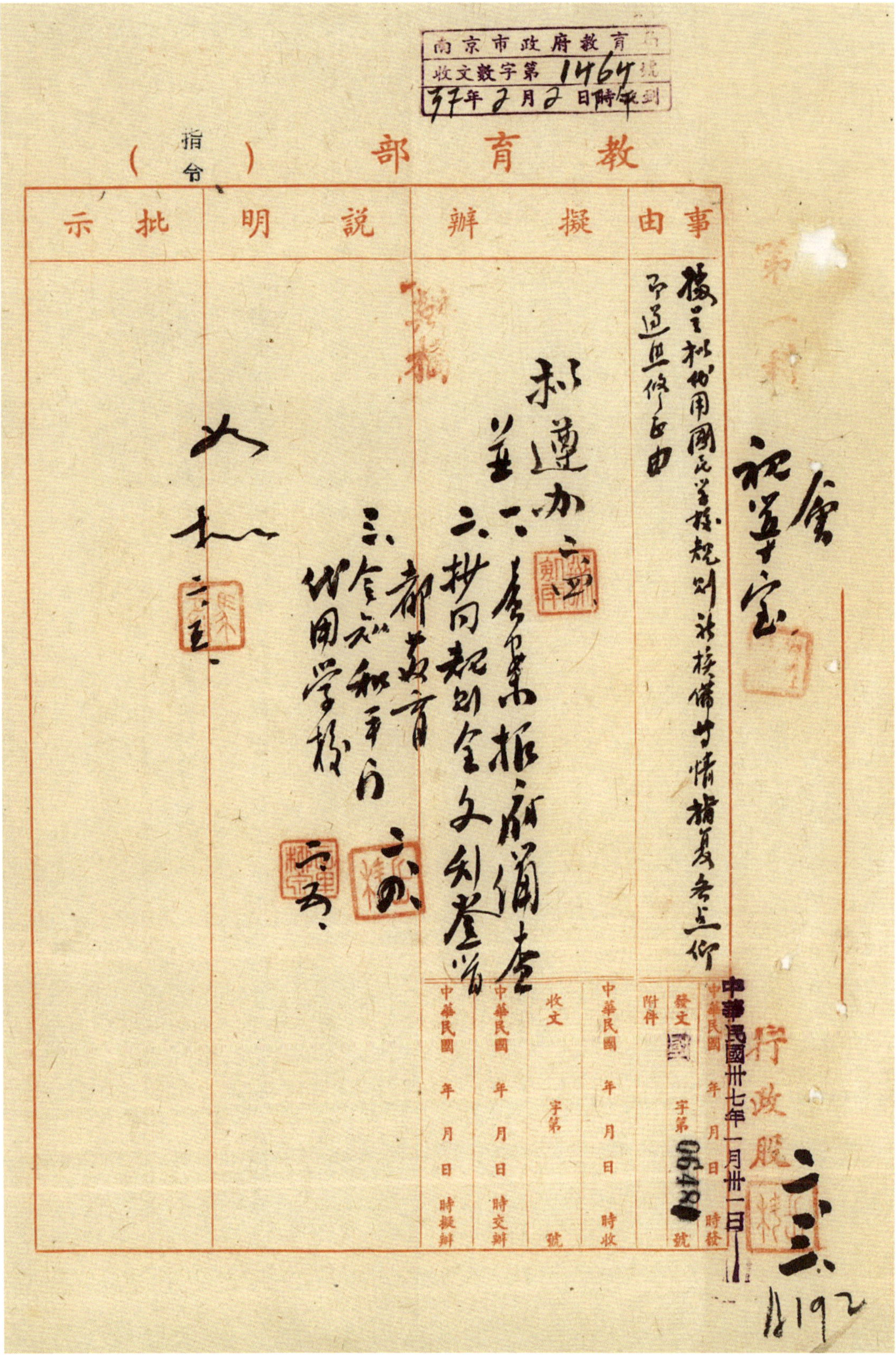

國民政府教育部指令：復南京市教育局修正《南京市代用國民學校規則》

（一九四八年一月三十一日）

檔號：1003-7-15

南京市教育局 令

卅七年一月十五日京教國字第八八號呈一件呈擬代用國民學校規則祈核備由

呈件均悉核示如次：

一、原規則第二條應改為「本市立案私立小學辦理成績優良經查明屬實並商得該校董事會之同意得由教育局指定改為代用國民學校或本市私立小學立案後辦理滿三年著有成績因經費支絀無法維持者得呈請教育局核准改為代用國民學校」

二、原規則第一條「部頒國民學校」六字下缺一「法」字第六條五款內「」字係「摘」字之誤應一併改正

監印

校對

三、第十五條內之「并」字應改爲「或」字

以上各點仰即遵照修正件姑存

此令

中華民國卅七年元月　日

部長 朱家驊

教育部

監印何炳忠
校對梅肅堂

抄發

南京市代用國民學校規則（據令修正）

第一條　本規則根據部頒國民學校法第六條第二項之規定，並依照部頒代用國民學校規程訂定之。

第二條　本市立案私立小學辦理成績優良、經費確實、並商得該校董事會之同意，得由教育局指定改為代用國民學校，或本市私立小學立案後辦理滿二年著有成績、因經費支絀無法維持者，得呈請教育局核准改為代用國民學校。

第三條　私立小學改為代用國民學校後，仍保存其原有私立之校名，稱為「南京市某某代用國民學校」

第四条 代用国民学校校长，应由董事会遴选合格教育局核委，教员得仍由校长聘任。

第五条 代用国民学校聘任教师，应依照市立国民学校规定办理，并将所聘教师证件送局审核，聘书送局加盖钢印，始能生效。

第六条 代用国民学校校长教职员，不得因人事更迭而进退，非有左列情形之一者，不得解职：

一、触犯刑法证据确凿者；

二、行为不检，或有不良嗜好者；

三、怠忽职务者。

南京市教育局

四、成績不良者、

五、身體殘廢或身染痼疾不能任職者、

第七條 代用國民學校經常費由教育局負担、但需用臨時費、應由董事會負責籌措之、

第八條 代用國民學校應依照市立國民學校辦法、按月將將經常費收支情形、造具報銷、送局審核、

第九條 代用國民學校購置設備等費、請領報銷驗收等辦法、均應依照市立國民學校規定辦理、

第十條 代用國民學校每學期徵收學生費用、（代辦費除外）除與市立國民學校相同外、並應於開學後一月內、將收費

数目连同存根、呈报备核。

第十一条　代用国民学校应分设儿童教育与失学民众补习教育两部，儿童教育以办理六年或四年四个学期级为原则，必要时亦得设置高级（五年级及六年级）。失学民众补习教育以办理初级成人班及妇女班为原则，必要时亦得设置高级成人班及妇女班。

第十二条　代用国民学校其课程、教材、设备及其他一切设施均应依照市立国民学校规则办理。

第十三条　代用国民学校校长教师须仿照市立国民学校办理。

第十四條　私立小學改為代用國民學校後，其原有之財產，仍由董事會管理，作充實學校設備之用，如董事會不願繼續辦理，並願將學校全部財產捐贈者，教育局得取消其代用性質，改為市立國民學校。

第十五條　私立小學改為代用國民學校後，如不遵照本規則辦理，或董事會不能負責，或學校辦理成績不良者，教育局得取消其代用名義，停發經費，或呈准市政府改為市立國民學校。

第十六條　本規則自呈奉　市政府核准之日施行，並呈報教育部備案。

南京市教育局

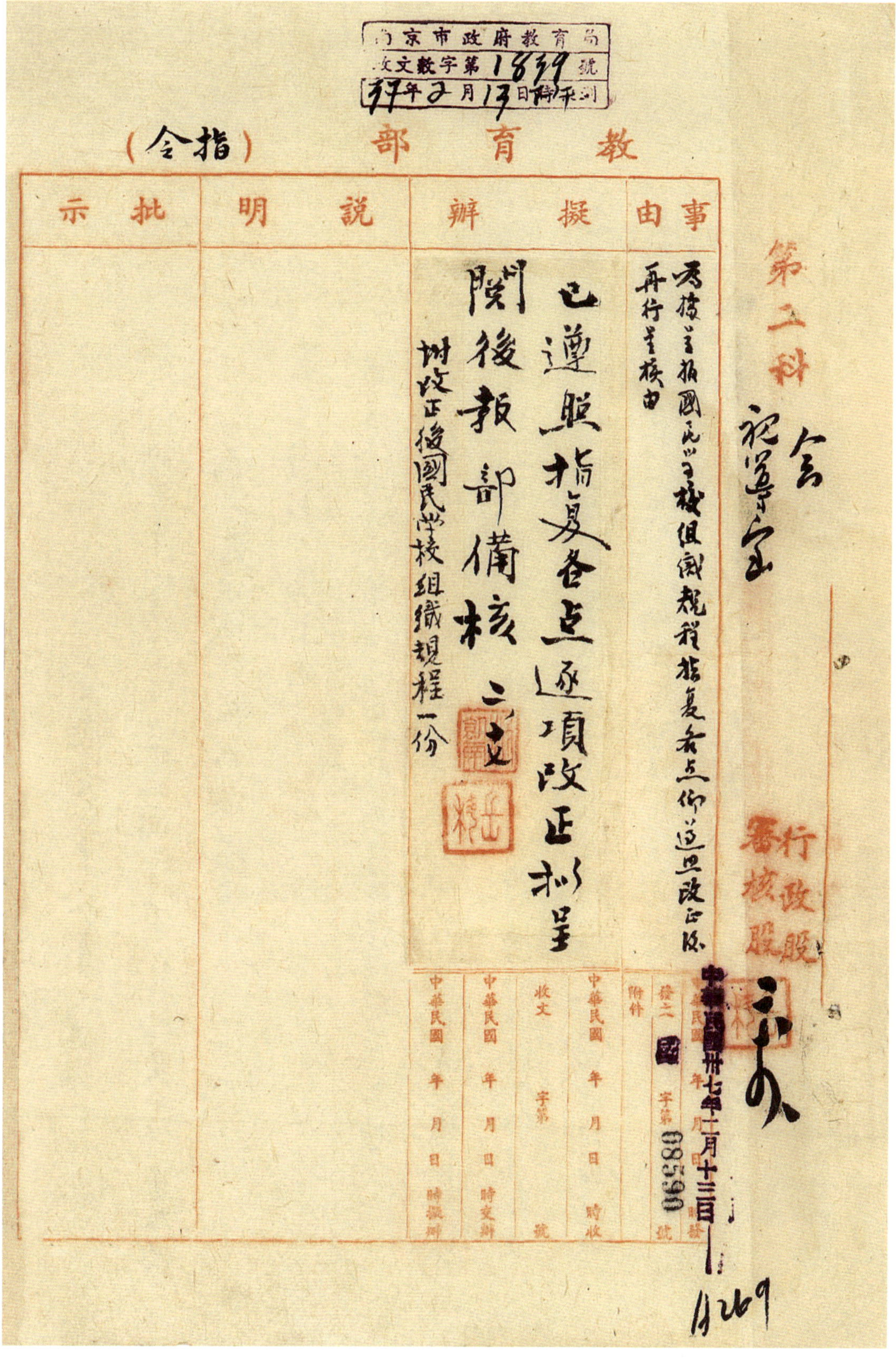
南京市政府教育局
收文數字第1839號
37年2月13日時到

教育部（指令）

事由	擬辦	說明	批示
為核呈擬國民學校組織規程指復各點仰遵照改正限再行呈核由	已遵照指復各點逐項改正擬呈 閱後報部備核 附改正後國民學校組織規程一份		

第二科 會 秘書室
行政股 審核股

中華民國卅七年二月十三日 發 國字第08590號

1269

國民政府教育部令復南京市教育局《南京市國民學校組織規程》

（一九四八年二月十三日）

檔號：1003-7-19

令南京市教育局

卅七年一月十五日京教國字第八九號呈一件呈報國民學校組織規程祈核備由

呈件均悉。核示如次：

一、原組織規程第四條「四學級」三字應改為「六學級」。

二、原第六條應改為「國民學校滿六級者設置事務員一人」。

三、原第七條應改為「國民學校每學級設級任一人，低年級每四學級設科任一人，中年級每三學級設科任一人，高年級每兩學級設科任一人，成人班或婦女班每兩班設教員一人」。

四、原第八條國民學校校長兼課分數應改為「一百二十分鐘至二百四十分鐘」。又「滿四學級之教導主任應兼級任滿六學級」之十八字應刪。

五、原第九、十、十一、十五等條應依照「國民學校及中心國民學校規則」第十九條之規定加以修正。

六、原第十四條「以每四十人置一教員為原則」句應改為「以每一教員保育兒童二十人為原則」。

七、原第十八條應改為「本規程經分別呈報教育部市政府備案後施行」。

以上各點統仰遵照改正後再行呈核併備存。

此令。

中華民國三十七年二月　日

部長　朱家驊

監印　何炳忠

校對　梅渭堂

南京市國民學校組織規程遵照教育部三十七年二月十三日國字第八五九零號指令修正

第一條　本規程依照　部頒國民學校及中心國民學校規則訂定之

~~第二條　國民學校設教導部辦理兒童教育及失學民眾補習教育之教導~~ 事宜

第二條　國民學校設校長一人綜理校務并舉辦社會服務事業協助推進地方自治工作

第三條　國民學校滿六學級設教導主任一人~~未滿六學級者~~〔在四班以下〕由校長兼任〔但滿四班者增設級任教員一人負責〕承校長主持教導事宜并協助推進社會教育各種工作

第四條　國民學校教員除担任教學及訓導事宜外并應分掌校務從事各項實際研究及協助推行各種社會服務事業

第五條　國民學校滿六級者設置事務員一人

第六條　國民學校每學級設級任一人低年級每四學級設科任一人中年級每三學級設科任一人高年級每兩學級設科任一人成人班或婦女班每兩班設教員一人

第七條　國民學校校長須兼課九十分鐘至六百分鐘教導主任應兼科任須任課一百八十分鐘至六百分鐘（均按學級多寡而定）

第八條　國民學校教員應以具有左列資格之一者為合格

(1) 師範學院或大學教育學院教育科系畢業者

(2) 高等師範學校或專科師範學校畢業者

（3）舊制師範學校本科或高級中學師範科或特別師範科畢業者

（4）師範學校畢業者

（5）經本局甄選或檢定合格持有合格證書者

第九條　具有前條所列各項資格之一服務國民教育一年以上著有成績者得為國民學校教導主任

第十條　具有前條所列各項資格之一服務國民教育二年以上著有成績者得為國民學校校長

第十一條　國民學校得附設幼稚園（或幼稚班）置主任一人秉承校長主持全園園務並担任教導保育事宜

第十二條　國民學校附設之幼稚園（或幼稚班）教員秉承主任担任教學

保育工作并分担園務

第十二條　國民學校附設之幼稚園主任須兼教員幼稚園（或幼稚班）教員之配備以每班滿四十兒童置正教員二人教員保育兒童二十以為原則

第十四條　國民學校附設之幼稚園（或幼稚班）教員應以幼稚師範畢業或具有第八條所列各項資格之一者為合格其對於幼稚教育富有經驗或研究經考核著有成績者得為幼稚園主任

第十五條　國民學校主任、教員及附設幼稚園之主任教員均由校長遴選合格人員聘任之之任用悉依南京市國民學校教職員任用待遇保障進修規則之規定辦理

第十六條　國民學校辦事細則另訂之

第十七條　本規程經分別呈報　教育部市政府備案後施行

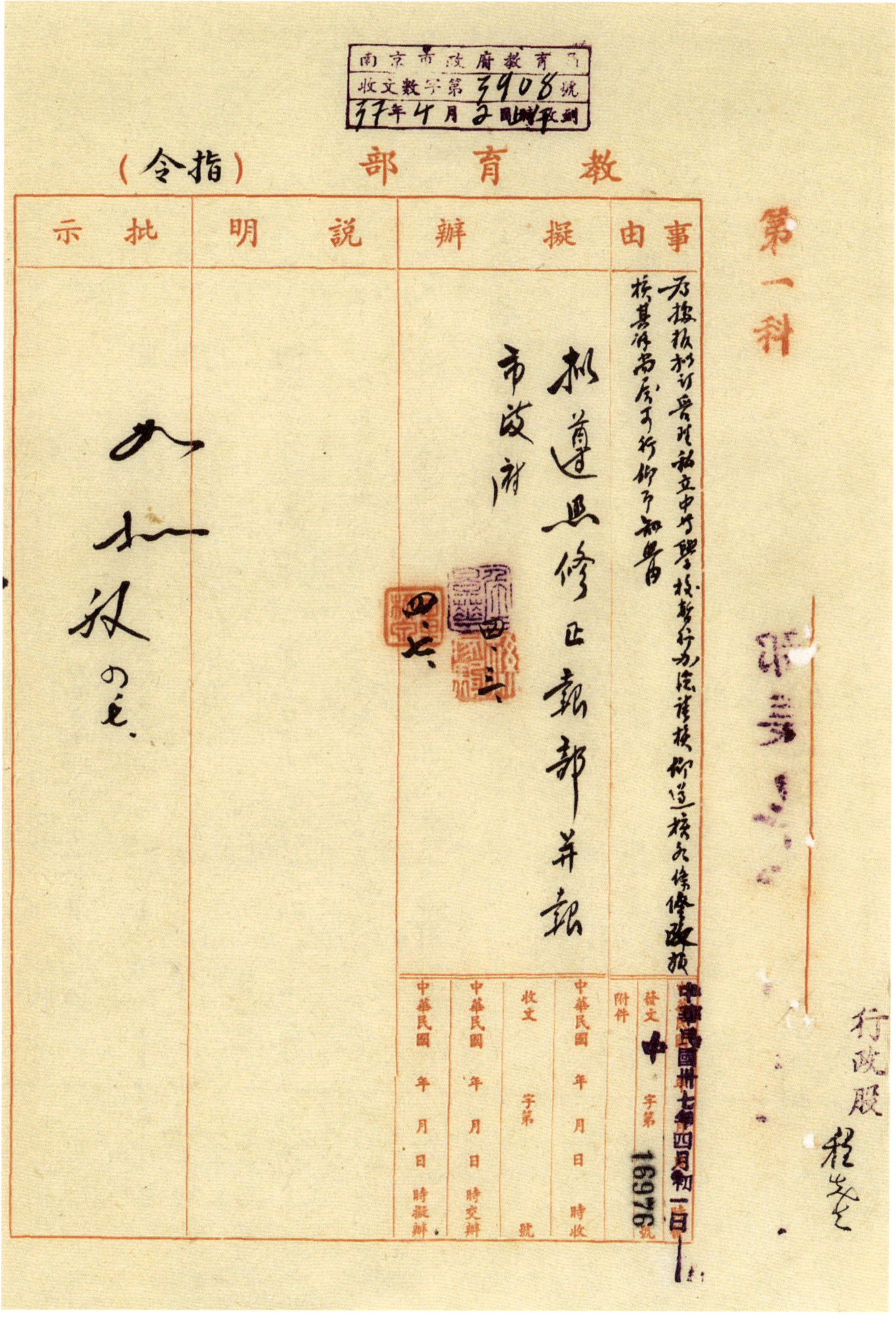

國民政府教育部令復南京市教育局《管理私立中等學校暫行辦法》及修正《辦法》

（一九四八年四月一日）

檔號：1003-7-18

令南京市教育局

（呈）京教中字第四一五號呈一件為擬訂管理私立中等學校暫行辦法呈請鑒核示遵由

呈件均悉。該校復如次：（一）原辦法第三條各校校名上應冠「南京市」字樣；（二）第九條應依照部頒各級學校學年學期假期辦法之規定；（三）第十七條內「規程」應改為「規則」；（四）第廿並兩條獎懲係對校抑屬對人，應明白規定，報核。其餘各項尚屬可行，仰即知照。

此令。

中華民國三十七年三月　日

部長 朱家驊

監印 何炳[illegible]
校對 [illegible]

南京市教育局管理私立中等學校暫行辦法

第一條　南京市教育局（以下简称本局）為管理本市各私立中等學校（以下简称各校）特訂定本暫行辦法

第二條　各校除遵照　部頒私立學校規程中學法中學規程職業學校法職業學校規程及各項有關法令外應依照本暫行辦法辦理

第三條　各校校名之上應加以「南京市私立」字樣所有校牌及對外行文均不應省略其為初級中學者並須註明「初級中學」字樣

南京市教育局

第四條　各校立案手續未能完成者應遵照　部章
限期辦理
第五條　各校董事會應遴選合格人員為校長並呈
請本局核准
第六條　各校校長不得在校外兼任任何職務
第七條　各校經費應由董事會自行籌足之
第八條　各校設備應力求敷用並須注意適合衛生
第九條　各校開學放假及休假日期應遵照本局規定
不得任意變更或提前放假
第十條　各校對於應行呈報各項表格須按期呈報
不得稽延

第十一條　各校對於本局飭辦事項及本局視導人員指示改進事宜應切實遵行

第十二條　各校之学級編制應力求合理每級学生以五十人為準

第十三條　各校招收学生應注意其入学資格是否合格不得濫收其新生同等學力之名額亦不得超出規定

第十四條　各校課程應遵照部頒課程標準及授課時数實施教学不得任意增減或變更並須注意其教学進度

南京市教育局

第十五條 各校学生成績考查應力求精確

第十六條 各校教員資歷應力求精確合於教育部規定標準

第十七條 各校應訂定教職員服務規程呈請本局核
准施行

第十八條 各校教職員俸給應求合理并應每學期發
給六個月之新俸

第十九條 各校徵收学生各費不得超出本局規定項目
及數額

第二十條 各校學生中途退學或休學者其所繳代辦各
費應計算退還

第二十一條　各校學生之膳食以學生自行辦理為原則學校負監督及指導之責如由學校代辦應於每月核定公佈收支帳目以示公開

第二十二條　各校所收學生各項費用及其他一切收入暨支出應依本局所訂私立學校經費稽核辦法經各校經費稽核委員會稽核後將各項收支書表報請董事會及本局備查

第二十三條　各校之校產整理及其收益須經董事會縝密審核呈報本局備查

第二十四條　各校一切教導設施能依照規定辦理而成績

優良者本局將酌量情形分別予以獎勵

(一)嘉獎

(二)頒獎狀

(三)發給獎助金

第二十五條 各校一切教導設施不能依規定之辦理而成績低劣者本局將酌量情形分別予以懲處

(一)警告

(二)申誡

(三)記過

(四)令飭董事會撤換校長

（五）撤消立案

第二十六條　本暫行办法如有未盡事宜得隨時修正之

第二十七條　本暫行办法呈請　市政府及教育部核准後

施行

南京市教育局管理私立中等學校暫行辦法

第一條　南京市教育局（以下簡稱本局）為管理本市各私立中等學校（以下簡稱各校）特訂定本暫行辦法

第二條　各校除遵照　部頒私立學校規程中學法中學規程職業學校法職業學校規程及各項有關法令外應依照本暫行辦法辦理

第三條　各校校名之上應加以「私立」字樣所有校牌及對外行文均不應省略其為初級中學者並須註明「初級中學」字樣

第四條　各校立案手續未能完成者應遵照　部章限期辦理

第五條　各校董事會應遴選合格人員為校長並呈請本局核准

第六條　各校校長不得在校外兼任任何職務

第七條　各校經費應由董事會自行籌足

第八條　各校設備應力求敷用並須注意適合衛生

第九條　各校開學放假及休假日期應遵照　部頒各級學校學年學期假期辦法之規定

第十條　各校對於應行呈報各項表格須按期呈報不得稽延

第十一條　各校對於本局飭辦事項及本局視導人員指示改進事宜應

第十二條 各校之學級編制應力求合理每級學生以五十人為準（切實遵行）

第十三條 各校招收學生應注意其入學資格是否合格不得濫收其新生同等學力之名額亦不得超過規定

第十四條 各校課程應遵照　部頒課程標準及授課時數實施教學不得任意增減或變更並須注意其教學進度

第十五條 各校學生成績考查應力求精確

第十六條 各校教員資歷應合於教育部規定標準

第十七條 各校應訂定教職員服務規則呈請本局核准施行

第十八條 各校教職員俸給應求合理并應每學期發給六個月薪俸

第十九條 各校徵收學生各費不得超過本局規定項目及數額

第二十條 各校學生中途退學或休學者其所繳代办各費應計算退還

第廿一條 各校學生之膳食以學生自行办理為原則學校負監督及指導之責如由學校代办應於每月核算公佈收支帳目以示公開

第廿二條 各校所收學生各項費用及其他一切收入暨支出應依本局所訂私立學校經費稽核办法各校經費稽核委員會稽核後備各項收支書表報請董事會及本局備查

第廿三條 各校之校產經理及其收益須經董事會稽察審核並報本局備查

第卅四條 各校一切教導設施能依照規定辦理而成績優良者本局得酌量情形分别予以獎勵

(甲)校長：

一、嘉獎

二、記功

(乙)學校：

一、發給獎勵金

第卅五條 各校一切教導設施不能依照規定办理而成績低劣者本局得酌量情形分别予以懲處：

(甲)校長：

一、申誡

二、記過

三、令飭董事会撤換校長

(乙)學校：

一、撤消立案

第卅六條 本暫行办法呈請 市政府及教育部核准後施行修改時亦同

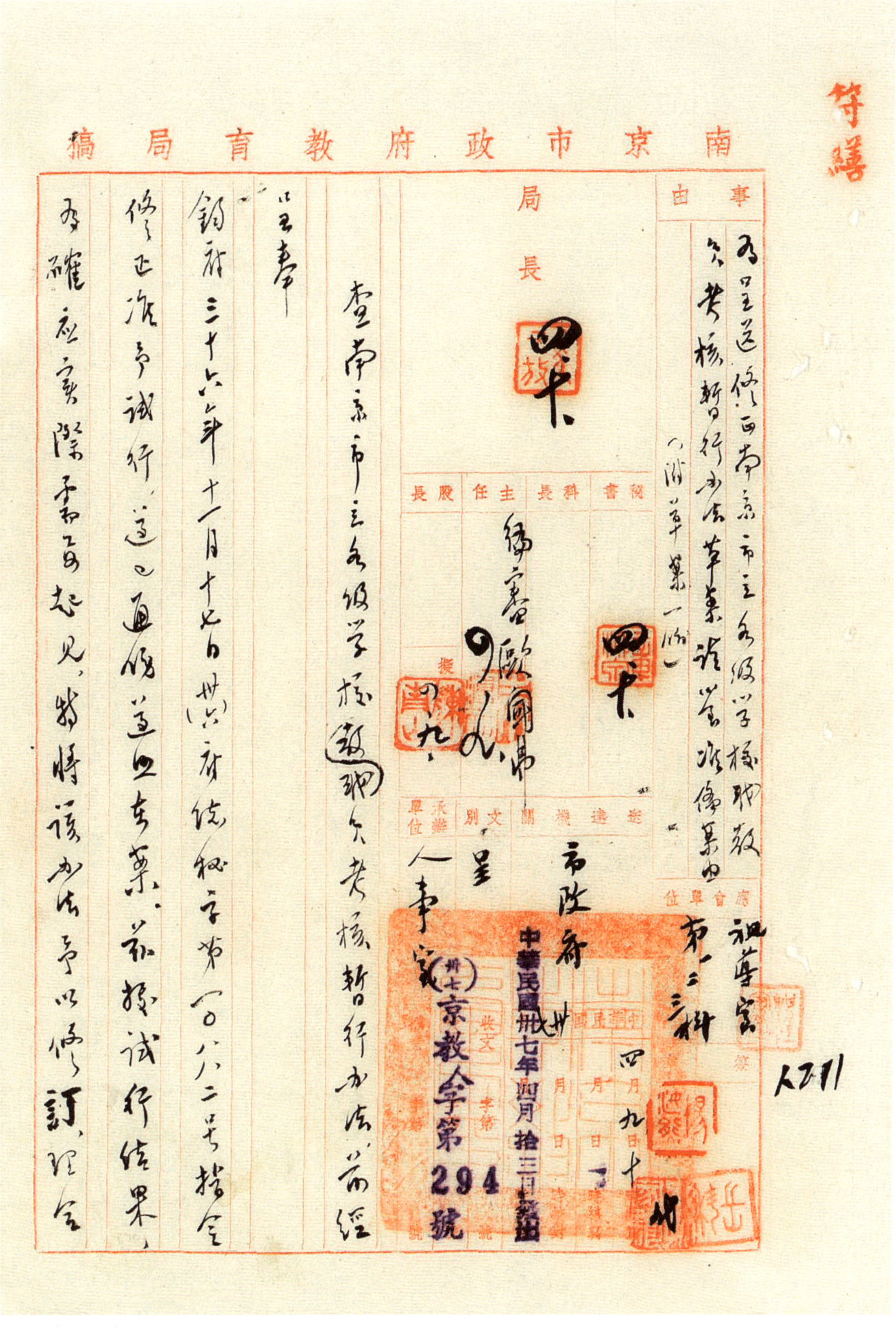

等繕
南京市政府教育局稿
事由
為呈送修正南京市立各級學校職教員考核暫行辦法草案請鑒核准予備案由
（附草案一份）
局長
秘書
科長
主任
股長
擬
送達
機關
市政府
文別
呈
承辦單位
人事室
會辦單位
卅七
京教人字第294號
中華民國卅七年四月拾三日發出
查南京市立各級學校職教員考核暫行辦法前經
呈奉
鈞府三十六年十一月十七日卅六府統秘字第一〇八六二號指令
修正准予試行，遵已通飭遵照在案。茲據試行結果，
為確應實際需要起見，特將該辦法予以修訂，理合

南京市教育局呈送市政府《修正南京市立各級學校職教員考核暫行辦法》

（一九四八年四月十三日）

檔號：1003-7-15

检同「修正南京市立各级学校职教员考核暂行办法」草案乙份，呈请

鉴核备案，准予施行。

谨呈

南京市政府

计呈送修正南京市立各级学校职教员考核暂行办法草案乙份

兼教育局局长马○○

呈報
市府備案

修正南京市立各級學校職教員考核暫行辦法

一、本市市立各級學校職教員之考核依本辦法辦理之
二、各級學校職教員之考核根據視導標準就其工作及學識等項以分數評定之共分為五等其分數列八十分以上者為一等七十分以上者為二等六十分以上者為三等不滿六十分者為四等不滿五十分者為五等
三、各級學校職教員依據考核之結果分別予以奬懲其辦法規定如左
一、列一等者嘉奬記功或調升
二、列二等者嘉勉
三、列三等者不予奬懲
四、列四等者申誡或記過

五、列五等者免職

四、各級學校職教員之考核於每學期由校長初核呈報教育局由視導室督學復核後報由局長參酌主管科意見決定並於學年終了時綜合兩學期之考核奬懲之

五、各級學校校長之考核於每學期由教育局督學初核報由局長參酌主管科意見決定奬懲之

六、校長及職教員有左列情事之一者教育局得隨時予以解職

一、違犯刑法證據確鑿者

二、行為不檢或有不良嗜好者

三、任意曠廢職務者

四、身体殘廢或身有痼疾不能任事者

七、各級學校職教員以久任為原則並依法予以保障其考核成績列三等以上而無前條各項情事之一者應一律續聘其考核成績列在四等者除有特殊情形外亦應續聘但兩學期連續列在四等者應予解職

八、本辦法由教育局訂定報請　市政府備案施行

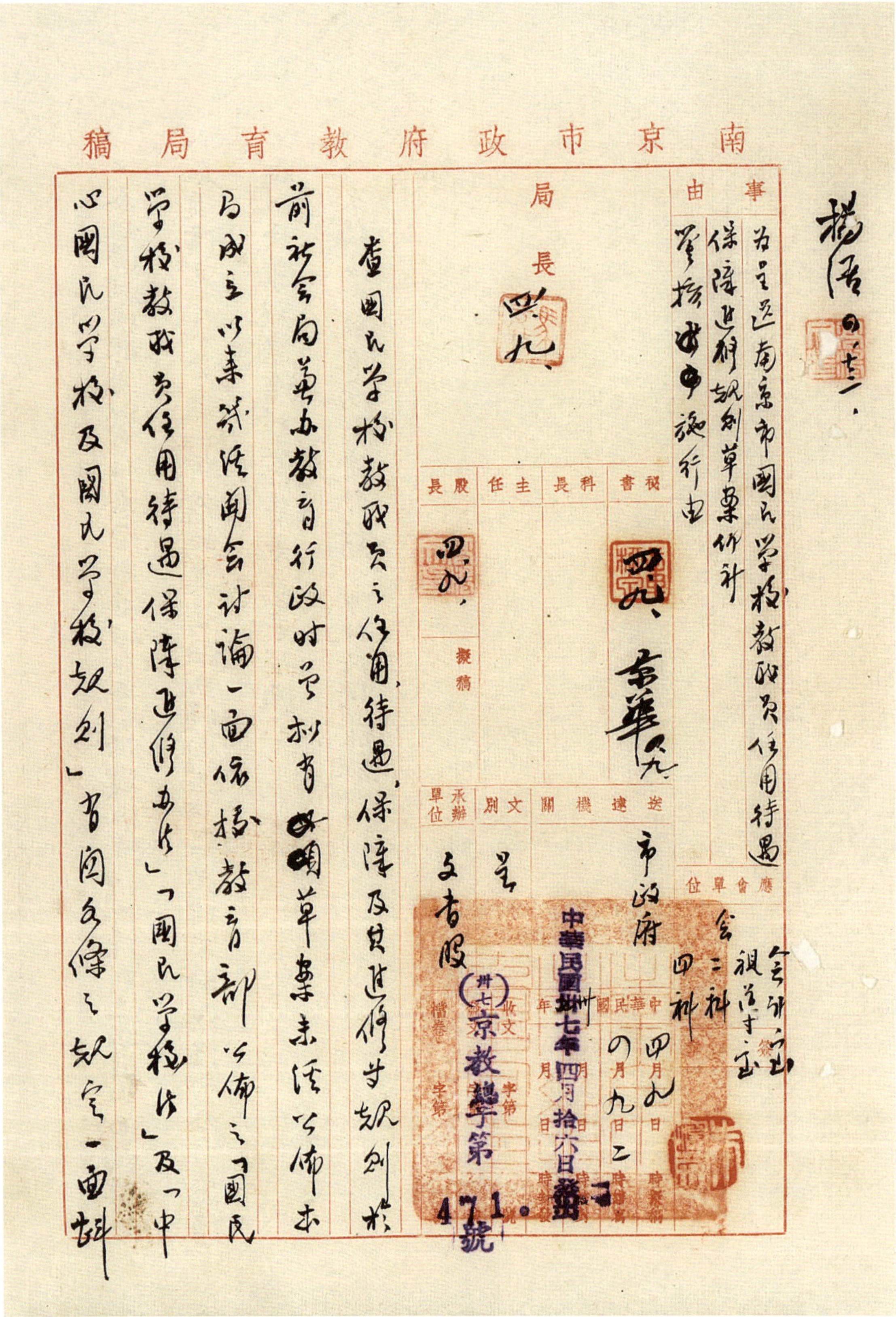

南京市政府教育局稿

事由：為呈送南京市國民學校教職員任用待遇保障進修規則草案仰祈鑒核並予施行由

局長 四、九

秘書 四、九 華 四、九

擬稿

送達機關：市政府

文別：呈

承辦單位：文書股

會辦單位：四科 二科

中華民國卅七年四月拾六日發

(卅七)京教總字第 471 號

查國民學校教職員之任用待遇保障及其進修等規則於前社會局兼辦教育行政時曾擬有各項草案未經公佈本局成立以來經迭開會討論一面依據教育部公佈之「國民學校法」「國民學校規則」及「中學校教職員任用待遇保障進修辦法」「國民學校及國民學校規則」有關各條之規定一面斟

南京市教育局呈送市政府《南京市國民學校教職員任用待遇保障進修規則草案》

（一九四八年四月十六日）

檔號：1003-7-15

酌本市實際情形訂定「南京市國民學校教職員任用待遇保障進修規則草案」一種，其內容關於任用、服務、考核、獎懲等章，均依照現行法令辦理，至於待遇一項，另依實行年功加俸辦法，但以限制甚嚴，研擬該草案呈請核示，理合備文呈送，仰祈

鑒核，准予施行。

謹呈

南京市政府

附呈南京市國民學校教職員任用待遇保障進修規則草案一份

南京市教育局局長馬元放

呈報市府備案

南京市國民學校教職員任用待遇保障進修規則草案

第一章 總則

第一條 本規則依據教育部公佈之「國民學校教職員任用待遇保障進修辦法」及「國民學校法」與「中心國民學校及國民學校規則」有關各條之規定並斟酌本市情形訂定之

第二條 本規則所稱之國民學校除特別註明者外適用於中心國民學校國民學校及幼稚園中心國民學校國民學校及幼稚園組織辦法另訂之

第三條 凡本市國民學校教職員之任用待遇保障進修除法令別有規定外悉依本規則辦理

第二章 任用

第四條 本市國民學校教員除任用本市市立師範學校畢業生外由本市教育局就具有國民學校教員之資歷者舉辦國民學校教員登記或甄選並於學年開始前一個月內公佈合格教員之姓名學歷如遇人數過多得分期公佈之

第五條 凡具有左列資格之一者不分性別籍貫得向本市教育局聲請登記或參加甄選經審查或甄選合格公佈者均可被聘為本市國民學校教員其登記審查及甄選辦法另訂之

一、師範學院或大學教育學院教育科系畢業者；

一

二、高等師範學校或專科師範學校畢業者
三、師範學校畢業者
四、舊制師範學校本科或高級中學師範科或特別師範科畢業者
五、專科以上學校非教育科系畢業經檢定合格者
六、簡易師範學校或簡易師範科或舊制鄉村師範學校或幼稚師範學校或高級中學舊制中學或其他同等以上學校畢業經檢定合格者

第六條　本市國民學校教員之任用除本市市立師範學校畢業學生由本市教育局分發各校聘用外均由校長就登記或甄選合格教員名單中選聘如遇職缺合於需要時得由校長專案呈准教育局另聘合格教員並補辦登記手續

第七條　本市國民學校教職員應由校長於學年或學期開始前聘任以一學期為原則續聘任期為一年其不在學年度開始時之續聘仍以一學期為限期滿不續聘者應於學期結束前通知並呈報教育局

第八條　本市國民學校續聘教職員應將聘約連同存根於學期開始以前呈送教育局核定薪額加蓋教育局鋼印後方生效力新聘教職員並應將聘約連同存根相片及各項證件

於開學二週前呈送教育局經審查合格核定薪額加蓋教育局鋼印後方生效力

第九條 本市國民學校中心國民學校校長主任幼稚園主任之資格照左列之規定

一、具有第五條所列一至四款資格之一服務國民教育一年以上具有成績者得為國民學校或中心國民學校教導主任輔導研究主任

二、具有第五條所列一至四款資格之一服務國民教育六年以上具有成績者得為國民學校校長

三、具有第五條所列一至四款資格之一服務國民教育三年以上並曾充小學校長或擔任教育視導工作具有成績者得為中心國民學校校長

四、幼稚師範學校畢業或具有第五條所列一至四款資格之一對於幼稚教育富有經驗或研究者得為幼稚園主任

第十條 本市國民學校中心國民學校之校長幼稚園主任由教育局就合於前條規定之資格者任用之本市現任教職員及教育行政人員有合於是項資格而成績優良者得儘先任用

第十一條 新任國民學校校長或幼稚園主任應於呈報就職時填具任用審查表連同各項證件呈請教育局核定薪額

第十二條　國民學校事務員由校長任用之並報教育局核定薪給

第三章　服務

第十三條　本市國民學校設校長一人綜理全校校務並指導教職員分掌教導及其他事務中心國民學校校長兼負輔導各該區內國民學校及私立小學之責及協助辦理區內強迫入學事宜

第十四條　本市國民學校教職員均為專任職不得兼任校外有給職務在校除担任課務外並應秉承校長分理校務及負訓導與保育等事宜

第十五條　本市國民學校在四班以下者由校長兼教導主任滿五班者指定級任教員一人兼教導主任六班以上者置教導主任一人十九班以上者增置副教導主任一人每班置級任教員一人科任教員在高年級每兩班置一人中年級每三班置一人低年級每四班置一人滿六班至十二班者置事務員一人十三班以上者增設事務員或書記一人二十一班以上者再增置事務員或書記一人

本市中心國民學校設教導輔導研究及總務三部各置主任一人十九班以上者增置副教導主任一人每班置級任教員一人科任教員高中年級每兩班置一人低年級每三

班置一人除照國民學校之規定設置事務員外另增設事務員或書記一人、

各校高中低三階段每階段班數達到四班時得指定該階段內之級任一人兼階段主任

本市幼稚園置主任一人但須兼任教員每班滿四十兒童置教員二人滿四班置事務員一人

凡施行半日二部制之班級每班置級任教員一人不增設科任教員增置主任及事務員計算班數時以兩班折合全日制一班

第十六條　本市國民學校教職員每週任課時間規定如左：

職別	學級數	任課分鐘
一、校長：	一班至五班	四八〇—六〇〇
	六班至九班	三六〇—四八〇
	十班至十八班	二四〇—三六〇
	十九班以上	九〇—二四〇
二、主任：	六班至九班	四八〇—六〇〇
	十班至十八班	三六〇—四八〇
	十九班以上	一八〇—三六〇
三、級任教員：		八〇〇—一〇〇〇

四、科任教員：九〇〇—一一〇〇

國民學校教員經教育局指定担任研究工作者得酌減任課分鐘

第十七條　中心國民學校校長及輔導研究部主任得不兼課

本市國民學校校長所兼之課在五班以下抵充科任教員半人六班至九班者與教導主任所兼課之總數抵充科任教員一人十班至十八班者抵充科任教員半人十九班以上者校長及教導主任副主任三人兼課總數抵充一人

中心國民學校教導總務二部主任所兼課之總數在六班至九班者抵充科任教員一人十班至十八班者抵充半人十九班以上連同副教導主任三人所兼之課抵充一人

第十八條　本市國民學校教職員應出席規定之校內校外各種會議并受教育局之指導舉行各種教學訓導兼辦社教及推行自治等之實驗或試驗負責報告其結果與研究心得

第十九條　本市國民學校事務員秉承校長及主任之命辦理文書會計及一切庶務其未設事務員者各項事務由教員分任之

第二十條　本市國民學校教職員在校期間每日至少八小時假期中應輪流到校辦公

第二十一條　本市國民學校教職員在受聘期間不得藉故辭職如必須

退職者須商得校長同意請得代理人後方可离校校長并應將接替人員依法定手續呈報教育局備核

第二十二條　本市國民學校教職員非因疾病及特殊事故不得請假如因故請假應自請登記及遴選合格人員代理經校長允准方得离校請假在三日以上者須填三聯請假單檢同代理人證件由校長呈報教育局備查

第二十三條　本市國民學校校長請假一日以上者應填具請假單先行呈報教育局核准

第二十四條　本市國民學校校長主任請假時除課務得請校外合格人員代理外如非單級之學校其職務應由校内主任或教職員代理之

第二十五條　本市國民學校教職員遇有左列事項請假時於履行二十二條請假手續後得享受原有待遇其代課人員之薪給由校長呈請教育局另行支給之

一、父母或配偶喪亡得請假兩星期

二、女教員生育得請假六星期

第廿六條　本市國民學校教職員請假日數除第二十五條規定者外事假每年合計不得逾二星期病假不得逾三星期逾限得以事假抵銷如確係重病可酌予延長假滿而不銷假或未

第廿七條　經校長允准而擅自离校者即由校長改聘合格人員

每學期終了時各國民學校校長應將教職員請假事由日數統計列表呈報教育局備核

第四章　待遇

第廿八條　本市國民學校教職員之薪級規定如左：

級別	月薪額
1	300
2	280
3	260
4	240
5	220
6	200
7	190
8	180
9	170
10	160
11	150
12	140
13	130
14	120
15	110
16	100
17	90
18	80
19	70
20	60

第廿九條　本市國民學校教職員之待遇依各人之資格入級

一、合於第五條第一項資格者支第十二級薪

二、合於第五條第二項資格者支第十四級薪

三、合於第五條第三項及第四項資格者支第十六級薪

四、合於第五條第五項資格者支第十七級薪

五、合於第五條第六項資格者支第十八級薪

第三十條　本市國民學校教員之薪級核定辦法除依前條之規定核定其入級底薪外並依其過去服務之年資核加年資薪其標準每五年晉一級但以有服務証件足資証明者為限

第三十一條 本市國民學校教員兼職員者按時職務之繁簡依左列之規定加薪

職別	學級數	加薪數
一、校長	一班至五班	加二十元
	六班以上	加三十元
二、主任		加二十元
三、級任		加一十元

第三十二條 本市國民學校事務員之月薪由各校校長視其資歷及職務繁簡依照第二十八條之規定自二十級至十六級擬定其薪額呈經教育局核准支給之

第三十三條 本市國民學校教職員於學期開學前到校者自學期開始時支薪每年以十二個月計算其中途受聘或於開學後到校者自到校之日起薪

第五章 考核

第三十四條 本市國民學校教職員之考核根據視導標準就其工作及學識等項以分數評定之共分為五等其分數列八十分以上者為一等七十分以上者為二等六十分以上者為三等不滿六十分者為四等不滿五十分者為五等

第三十五條 本市國民學校教職員依据考核結果分別予以獎懲其辦

法規定如左
一、列一等者嘉獎記功或調升
二、列二等者嘉勉
三、列三等者不予獎懲
四、列四等者申誡或記過
五、列五等者免職

第三十六條 本市國民學校教員之考核於每學期結束前由校長初核呈報教育局由視導室督學複核遂報由局長參酌主管科意見決定並於學年終了時綜合兩學期之考核獎懲之

第三十七條 本市國民學校校長之考核於每學期結束前由教育局督學初核報由局長參酌主管科意見決定獎懲之

第三十八條 本市國民學校教職員有左列情形之一者教育局得隨時予以解職
一、違犯刑法訴據確鑿者
二、行為不檢或有不良嗜好者
三、任意曠廢職務者
四、身体殘廢或身有痼疾不能任事者

第三十九條 本市國民學校教職員以久任為原則並依法保障其考核成績列三等以上而無前條各項情事之一者應一律續聘

其考核成績列在四等者除有特殊情形外亦應續聘但兩學期連續列在四等者應予解職

第六章　年功加俸

第四十條　本市國民學校教職員之年功加俸以連續在本市國民學校服務者為限

第四十一條　本市國民學校教職員年功加俸辦法採用俸給晉級制以兩年晉一級為原則即其連續列三等以上者每兩年晉一級列三等者每三年晉一級其成績優異考核列一等者依本規則第三十五條之規定應予調外者依調外之職薪支給連續兩學期記功者得晉一級支薪

第四十二條　年功加俸之晉級支薪於學年開始時核定之由教育局將教職員獎勵事項及年功加俸核定事項令知各校校長并轉知各教職員

第四十三條　本市國民學校事務員之加薪由校長另案報請教育局核定之但最高薪額不得超過十一級

第七章　退休撫卹及子女入學優待

第四十四條　本市國民學校教職員之退休遵照部頒修正學校教職員退休條例及其施行細則辦理之

第四十五條　本市國民學校教職員之撫卹遵照部頒修正學校教職員

第四十六條 撫卹條例及其施行細則辦理之

本市現任或依部頒教職員撫卹條例領有卹金之已故國民學校教職員其子女肄業本市市立各級學校者得按其服務年限之久暫享受免費待遇其辦法另訂之

第八章 進修

第四十七條 本市國民學校教職員之進修應隨時注意教導知識技術之改進道德之修養体魄之鍛鍊以及其他學術之研究

第四十八條 凡左列各種研究進修机関及組織經教育局指定者本市國民學校教職員均應參加之

一、教育局舉辦之假期訓練班或講習會

二、依照部令組織之各級國民教育研究會

三、本市組織之國民學校各科教學研究會

四、本市市立師範學校或國立師範學院附設之進修班及函授學校

第四十九條 本市國民學校教職員參加前條所列研究進修事項其成績由進修机関報告教育局作為考核下學期各該教職員服務成績之參考

第五十條 本市國民學校教職員平時進修成績研究心得及有関教育之著作各校校長應彙呈教育局審查如確有特長得酌

予獎勵

第五十一條　本市國民學校教員連續服務滿十年而成績優良者除按年功加俸外得給進修假一年以利進修並得享受原有待遇代課教員之薪津由校呈請教育局另行支給其辦法及名額另訂之

第五十二條　本市國民學校教職員合於前條規定時應填具休假進修申請表由服務學校呈送教育局核定之

第五十三條　本市國民學校教職員休假進修分為「研究」及「考察」兩種以與所任教課或職務有關者為限

前條研究之處所或考察之地區由教育局指定之必要時並酌予補助旅費

第五十四條　休假進修之教職員應就志願或指定研究考察之事項擬具計劃書呈送教育局審核

第五十五條　休假進修之教職員應於每半年及進修完畢時分別將研究或考察情形及結果繕具書面報告呈送教育局審查其成績優異者並得由教育局呈請教育部給予獎金

第五十六條　休假進修之教職員進修期滿應仍回原校服務非經教育局核准不得轉任其他學校服務

第九章　附則

第五十七條　本規則如有未盡事宜由教育局呈請　市政府增訂之並
轉咨教育部備案

第五十八條　本規則經市政府核准並報教育部備案後公佈施行

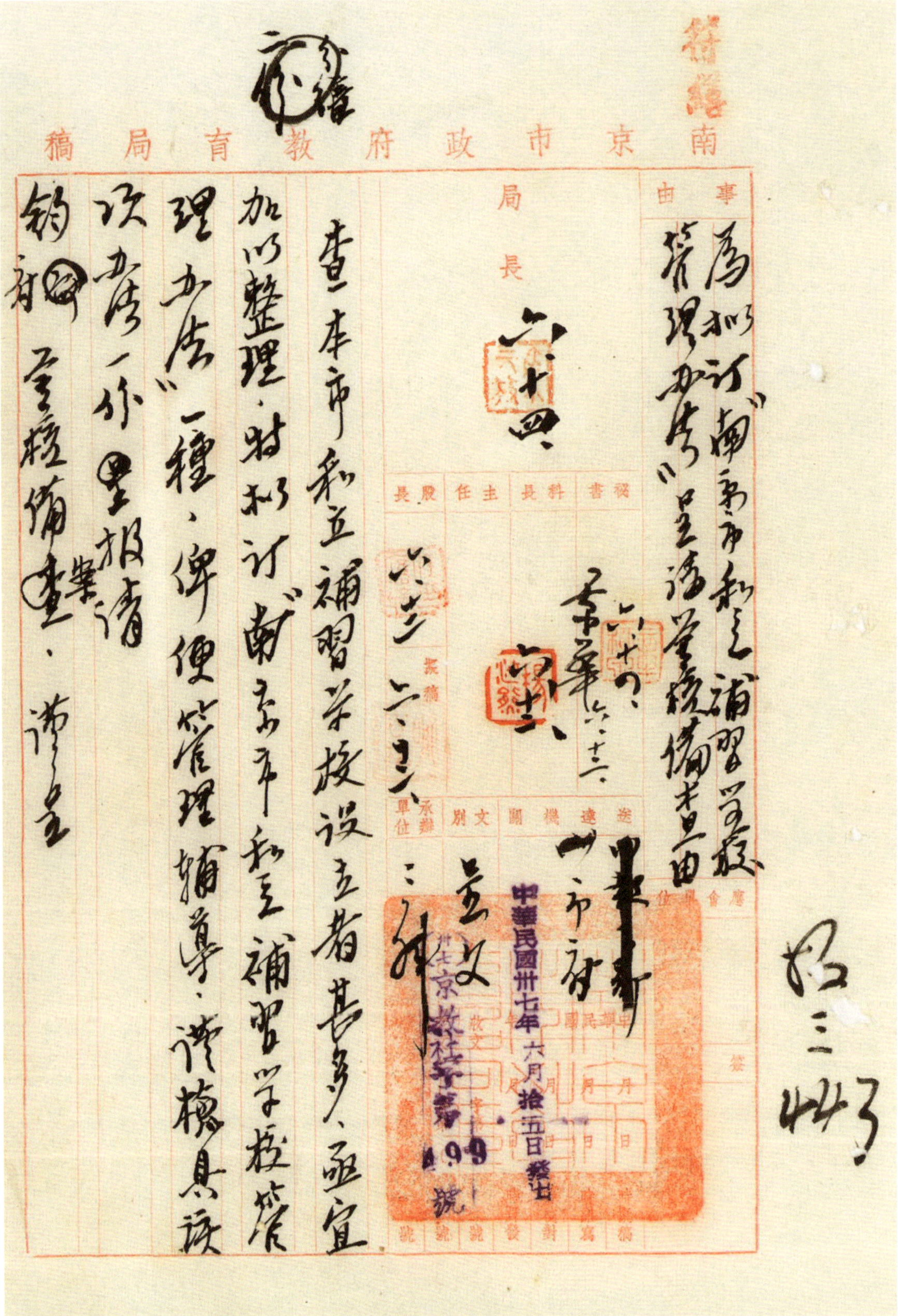

南京市政府教育局稿

事由：為擬訂南京市私立補習學校管理辦法呈請鑒核備查由

局長

查本市私立補習學校設立者甚多，亟宜加以整理，特擬訂南京市私立補習學校管理辦法一種，俾便管理輔導，謹檢具該項辦法一份，呈報請鈞府鑒核備查。謹呈

中華民國卅七年六月拾五日發出
京教社字第 99 號

南京市教育局呈送市政府《南京市私立補習學校管理辦法》（一九四八年六月十五日）

檔號：1003-7-18

呈教育部部長朱

市長兜

附《南京市私立補習學校管理辦法》一份

全銜市長馬超俊

请油印二百份

南傑

南京市私立补习学校管理办法

（一）总则

一、南京市教育局为管理本市私立补习学校特依据补习学校法及补习学校规则及私立学校规程并斟酌本市实际情形订定本办法。

（二）设校

二、私立补习学校须先由创办人呈经本局核准，方得开办，其已开办者应于本办法公布后两月内补办申请登记手续，逾期即予取缔。

三、大学程度之补习学校须由公立或已立案之私立大学、独立学院或专科以上学校举办为原则

四、私立补习学校呈请开办时应开具左列各事项送呈查核

1. 学校名称及组织规程
2. 学校所在地及校舍情形
3. 学校科目及程度
4. 学校设备及基金情形
5. 经费来源及经常开办各费预算表
6. 收费数额
7. 创办人姓名履历及住址
8. 赞助人三名须在本市有正当职业及住处并签名盖章填具保证书

五、私立补习学校经核准开办一年以上经考查办理成绩优良者得依照修正私立学校规程规定手续呈请立案其基金数额由本局视其规模大小酌同

南京市教育局

照所開學校核定。為簡化手續起見，董事會與學校得依次同時呈案。

六、凡機關團體欲借用市立各級學校教室舉辦補習學校者，須事先商得該校同意，由雙方會同呈報本局核辦，經批准後方得借用，惟對私人概不出借。

此令。

七、凡本市私人所設補習所、傳習所、訓練班、速成班等補習機構均應改稱私立補習學校（並不得省去補習字樣），私立中小學附設補習班亦一律稱為補習班或短（長）期補習班。

八、凡一校僅設一科者，稱某科補習學校（例如會計補習學校）；設二科以上而均屬普通科（指國、英、算、史地、常識等科）者，稱普通補習學校；設二科以上而均屬職業科（指會計、速記、打字、駕駛、無線電等科）者，稱職業補習學校；普通科及職業科均設者，稱補習學校。

九、各校校名上均須冠以私立字樣，並不得以古蹟地名為學校名稱（如中國中華等

及南京首都等）。如已採用此名，即於本辦法公佈一月內改稱，並報局備查。

十、~~各校呈准開辦~~私立補習學校，無論已經本局核准開辦或登記而尚在未完成立案手續以前，不得援稱立案或備案。

（四）收費

十一、私立補習學校之收費以學費、雜費及講義費為限，其所設科目須實習者得加收

實習費。

十二、各校收費數額由本局規定之，並得隨時酌予調整。

（五）視導

十三、凡經核准開辦或立案之私立補習學校應於每期結束時將辦理情形呈報

備查，至少每半年呈報一次。

十四、各校辦理情形由本局隨時派員前往視察，至少每六個月視察一次。

十五、私立補習學校如不遵本辦法之規定辦理時，由本局得隨時予以糾正，其有斂財情

正或情節重大者得予取締或移送法院依法究辦

六　附則

十六、凡本辦法未盡事宜悉照補習學校法補習學校規則及修正私立學校規程之規定辦理

十七、本辦法由南京市教育局公佈之日起施行並呈報　教育部市政府備案

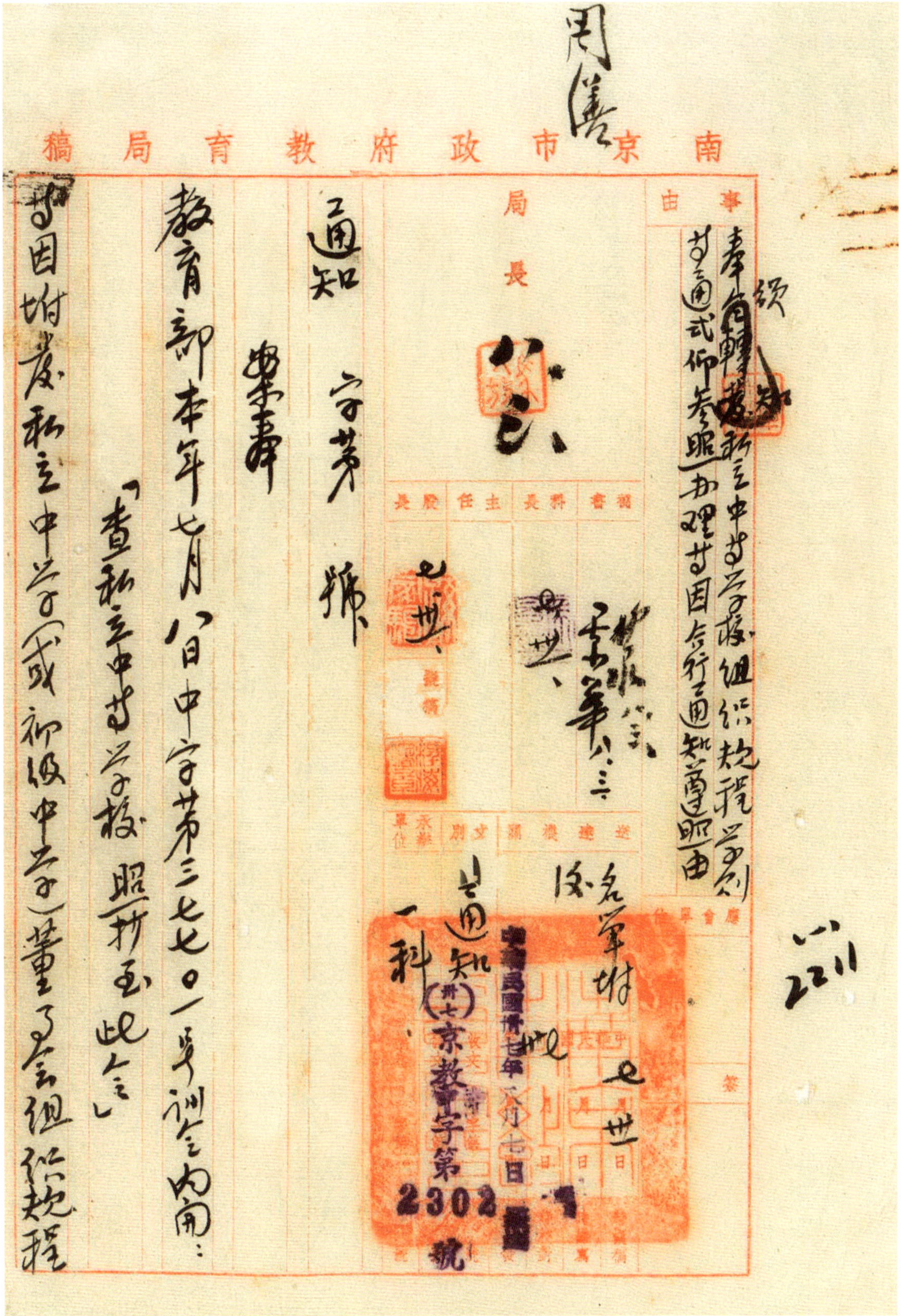

南京市教育局奉國民政府教育部令頒布《私立××中學學則通式》《私立××中學董事會組織規程通式》《私立××中學組織規程通式》（一九四八年八月七日）

檔號：1003-7-20

（原附件存局待查）暨学校组织规程学则等改正本各存。奉此，除分别函

知外，合行抄发该项函式，抄函通知，仰遵照为要。

右函通知私立——中学

附发私立中学（或初级中学）董事会组织

规程暨学校组织规程学则等改正本

各一份。

兼局长马元〇

附名单存

尚未完成立案手續之私中名單

菁會中學——門西王府里十一號
漢英初級中學——珠江路
建業中學——丁官營十二號
東南中學——國府西街六十七號
東岩初中——中華門外正學路南三藏殿
民生中學——燕子磯
國光中學——下浮橋菱角市
慈廬中學——湯山鎮
和平中學——中央門外邁皋橋
建國中學——童里二分山金陵寺
正誠中學——昇州路三山坊里一號巷十九號
秣陵中學——長樂路倉巷口右石觀音庵內
首都中學——中央門外東井亭
普德中學——中華門外普德寺
永清中學——廠內街十號
江南中學——建鄴路一四二號
新三中學——太平路太平巷二號之一
大仁中學——四象橋邊雲井五號
志仁中學——膺府街

急群中学 〃 珠江路八六四号
雨人中学 〃 小火瓦巷七号
臨南中学 〃 中央路一八〇号之一
大中中学 〃 蓮子營
中正中学 〃 漢中路
堅池中学 〃 燕子磯
鍾山中学 〃 馬道街五号
復興初中 〃 紅廟
培育初中 〃 胭脂巷27号
道勝初中 〃 挹江門勝公會
昌明中学 〃 青果巷三〇七号
憲光中学 〃 獅子橋
惠民中学 〃 下関保善街一八一号
石城中学 〃 玉泉路一四号
勵志中学 〃 黄浦路勵志社内
華南中学 〃 鼓樓衛声巷二十七号

私立××中學學則通式

第一章 總則

第一條 本學則依據本校組織規程第十九條之規定訂定之

第二條 本校關於學級及課程編配教導實施學生收錄成績考查及其他應辦各項手續除遵照現行教育法令規定外悉依本學則辦理

第二章 編制及課程

第三條 本校初中及高中學生依課程進度各分為一年級二年級及三年級

第四條 本校每班學生以五十人為度至少須有二十五人以男女分班為原則

第五條 本校各學科除体育及軍事訓練得採用其他分組方法教學外均分班教學

第六條　本校教學科目初中為公民、体育、童子軍、生理及衛生、國文、英語、數學、博物、化學、物理、地理、歷史、勞作、圖画、及音樂，高中為公民、体育、軍事訓練（女生為家事看護）、國文、英語、數學、生物、化學、物理、歷史、地理、礦物、勞作、圖画及音樂各科每學期每週教學時數照教育部規定辦理

第七條　本校教科書均採用教育部編輯或審定者

第八條　本校各科教學均活用教本採用地方性及臨時補充教材注重實驗實習並以國語為教學用語

第九條　本校學生於最後一學期在不妨碍課業原則下得利用假期參觀旅行其費用由學生自行負担

第三章　經費與徵收費用及各種奬學金額

第十條　本校之開辦經常臨時各費均由本校董事會撥給之

第十一條　本校經常費之支配標準俸給佔百分之七十設備費費佔百分之二十辦公費佔百分之十

第十二條　本校徵收學生費用分為學費圖書費體育費宿費四種

第十三條　本校依前條徵收之圖書費專為圖書館添置學生必需之圖書体育費專為供給學生運動遠足旅行及衛生消耗均应於下一期開學時分別造具收支清單公布之學費寄宿費為學校全部收入之一部統收統支

第十四條　本校依前條徵收之各費至多以不超過同一地區或距離最近之公立中學所收各費之一倍為限

第十五條　本校學生用書制服及各種工作材料俱由學生自備或由學校按實價向學生徵收代辦

第十六條　本校學生如中途退學酌量退還其所繳寄宿費

第十七條　本校遵照規定設置奬學金額及公費生免費生學額（則二）

其詳法另訂之

第四章　訓育

第十八條　本校以「禮義廉恥」四德為校訓並依據修正中學規程第二條之規定陶融「青年忠孝仁愛信義和平」之德養成其勇毅之精神與規律之習慣

第十九條　本校學生除勞作科外凡校內整理清潔消防及學校附近之修路造林水利衛生識字運動等項皆分配担任之

第廿條　本校々長及各專任教員均住宿校內並與學生共同生活

第廿一條　本校遵行導師制其實施細則另定之

第廿二條　本校學生有曠課及怠於自修或勞動作業等情核減其學業及操行成績

第廿三條 本校之訓育標準遵照教育部規定其實施方案或辦法另定之

第五章 成績及考查

第廿四條 本校學生成績分學業操行及体育成績三項（童軍成績併入体育成績内）均用百分法計算以百分為最高六十分為及格

第廿五條 本校考查學生學業成績分下列四種 一、日常考查 二、臨時試驗 三、學期考試 四、畢業考試

第廿六條 日常考查各科依其性質酌用下列各方式 一、口頭問答 二、演習練習 三、實驗實習 四、讀書報告 五、作文 六、測驗 七、調查採集報告 八、其他工作報告 九、勞動作業

第廿七條 臨時試驗由各科教員隨時於教學時間内舉行不預先通知學生每學期每科至少舉行二次

則三

第廿八條　學期考試於學期終各科教學完畢時就一學期內所習課程考試之考試前停課一日至二日備學生複習

第廿九條　畢業考試於三學年修滿後就所習全部課程考試之考試前停課三日至四日備學生複習其參加畢業會考之學生得免除畢業考試

第卅條　本校以各科日常考查成績與臨時試驗成績合爲各科平時成績日常考查成績在平時成績內佔三分之二臨時試驗成績佔三分之一

第卅一條　本校以各科平時成績與學期考試成績合爲各科學期成績平時成績在學期內佔五分之三學期考試成績佔五分之二

學生在第三學年第二學期得免除學期考試而以各科平時成績作爲學期成績但參加畢業會考之學生

仍須舉行最後學期考試

第卅二條　本校學生以各科學期成績之平均為其學期成績一二兩學期學期成績之平均為其學年成績

第卅三條　本校學生以學年成績平均與其畢業考試成績合為畢業成績各學年成績平均在畢業成績內佔五分之三畢業考試成績佔五分之二

第卅四條　本校學生操行成績不及格者飭令退學体育成績不及格者不准進級或畢業

第卅五條　本校學生全學期各科缺席時數達該科教學總時數三分之一以上者不准參與該科之學期考試

第卅六條　本校學生有二科以上無學期成績或成績不及格或在初中有國文英語數學勞作四科中任何二科在高中有國文英語數學物理化學五科中任何二科無學期

則四

成績試成績不及格者均予留級連續留級以二次爲限如本校無相當學級可留發給轉學証書飭令退學（則四）

第廿七條　本校學生有一科或二科無學期成績或成績不及格非如前條所規定者均須於次學期仍隨原學級附讀補習經補考及格後始准進級但此項補考以二次爲限如仍不及格應於次學年仍留原級肄業連續留級亦以二次爲限如仍不能進級發給修業証書令其退學

第廿八條　本校學生畢業考試成績有三科以上不及格或在初中有國文英語數學勞作四科中任何二科在高中有國文英語數學物理化學五科中任何二科不及格者均令其留級一學年或一學期此項留級以二次爲限如仍不能畢業發給修業証書令其退學

第卅九條　本校學生畢業考試成績有一科或二科不及格非如前條所規定者得補行考試一次如仍不及格照前條辦法辦理

第四十條　本校操行及体育成績考查辦法另定之

第六章　學年學期及休假日期

第四一條　本校以八月一日至次年七月三十一日為一學年

第四二條　本校每學年分為兩學期以八月一日至次年一月三十一日為第一學期二月一日起至七月三十一日為第二學期

第四三條　本校休假日期悉依照法令規定辦理每星期六下午並不停止教學

第七章　入學轉學休學復學退學及畢業

第四四條　本校初中入學資格為小學畢業或具有同等學力者

高中入學資格為初中畢業或具有同等學力者均須經入學試驗並收受同等學力新生之比額高中不得超過錄取名額百分之二十初中不得超過百分之三十

第四五條　本校學生於學期或學年終了考試成績及格如必須轉學他校或有本學則第三六條規定情形得請求發給轉學證書

第四六條　本校第二學期以上之學級如有缺額得於學期開始時招收插班生此項插班生須持有其他中學本學期轉接之轉學證書或成績單並須經編級考試

第四七條　本校學生因身体或家庭之特殊情形得請求休學一學期或一學年

第四八條　本校學生因身体或家庭之特殊情形經保証人証明呈高理由正當者得請求退學

第四九條　本校學生經開除學籍者不發給轉學證書或修業證書

第五〇條　本校學生修業期滿畢業成績及格或經會考成績及格者准予畢業給予畢業證書

第八章　附則

第五一條　本學則未盡事項悉遵照法令辦理

第五二條　本學則經校務會議通過呈奉××省教育廳核准轉報教育部備案後施行修改時同

附誌：上錄規程及學則通式均係依九學級以上之兩級中學校訂，如係八學級以下之初級中學規程通式第九條上段應改為「本校設教導事務二處，各設主任一人協助校長分別處理教務訓育及事務」，第十、第十一、第十二各條應併改為「教導處分設教務訓導体育衛生等三組，教務組掌管關於教學証冊設備等事項，組長由教導主任兼任之；訓導組掌管關於訓育管理等事項，組長由童軍教練或公民教員兼任之；体育衛生組掌管關於体育衛生治療等事項，組長由体育教員或生理衛生教員或校醫兼任之」第十四條內「各處」應改為「兩處」（則大）第十五條上項改為「本校設會計主任（或會計員）一人」第十六條改為「本校施行童軍管理設童軍團本部置主任一人教練員若干人團長由校長兼任之」（如學生不多得不設團部並得僅設教練一人）第十八條二款內之「教務主任」三款內之「訓育主任」均應改為「教導主任」（依中華學校行政組織補充辦法規定入學級以下之中等學校並不一定要設事務處其事務簡單得僅設一庶務上開有關各條仍應酌改」學則各條其有關於高中部份規定者應刪除（中學法中學規程及中等學校行政組織補充辦法詳見中華書局卅六年五月印行之教育法令第二一五頁至二八三頁）

私立××中學董事會組織規程通式

第一章 總則

第一條 本會定名為私立××中學(或初級中學)董事會

第二條 本會以創辦私立××中學(或初級中學)並謀其發展為目的

第三條 本會會址設於××

第二章 組織及職權

第四條 本會董事名額定為×人至十五人,第一任董事由設立者聘請相當人員充任之,設立者為當然董事,其人數最多不得過三人

第五條 本會董事至少須有三分之一以曾經研究教育或辦理教育者充任,但現任主管教育行政機關人員不得選充

第六條　本會董事任期×年連選得連任如有在任期中因故出缺者由全体董事會議推選補充但以補足原任董事之任期為限

第七條　本會由各董事互推一人為董事長综理會務並得互推三人至五人為常務董事處理日常事務必要時得酌設雇員辦理文牘庶務等事務

第八條　本會職權如左：

一、校長之選聘與解聘
二、教務進行計劃之審核
三、经費之籌劃
四、預算及决算之審核
五、基金之保管
六、財務之監察

第九條　本會須於每學年終結後一個月內將前年度所辦重要事項收支金額及項目連同財產項目呈報主管教育行政機關備案

第十條　本會自身不得解散如必需解散時須呈經主管教育行政機關核准

第三章　會議

第十一條　本會全体董事會議每學期召開二次分別於學期起訖時舉行之如董事長認為必要或有三分之一以上董事提議得召集臨時會議

第十二條　本會會議由董事長召集並為主席如董事長因故缺席或所議事項有關董事長自身例須迴避時得由出席董事互推一人為臨時主席

第十三條　本會會議須有董事過半數之出席方得開會經出席

（董八）

「董事」過半數之同意方得決議但如選聘或解聘校長或其他重大事件須有三分之二以上董事出席經出席董事三分之二以上同意其決議方爲有效

第十四條　本會常務董事得舉行常務會議每×一次由董事長召集之

第四章

第十五條　本會以不動產（經常及臨時）經費爲原則必要時得經本會之決議在學校經費項下酌量撥支

第十六條　本會所籌置或保管之財產即學校財產除爲學校支付外得不移作別用如屬不動產非經全体董事會議〻決並呈經主管教育行政機關核准不得爲物權之移轉或設定

第五章　附則

第十七條　本規程未盡事項悉遵照法令辦理

第十八條　本規程於呈奉××省教育廳核准轉報教育部備案後施行修改時同

私立××中學組織規程通式

第一條 本校定名為私立××中學

第二條 本校設在××市縣××

第三條 本校遵照憲法第一百五十八條之規定以培養健全國民並施以研究高深學術及從事職業之預備教育為宗旨

第四條 本校分設初中及高中修業年限各三年

第五條 本校設校長一人綜理校務由本校董事會聘任之呈報主管教育行政機關備案

第六條 本校教員由校長聘任之依規定以專任為原則職員由校長任用之

第七條 本校每班設級任一人由專任教員兼任之掌理各該班訓導事項

第八條 本校設校醫一人掌理醫療衛生事項

第九條 本校分設教務、訓導、体育、事務四處各設主任一人協助校長分別處理教務訓育体育及事務處之下分組各設組長一人組員若干人分別秉承處主任及組長之命分掌或兼掌各組事務書記若干人辦理繕寫等事務

第十條 教務處分設教學註冊設備三組教學組掌管教學實施研究指導等事項註冊組掌管課表學籍登記成績考查出席缺席等事項設備組掌管教學、圖書、實習、勞作等設備及整理保管等事項除教學組々長由教務主任兼任外其餘兩組々長均由專任教員兼任之

第十一條 訓導處分設訓育管理二組訓育組掌管訓導實施及學生生活指導事項管理組掌管軍事管理童軍管理

等事項訓育組々長由訓導主任兼任之管理組々長由軍訓主任教官或童軍主任教練員兼任之

第十二條　体育處分設体育、衛生二組体育組掌管体育及体格檢查等事項衛生組掌管個人衛生環境衛生膳食醫藥治療等事項体育組々長由体育主任兼任之衛生組々長由校醫兼任之

第十三條　事務處分設文書、庶務、出納三組文書組掌管文書及文件保管等事項庶務組掌管校舍校具及庶務等事項出納組掌管現金票據契約証券之保管及移轉等項各組々長由教員兼任或另行聘任之

第十四條　各處及各組應密切聯繫分工合作遇有関係事項應會同辦理

第十五條　本校設會計主任或會計員一人助理員及雇員若干、

（校二）

（校二）

人負諭示獎懲訓[illegible]宜

第十六條 本校施行軍事管理及童軍管理分設軍事訓練團部置主任教官一人教官及助教若干人童子軍團本部置主任教練員一人教練員若干人團長由校長兼任之

第十七條 本校設置左列二種委員會必要時並得設置其他各種委員會

一、訓育指導委員會由校長各主任各教員及校醫組織之每月開會一次以校長為主席負一切指導與[illegible]之責

二、經費稽核委員會由專任教員公推三人至五人組織之每月開會一次由委員輪流充當主席對於學校經費收支及營建購置事項為對內之查核或事

先審議並查詢現金出納處理情形

第十八條　本校舉行左列四種會議

一、校務會議以校長全体教員校醫及會計主任（或會計員）組織之校長爲主席討論全校一切興革事項每學期開會二次

二、教務會議以校長全体教員及校醫組織之校長爲主席校長缺席時教務主任爲主席討論全校一切教學及圖書設備購置事項每月開會一次

三、訓導會議以校長各主任各級任及校醫組織之校長爲主席校長缺席時訓育主任爲主席討論一切訓育及管理事項每月開會一次

四、事務會議以校長各處主任及全体職員組織之校長爲主席校長缺席時事務主任爲主席討論一切

（表氏）

事務進行事項每月開會一次

第十九條　本校學則各處會部辦事細則及各種會議規則另定之

第廿條　本規程未盡事宜悉遵照法令辦理

第廿一條　本規程由××呈奉省教育廳核准轉報教育部備案後施行修改時同

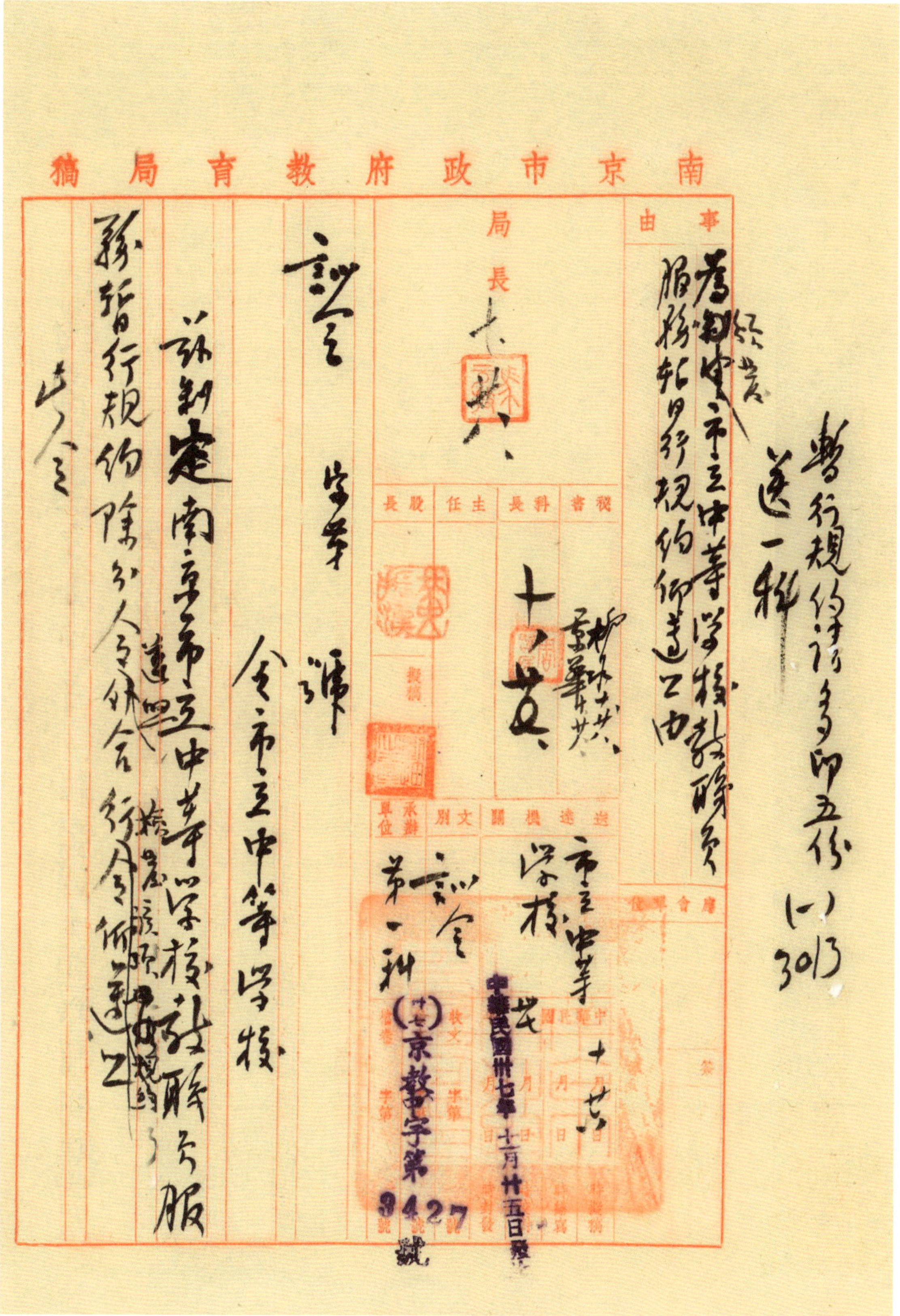
南京市政府教育局稿

事由：爲頒發南京市立中等學校教職員服務暫行規約仰遵照由

暫行規約請多印五份

送一科

局長

秘書　科長　主任　股長

擬稿

送達機關：市立中等學校

文別：訓令

承辦單位：第一科

訓令　字第　號

令市立中等學校

茲制定南京市立中等學校教職員服務暫行規約隨令附發仰遵照

此令

京教中字第9427號

中華民國卅七年十一月廿五日發

南京市教育局頒發《南京市立中等學校教職員服務暫行規約》（一九四八年十一月二十五日）

檔號：1003-7-19

附發南京市中等學校教職員服務暫行規約一份

兼令各生　爲要。

南京市立中等學校教職員服務暫行規約

一、南京市中等學校教職員（以下簡稱教職員）均須具備專業精神盡忠職守熱心教育
二、教職員均須出席週會負訓管責任之教職員并須參加升降旗儀式
三、教職員均須出席各種有關之會議指導學生一切活動
四、教職員均須遵守學校各項章則及議决案
五、教職員應以身作則為學生表率教員除担任功課外並須兼任導師負指導學生思想行動學業及身心攝護等項之責
六、專任及兼任教員均應輪值指導學生自習
七、專任教員除上課時間外每日在校平均最少三小時
八、教職員如因病因事請假須依照學校教職員請假規則履行請假
九、教職員在假期內仍有在校服務之義務
十、專任教職員不得在外兼課或兼職否則中途予以解聘
十一、教職員在聘任期間非有特殊理由經校長許可者不得任意辭職
十二、教職員在聘任期間遇有特别情形或必要時所有職務及授課鐘點學校得酌量變更之
十三、教職員在聘任期間有合於中學規程第一百十二條情形之一者學校得視情節之輕重予以解約或期滿不予續聘
十四、其他未經訂明各事項均須遵照南京市教育局規定辦理
十五、本暫行規約由　南京市教育局頒布實行修正時亦同

南京市立　學校　聘教職員聘約存根　第　號

姓名	別號	性別	年齡	籍貫	已未婚	子女數	免費入學之子女姓名及其學校
職務		每週授課時數	年級	科目	時數	時數合計	
學歷		學校肄畢業（學年自 年 月至 年 月）			檢定合格證書號數		
經歷	學校或機關名稱		職務	月薪	任職時期		
聘約期限				備註			
薪金	經教育局核定支初高中任教員月薪　元正						

校長　署名蓋章

年　月　日

本聯存學校

字第　號

南京市立　聘書　第　號

茲敦聘

先生為本校　訂約如左

（一）職務

（二）教授科目

（三）每週授課時數

（四）薪金　經教育局核定月薪　元正

（五）聘約期限自　年　月　日起至　年　月　日止

校長

中華民國　年　月　日

字第　號

南京市立　學校　聘教職員聘約存根　第　號

姓名	別號	性別	年齡	籍貫	已未婚	子女數	免費入學之子女姓名及其學校
職務		每週授課時數	年級	科目	時數	時數合計	
學歷		學校肄畢業（學年自 年 月至 年 月）			檢定合格證書號數		
經歷	學校或機關名稱		職務	月薪	任職時期		
聘約期限				備註			
薪金	經教育局核定支初高中任教員月薪　元正						

校長　署名蓋章

年　月　日

本聯存教育局

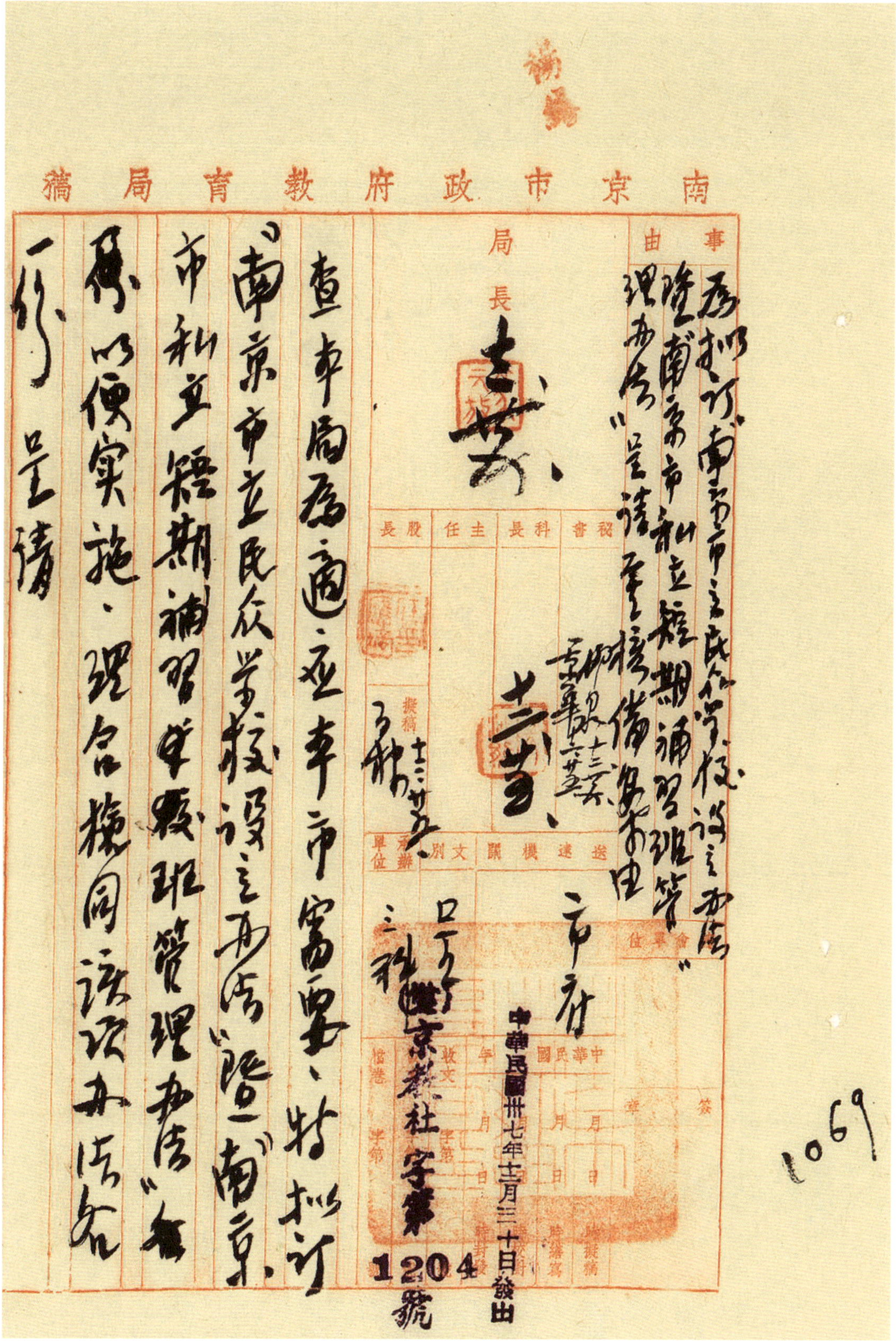

南京市政府教育局稿

事由：為擬訂《南京市立民眾學校設立辦法》《南京市私立短期補習班管理辦法》呈請鑒核備案由

局長

查本局為適應本市需要，特擬訂《南京市立民眾學校設立辦法》《南京市私立短期補習班管理辦法》各一種，以便實施。理合檢同該項辦法各一份，呈請

送達機關：市府

中華民國卅七年十二月三十日發出

京教社字第1204號

1069

南京市教育局呈送市政府《南京市立民衆學校設立辦法》《南京市私立短期補習班管理辦法》

（一九四八年十二月三十日）

檔號：1003-7-19

全校備案，并呈

市政府

并附：南京市市立民众学校　　局長 馬元放

設立表件，暨南京市私立

短期補習班辦理表件

各一份

十五、南京市立民众学校设立办法

一、南京市教育局为推行失学民众补习教育特设市立民众学校

二、市立各民众学校名称以地名冠之定名为"南京市立〇〇民众学校"

三、民众学校设校长一人教员若干人必要时设教导主任一人校长由教育局遴选合格人员派充之教员及教导主任均由校长聘任之必要时教员得由教育局径行派遣并分发任用

各校教员人数及校长教导主任兼课时数均按班级多寡分定之

四、民众学校设成人班或妇女班均以先办初级班为原则，将来视实际需要再增设高级班

五、民众学校应招收十二足岁至四十五足岁之失学民众入学，遇必要时得会同保甲长及警察局施行强迫[illegible]入学

六、民众学校以利用本市各级学校校舍为原则，其详细办法另订之

七、民众学校不收学费并供给课本，其余一切用品概由学生自备

八、民众学校经费由本局拨给，其标准另订之

九、民众学校初高级各班均以修业四个月为原则，每日授课二小时，遇必要时得酌予变更

十、民衆學校課程為國語、常識、算術（包括珠算）及音樂等

其上課時數依部定標準規定之

十一、民衆學校學生修業終了成績及格者由學校發給證書

十二、民衆學校除設班教學外並舉辦左列各種民衆教育工作

1、編寫壁報

2、通俗講演

3、書報閱覽

4、流動教學

5、家庭訪問

6、衛生教育

丁、放映電影

真

戊、其他有関民衆教育工作

十三、民衆學校按每期開學後及結束時應將辦理情形學生名冊畢業學生名冊及成績等表冊呈局備案

十四、本章程由南京市教育局局務會議通過施行 並呈報市政府備案

黄廿一

南京市私立短期補習班管理辦法

第一條　南京市教育局為管理本市私立各種短期補習班，特根據「補習學校法」「補習學校規則」並斟酌實際情形，訂定本辦法（補習學校管理辦法另定之）

第二條　凡本市私人所設講習所、傳習所、訓練班、速成班等短期補習機構均應改稱私立補習班

第三條　私立補習班均應冠以私立字樣，標明補習學科並採用專有名稱

第四條　私立補習班應于開辦時應開具左列各事項送呈查核

一、學校名稱及所在地

二、擬設科目及程度

3、校舍及设备

4、创办人姓名履历及住址

5、董事会组织规程

6、董事名册（董事之人须在本市服务而热心教育者并签名盖章对该班负完全带连责任）

7、开办费经常费证明文件（初级比照私立小学规定数三分之一中高级比照私立初高中三分之一）

8、经费来源及经常开办各费预算表

第五条　专科以上程度之补习科目以由公立或已立案之私立专科以上学校设置为限

第六條　私塾補習班須先組織章程呈經本局核准方得開辦

第七條　私塾補習班之學費以講義費燈油費為限其所設科目須實習者得加收實習費其收費數額得比照中小學標準遞減之均須呈經本局核定後徵收

第八條　私塾補習班應於每班每期開始及結束時分別將招生及結業詳情呈報備查每學年年終並須詳細彙報一次

第九條　私塾補習班辦理情形由本局隨時派員視察之有不遵本辦法之規定辦理者即予以糾正或取締其董事並須負完全連帶責任

第十條　凡本辦法未盡事宜悉遵照補習學校法補習學校規則之規定辦理

第十二條　本办法由南京市教育局呈奉市政府核准，送請教育部備案後公佈施行

南京市教育局整理未立案私立中小學暫行辦法

(一)南京教育局為整理現有未立案私立中小學起見特訂定本暫行辦法

(二)現有未立案之私立中小學須遵照本暫行辦法迅即辦理立案手續

(三)私立中小學須籌備自建敷用之校舍并須有充實齊全之設備達到部定標準

(四)私立中小學須籌足基金(即每年經常費)存入本市銀行中學最低數目依部定標準小學最低數目為五億元

(五)私立中學之開辦費(包括建築費及設備費)及每年經常費最低數額依教育部卅七年四月二日之規定如左

校別	開辦費		每年經常費
	建築費	設備費	
高中	三十億元	二十億元	三十億元

南京市教育局整理《未立案私立中小學暫行辦法》（一九四八年）

檔號：1003-7-18

初中	二十億元	十五億元	二十億元
高初中合設之中學	四十億元	二十五億五千萬元	四十億元
小學	十億元	五億元	五億元

（六）私立中學之為初中者應於校名上加「初級」字樣不得混稱為中學

（七）未立案之私立中小學須於本年六月底以前依照規定辦理完成董事會立案手續違則即予取締

（八）本暫行辦法由本局公布施行並呈市政府教育部備案

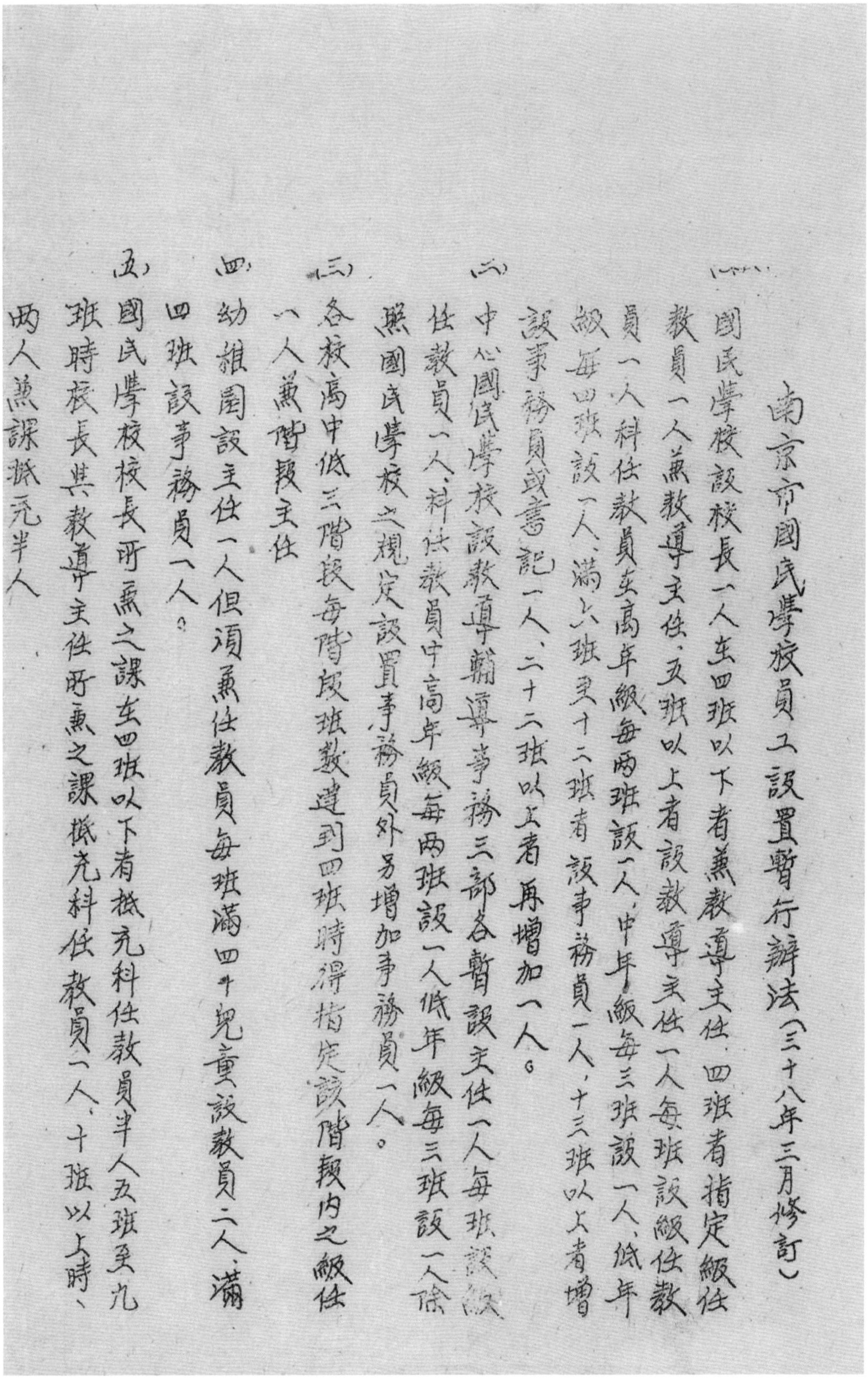

南京市國民學校員工設置暫行辦法（三十八年三月修訂）

（一）國民學校設校長一人，在四班以下者兼教導主任，四班者指定級任教員一人兼教導主任，五班以上者設教導主任一人，每班設級任教員一人，科任教員在高年級每兩班設一人，中年級每三班設一人，低年級每四班設一人，滿六班至十二班者設事務員一人，十三班以上者增設事務員或書記一人，二十二班以上者再增加一人。

（二）中心國民學校設教導輔導事務三部，各暫設主任一人，每班設級任教員一人，科任教員中高年級每兩班設一人，低年級每三班設一人，除照國民學校之規定設置事務員外，另增加事務員一人。

（三）各校高中低三階段每階段班數達到四班時，得指定該階段內之級任一人兼階段主任

（四）幼稚園設主任一人，但須兼任教員，每班滿四十兒童設教員二人，滿四班設事務員一人。

（五）國民學校校長所兼之課在四班以下者抵充科任教員半人，五班至九班時校長其教導主任所兼之課抵充科任教員一人，十班以上時，兩人兼課抵充半人

南京市教育局制定《南京市國民學校員工設置暫行辦法》（一九四九年三月）

檔號：1003-7-1313

（六）中心國民學校校長輔導主任得不兼課教導事務二部主任酌兼之課其學校爲六至九班時祇充科任教員一人、十班以上時祇充科任教員半人。

（七）凡施行半日制二部制之學級不增設科任教員增設主任及事務員時並以兩班作一班計算。

（八）國民學校工役名額依下列標準設置中心國民學校得另增加一人、

校工名額	班級數
1	1—2
2	3—6
3	7—9
4	10—13
5	14—17
6	18—22
7	23班以上

（九）本辦法由教育局公佈施行。